本书为湖南省哲学社会科学基金项目"宗教改革时期大学与政府的互动研究"（项目批准号：18YBA051）的研究成果

教权与王权双重视野下的英国教育
(600—1900)

喻冰峰 ◎著

中国社会科学出版社

图书在版编目（CIP）数据

教权与王权双重视野下的英国教育：600—1900／喻冰峰著 . —北京：中国社会科学出版社，2022.11

ISBN 978-7-5227-0975-8

Ⅰ.①教… Ⅱ.①喻… Ⅲ.①教育史—研究—英国—600-1900 Ⅳ.①G556.19

中国版本图书馆 CIP 数据核字（2022）第 205524 号

出 版 人	赵剑英
责任编辑	安　芳
责任校对	张爱华
责任印制	李寡寡

出　　版		中国社会科学出版社
社　　址		北京鼓楼西大街甲 158 号
邮　　编		100720
网　　址		http://www.csspw.cn
发 行 部		010-84083685
门 市 部		010-84029450
经　　销		新华书店及其他书店
印　　刷		北京明恒达印务有限公司
装　　订		廊坊市广阳区广增装订厂
版　　次		2022 年 11 月第 1 版
印　　次		2022 年 11 月第 1 次印刷
开　　本		710×1000　1/16
印　　张		16
字　　数		258 千字
定　　价		89.00 元

凡购买中国社会科学出版社图书，如有质量问题请与本社营销中心联系调换
电话:010-84083683
版权所有　侵权必究

目 录

绪 论 ·· (1)
 一 选题的缘由及意义 ·· (1)
 二 国内外研究现状综述 ·· (2)

第一章 中世纪前期的英国教育（600—1066） ······················ (14)
 第一节 基督教在英国的传播 ··· (14)
  一 罗马—不列颠时期基督教的传入 ································ (15)
  二 盎格鲁-撒克逊人的入侵 ··· (16)
  三 奥古斯丁和爱尔兰传教士在英国的传教活动 ··············· (17)
 第二节 教会学校的创办 ·· (21)
  一 罗马—不列颠时期的英国教育 ··································· (21)
  二 教会学校的创办 ·· (23)
  三 教会学校的教学概况 ·· (28)
 第三节 英国教育的再次被毁与振兴 ··································· (35)
  一 丹麦人的入侵对英国教育的冲击 ································ (35)
  二 阿尔弗雷德对英国教育的贡献 ··································· (36)
  三 邓斯坦对英国教育的贡献 ··· (41)
  四 诺曼征服对英国教育的影响 ······································ (45)

第二章 中世纪后期的英国教育（1066—1534） ······················ (47)
 第一节 教会与中世纪英国的初等教育 ······························· (48)
  一 教区学校 ·· (48)

二　歌咏学校 …………………………………………………… (50)
　　三　歌祷堂学校 ………………………………………………… (54)
　第二节　教会与英国中等教育 ……………………………………… (58)
　　一　中世纪的文法学校 ………………………………………… (58)
　　二　文法学校的教学 …………………………………………… (62)
　　三　文法学校与宗教的关系 …………………………………… (64)
　第三节　教会与英国高等教育——牛津大学与剑桥大学 ……… (70)
　　一　英国大学的诞生 …………………………………………… (71)
　　二　以神学和经院哲学为核心的学科与课程体系 …………… (74)
　　三　宗教慈善事业下的产物——学院的创建 ………………… (77)
　　四　修士与托钵僧 ……………………………………………… (80)
　　五　基督教会与英国大学 ……………………………………… (87)

第三章　近代早期的英国教育（1534—1640）………………… (92)
　第一节　剑桥大学的近代化转型 ………………………………… (92)
　　一　"筑巢"与"引凤"：人文主义"新知识"
　　　　在剑桥大学的兴起 ………………………………………… (93)
　　二　"白马旅店"与新教在剑桥大学的传播 ………………… (96)
　　三　剑桥大学与亨利八世的离婚案 …………………………… (99)
　第二节　都铎王朝时期王室对大学的巡视 ……………………… (103)
　　一　王室巡视的原因 …………………………………………… (104)
　　二　王室对大学的巡视 ………………………………………… (106)
　　三　王室对大学的规训 ………………………………………… (109)
　　四　大学对王室旨意的反叛 …………………………………… (110)
　第三节　修道院的解散对英国教育的影响 ……………………… (113)
　　一　修道院的解散 ……………………………………………… (113)
　　二　修道院的解散对英国中等教育的影响 …………………… (116)
　　三　修道院的解散对英国大学的影响 ………………………… (118)

第四节 歌祷堂的解散对英国教育的影响 (122)
一 新教对"炼狱"观的批判 (122)
二 第一歌祷堂法案的出台 (124)
三 第二歌祷堂法案的出台 (126)
四 爱德华六世：学校的创办者抑或破坏者？ (130)
五 歌祷堂解散后英国中等教育的新变化 (132)

第五节 近代早期英国的教育捐赠 (135)
一 近代早期英国教育捐赠的兴起 (136)
二 近代早期英国教育捐赠的主要群体 (138)
三 近代早期英国教育捐赠的文化背景 (140)
四 教育捐赠的社会影响 (144)

第四章 政府全面干预教育的初步尝试（1640—1660） (147)
第一节 清教徒的教育改革主张 (147)
一 清教徒教育改革主张的萌发 (148)
二 清教徒的教育改革主张 (151)

第二节 清教革命时期英国的教育变化 (156)
一 清教革命对英国教育的影响 (156)
二 "大空位时期"的英国教育 (159)
三 王政复辟与英国教育的变化 (164)

第三节 英国教育在新英格兰的移植和变异 (165)
一 初等学校——主妇学校、读写学校、城镇学校 (166)
二 中等学校——拉丁文法学校 (169)
三 高等学府——哈佛学院 (173)

第五章 英国教育现代化的艰难起步（1660—1900） (178)
第一节 传统教育机构的变迁 (178)
一 初等教育 (179)
二 中等教育 (187)
三 高等教育 (192)

第二节 新式教育机构的诞生 …………………………………… (197)
    一 现代私立学园、古典私立学校与职业学园 ………… (197)
    二 "不信奉国教者学园" ………………………………… (202)
    三 伦敦大学与城市学院 ………………………………… (211)
第三节 英国政府对教育的全面介入 …………………………… (217)
    一 国民教育思想在英国的兴起 ………………………… (218)
    二 国家对教育的干预及其影响 ………………………… (221)

结 语 ………………………………………………………………… (230)

参考文献 …………………………………………………………… (234)
    一 英文文献 ……………………………………………… (234)
    二 中文文献 ……………………………………………… (242)

绪　　论

哥伦比亚大学教授巴茨（R. Freeman Butts）在《教育文化史》一书中指出："研究教育史，就其本身而言，是不能解决目前的实际问题的；但它使我们更为聪明地解决目前的实际问题。""这是因为研究教育史可以帮助我们看出目前的重要问题是什么？这些重要问题是怎样出现的？过去曾怎样解决的？过去解决的办法能否用来解决目前的问题？"[1] 可见，研究教育史虽然不能直接帮助我们解决现实问题，但对现实问题的解决有重要的启发意义。

一　选题的缘由及意义

涂尔干在《教育思想的演进》中提出，要想真正理解任何一个教育主题，"都必须把它放到机构发展的背景当中，放到一个演进的过程当中"[2]。所以要探讨宗教与英国教育之间的关系，必须将其放置历史长河中进行考察。长期以来，我国学术界对宗教在英国教育中的作用研究得很不够。实际上，宗教在不同的发展阶段对英国教育起着不同的作用，其作用不能一概而论，如由于受宗教传统的影响，英国教育长期注重古典文化知识的学习，重视精英人才的培养，因而产生了享有国际盛誉的牛津大学和剑桥大学以及许多著名的公学，就充分表明了宗教对英国教育的积极意义。

英国文化发展的特点是在继承传统的基础之上进行渐进的革新，这

---

[1] 滕大春：《美国教育史》，人民教育出版社1994年版，第631页。
[2] ［法］涂尔干：《教育思想的演进》，李康译，上海人民出版社2003年版，导言。

一特点在教育发展史中同样明显。英国教育走出宗教的影响经历了一个非常漫长的过程。由于教育控制在教会手中，英国政府长期以来对教育采取一种不干预的态度，后来由于法国、德国的赶超才使得英国政府最终放弃了这种传统看法，开始对教育进行全面的干预，使现代英国国民教育体系最终得以建立。

无论英国还是美国，早期教育史研究一直只在大学教育系或教育学院中进行，教育学者是教育史研究的主体。二战后，西方教育史发展的一个重要特征就是专业历史学者开始介入教育史研究。美国哈佛大学著名历史学家贝林（Bernard Bailyn）确认教育史是一个历史研究领域，使教育史学者大受鼓舞。[①]

教育不仅是传承人类文明的手段，而且也是推动社会发展和进步的动力。正因如此，所以无论古今中外，教育都备受人们的关注。英国伦敦大学教育学院教授安迪·格林（Andy Green）通过对集权制和分权制下的教育成绩进行比较，得出了英、美国分权制体制下的教育成绩要比集权制体制下的教育成绩逊色的结论。他认为19世纪英国是一个欠发达的科学和技术教育国家，他认为造成这种结果的第一个原因就是"不能自拔的自满"，而这种自满又导致了政府不干预教育的后果。[②]

面对西方新自由主义所鼓吹的教育市场化的教育价值观和无视教育在形成文化认同感方面的功能的论调，政府推行何种教育政策，如何使我国实现由人口大国变为人力资源强国的转变，对于中国教育和社会的发展具有重大的现实意义。

二 国内外研究现状综述

（一）国外研究现状

英国教育史作为一个研究领域，一般认为开始于1868年奎克（R. H. Quick）《教育改革家》一书的出版，该书被认为是英国第一本最伟大

[①] 贺国庆、张薇：《教育史学科面向的思考》，载《教育科学》2005年第1期，第33页。

[②] ［英］安迪·格林：《教育、全球化与民族国家》，朱旭东等译，教育科学出版社2004年版，第63—65页。

的教育史经典著作。英国教育史的另一个重要先驱者是约瑟夫·佩恩（Joseph Payne）。19世纪90年代到二战前是英国教育史上的第一个辉煌期，教育史成为英国教师培训的重要内容。20世纪60、70年代是英国教育史上的第二个辉煌期。1964年，英国教育与科学部接受罗宾斯高等教育委员会的建议，决定设立教育学学士学位（BEd）。1967年，教育史协会宣告成立，1970年，教育史协会决定创办一份专业杂志《教育史》，两年后该杂志正式发行。《教育史》杂志的发行进一步推动了教育史研究。除奎克、佩恩外，约翰·威廉·亚当森（John William Adamson）、A. F. 利奇（A. F. Leach）、霍斯特·沃森（Foster Watson）等也为英国教育史的研究奠定了基础。

对英国中世纪教育史研究作出了突出贡献的学者首推英国教育史学家A. F. 利奇，主要致力于中世纪教育史研究，力图驳斥两种传统观点：第一，中世纪没有什么思想和教育活动；第二，宗教改革是现代学校教育的开端。他在著作《中世纪英格兰学校》中，运用大量的材料对从圣奥古斯丁至亨利八世这段时期英国学校的创办、发展情况进行了介绍，其研究成果对后来的学者具有重大的参考价值。[1] 尼古拉斯·奥尔姆是继利奇之后又一位对中世纪英国教育进行系统研究的学者，其代表作有《中世纪英国的学校》。在该书中，他追述了从12世纪到伊丽莎白一世继位时期英国高等教育以下各类世俗学校的发展情况。[2] 他在另一本著作《中世纪英格兰学校：从罗马—不列颠时代到文化复兴时期》中对英格兰教育的起源、教育的特征和历史发展进程等几个方面进行了介绍。他认为不能过分夸大宗教改革前后之间的区别，宗教改革后的教育在教学方法，对学生进行体罚，教育与宗教之间存在密切的关系等方面仍保留了许多中世纪时代的传统。[3] 在《中世纪学校为我们做了什么？》一文中，他认为英国的许多教育传统都来自中世纪。[4] 他还出版了一本论文集《中

---

[1] A. F. Leach, *The Schools of Medieval England*, London: Methuen & Co. Ltd., 1915.

[2] Nicholas Orme, *English Schools in the Middle Ages*, London: Methuen and Company, 1973.

[3] Nicholas Orme, *Medieval Schools: From Roman Britain to Renaissance England*, New Haven & London, Yale University Press, 2006.

[4] Nicholas Orme, "What did Medieval Schools do for Us?" *History Today*, Vol. 56, No. 6, 2006.

世纪和文艺复兴时期的英格兰教育与社会》。① 他和利奇一样极力捍卫中世纪教育的地位，认为英国的许多教育传统都来自中世纪，对有关中世纪教育的诸多偏见进行了反驳。对中世纪英国教育史进行研究的学者还有 A. W. 伯里，他著有《中世纪英格兰的教育》一书，在书中他对中世纪英格兰的教育情况进行了概括性介绍。作者认为，在宗教改革前的两个世纪里教育取得了快速发展，广大民众享有接受免费教育的机会。②

有些学者以中世纪向近代过渡为背景来撰写英国教育史，代表性著作有迈克尔·V. C. 亚历山大的《英国教育的发展进程：1348—1648》。该书对1348—1648年间英国教育的发展变迁进行了系统的考察。作者认为在这三百年间英国教育水平得到了稳步的提高。他批评了那种认为英国资产阶级革命对教育带来了革命性变化的观点，指出斯图亚特王朝时期的教育同样保留了许多中世纪时期的教育传统。③ 关注过渡时期英国教育的学者还有劳伦斯·斯通，他利用大量的数据来说明英格兰教育在1560—1640年间取得的革命性进展。他认为宗教改革后，无论是英国的中等教育还是高等教育都取得了重大的发展，英国的高等教育直到一战后才达到17世纪30年代的水平，到二战后才超过这一水平。④ 海伦·M. 杰威尔的《近代早期的英格兰教育》一书，通过对英格兰在1530—1760年间的教育发展情况进行考察，认为在1560—1640年间英格兰的教育并没有取得如劳伦斯·斯通所说的革命性变化，相反，他认为到内战前，大部分英格兰人仍然是文盲。⑤ 对都铎王朝时期英国教育情况进行研究的学者有克雷格·R. 汤普生，他著有《都铎时代英格兰的学校》⑥ 和《都

---

① Nicholas Orme, *Education and Society in Medieval and Renaissance England*, London: Hambledon Press, 1989.

② A. W. Parry, *Education in England in the Middle Ages*, London: W. B. Clive, 1920.

③ Michael Van Cleave Alexander, *The Growth of English Education, 1348 – 1648: A Social and Cultural History*, University Park and London: The Pennsylvania State University Press, 1990.

④ Lawrence Stone, "The Educational Revolution in England, 1560 – 1640", *Past & Present*, No. 28, 1964.

⑤ Helen M. Jwell, *Education in Early Modern England*, London: Macmillan Press Ltd., 1998.

⑥ Craig R. Thompson, *Schools in Tudor England*, Washington: the Folger Shakespear Library, 1958.

铎时代英格兰的大学》①，分别对都铎时期的文法学校、大学情况进行了介绍。在他看来，这一时期教会与国家政权之间有着密切的关系，此时的教育仍是教会履行社会功能的一部分，真正的世俗教育只是到了近代以后才出现的。

宗教改革时期是英国教育发展史中非常重要的阶段，对这一领域给予最早关注的学者是A. F. 利奇，他于1896年出版了《宗教改革时期的英国学校：1546—1548》一书。在该书中，他大量地引用亨利八世和爱德华六世时期被没收的歌祷堂相关文献资料，指出了长期以来在人们头脑中存在的几种错误观念：如宗教改革后比宗教改革前有更多的文法学校；所有的学校教师都是牧师；爱德华是一个伟大的教育推动者。② 后来，在这一领域内作出重大贡献的还有诺曼·伍德，他著有《宗教改革与英国教育》一书。该书主要阐述了都铎王朝时期的宗教政策对英国教育机构带来的影响，揭示了都铎王朝在与罗马教皇决裂后，为了恢复宗教统一，如何按照宗教统一性的要求对教育实行统一控制。③ 对这一时期进行研究的还有英国学者简·西蒙，她著有《都铎时代英格兰的教育与社会》，该书的第二部分专门探讨了宗教改革对16世纪英国教育所产生的影响。她对利奇的观点进行了反驳，认为亨利八世和爱德华六世的解散修道院法令并没有导致像利奇等人长期以来认为给教育带来了灾难性的影响，实际上，人文主义者的教育理想在爱德华六世时期得以实现，这一时期的教育发展不仅培养了有文化的教士，而且也培养了有文化的普通大众。④ 她还发表了一系列论文如《A. F. 利奇论宗教改革：Ⅰ》⑤

---

① Craig R. Thompson, *Universities in Tudor England*, Washington: the Folger Shakespear Library, 1979.

② A. F. Leach, *English Schools at the Reformation, 1546–1548*, Westminster: Archibald Constable & Co., 1896.

③ Norman Wood, *The Reformation and English Education*, London: George Routledge & Sons, Ltd., 1931.

④ Joan Simon, *Education and Society in Tudor England*, Cambridge: Cambridge University Press, 1966.

⑤ Joan Simon, "A. F. Leach on the Reformation: Ⅰ", *British Journal of Educational Studies*, Vol. 3, No. 2, 1955.

《A. F. 利奇论宗教改革：Ⅱ》[1]和《一位"精力充沛且富有争议的"历史学家的往昔与当下：A. F. 利奇（1851—1915）》[2]，旨在对利奇的观点进行修正。尼古拉斯·奥尔姆在其代表作《中世纪英国的学校》中也批判了那种认为宗教改革给英国学校带来了巨大灾难的观点，认为那些消失的学校实际上只为英格兰提供了一小部分教育。[3]

对于清教革命与英国教育之间的关系，传统观点认为清教革命对英国教育带来了不利影响，而 A. F. 利奇则认为，在共和国时期，政府并不像过去认为的那样对学校和教育是持一种敌视的态度，而是相反。[4] W. A. L. 文森特在《1640—1660 年间的国家与学校教育》一书中也认为战争和随后出现的经济动荡，对学校并没有造成多大的负面影响，相反，学校还得到了政府的慷慨资助。[5] 霍斯特·沃森对清教革命时期的教育也给予了关注，他于 1900 年发表了《共和国时期的国家与教育》一文，认为哈特里布、杜里、夸美纽斯等人对于推动共和国时期学校的创办立下了汗马功劳。[6] 里查德·L. 格里威斯在《吉纳德·温斯坦利与英格兰清教徒的教育改革》一文中集中探讨了温斯坦利的教育改革主张。[7] J. E. 史蒂芬斯于 1967 年发表了《大空位时期政府对教育的投资与干预》一文，对大空位时期所取得的教育成就给予了高度评价。他在文章的末尾声称如果大空位时期能够维持得更久，一种新的国家教育体制或许能够建立起来，夸美纽斯、哈特里布和杜里等教育改革家的教育理想有望得

---

[1] Joan Simon, "A. F. Leach on the Reformation: II", *British Journal of Educational Studies*, Vol. 4, No. 1, 1955.

[2] Joan Simon, "An 'Energetic and Controversial' Historian of Education Yesterday and Today: A. F. Leach (1851 – 1915)", *History of Education*, Vol. 36, No. 3, 2007.

[3] Nicholas Orme, *English Schools in the Middle Ages*, London: Methuen and Company, 1973.

[4] A. F. Leach, *Educational Charters and Documents 598 – 1909*, Cambridge: Cambridge University Press, 1911.

[5] W. A. L. Vincent, *The State and School Education, 1640 – 1660*, London: S. P. C. K., 1950.

[6] Foster Watson, "The State and Education during the Commonwealth", *The English Historical Review*, Vol. 15, No. 57, 1900.

[7] Richard L. Greaves, "Gerrard Winstanley and Educational Reform in Puritan England", *British Journal of Educational Studies*, Vol. 17, No. 2, 1969.

到实现。①

对近代英国教育史进行系统研究的学者有罗斯玛丽·奥黛,她在《1500—1800年间的教育与社会》一书中将教育置于更宽广的背景下进行考察,从社会、经济、政治、宗教和文化的角度生动地展现了教育与社会之间的互动。②迈克尔·山德森撰写的《英格兰的教育、经济发展与社会:1780—1870》,主要考察了1780年至1870年间英国经济的变化对英国教育的影响。③ W. B. 史蒂芬斯1998年出版了《1750—1914年间的不列颠教育》一书,主要对19世纪期间英格兰、苏格兰和威尔士的教育进行了系统探讨。他将教育置于政治、社会和经济发展的背景之下进行考察,其中第一章主要探讨19世纪英国初等教育,作者认为,统治者通过宗教教育以加强对下等阶层的精神控制。第三章和第六章分别对该时期的中等教育和高等教育进行了考察。④

在对英国近代教育史的研究中,最早对"不信奉国教者学园"进行专门研究的学者是伊莱恩·帕克,他分三个阶段对学园在1662—1800年间的发展情况进行了梳理,对之后的学者从事这一领域的研究具有重大参考价值。⑤后来涉入这一领域的学者有史密斯·J. W. 阿什雷,他撰有《现代教育的诞生:"不信奉国教者学园"的贡献,1660—1800》一书,集中探讨了"不信奉国教者学园"对大学的课程影响。⑥曼苏尔·墨希尔于2001年在《教育史》杂志上发表了《"不信奉国教者学园"与俗人的教育:1750—1850》一文,主要对1750—1850年间的"不信奉国教者学

---

① J. E. Stephens, Investment and Intervention in Education during the Interregnum, *British Journal of Educational Studies*, Vol. 15, No. 3, 1967.

② Rosemay O'Day, *Education and Society 1500 – 1800*, London and New York: Longman Group Limited, 1982.

③ Michael Sanderson, *Education, Economic Change and Society in England 1780 – 1870*, Cambridge: Cambridge University Press, 1995.

④ W. B. Stephens, *Education in Britain, 1750 – 1914*, Macmillan, Basingstoke, 1998.

⑤ Irene Parker, *Dissenting Academies in England: Their Rise and Progress and Their Place among the Educational Systems of This Country*, Cambridge: Cambridge University Press, 1914.

⑥ Smith J. W. Ashley, *The Birth of Modern Education: The Contribution of the Dissenting Academies, 1660 – 1800*, London: Independent Press, Ltd., 1955.

园"情况作了进一步的探讨,是对伊莱恩·帕克研究的补充和发展。①

在写作的过程中,笔者还参考了一些教育史通史著作如约翰·威廉·亚当逊编写的《教育简史》②;邓特著的《英国教育》;③ 奥尔德里奇著的《简明英国教育史》。④ 其中,较重要的一本是由 J. 劳森与 H. 史尔威合著的《英格兰教育史的社会视角》,该书从社会学的角度探讨了从盎格鲁-撒克逊时期到 20 世纪 70 年代英格兰的教育变迁。作者将教育置于广阔的社会背景之下,较好地展现了教育与教权、政权,以及各种社会和政治运动之间的互动关系,具有重要的参考价值。⑤

综观国外在这一领域的研究,可知他们或以某一时段为背景来展现该时期英国教育的概貌,或仅仅集中关注宗教改革对英国教育所带来的变化和影响,而以教权和王权双重视角对英国教育变迁系统论述的专著则尚未出现。在对一些具体问题的分析上也并未形成统一的结论,从而为本书的写作留下了空间。

(二) 国内研究状况

我国的外国教育史研究起步较晚,1901 年 5 月创办了我国最早的教育杂志《教育世界》,刊载了许多有关外国教育史的研究成果。《西洋教育史大纲》是我国学者姜琦撰写的第一本外国教育史著作,该书从古希腊教育一直写到 19 世纪末 20 世纪初德、法、英、美等西方各国的教育。⑥ 20 世纪 20 年代到 1937 年抗日战争全面爆发前是我国教育史研究的第一个高峰期。在此期间,有许多外国教育史著作和译著纷纷问世,其中由中国学者编撰的著作有刘炳黎编的《教育史大纲》⑦、瞿世英编的

---

① Matthew Mercer,"Dissenting Academies and the Education of the Laity, 1750 – 1850", *History of Education*, Vol. 30, No. 1, 2001.

② John William Adamson, *A Short History of Education*, London: Cambridge University Press, 1919.

③ [英]邓特:《英国教育》,杭州大学教育系外国教育研究室译,浙江教育出版社 1987 年版。

④ [英]奥尔德里奇:《简明英国教育史》,诸惠芳等译,人民教育出版社 1987 年版。

⑤ J. Lawson & H. Silver, *A Social History of Education in England*, London: Methuen & Co. Ltd, 1973.

⑥ 姜琦:《西洋教育史大纲》,商务印书馆 1921 年版。

⑦ 刘炳黎编:《教育史大纲》,北新书局 1931 年版。

《西洋教育思想史》[1]、林汉达的《西洋教育史》[2]、蒋径三的《西洋教育思想史》[3]、雷通群的《西洋教育通史》[4]、姜琦编的《现代西洋教育史》[5]、庄泽宣的《西洋教育制度的演进及其背景》[6]、王克仁的《西洋教育史》[7]等。[8] 1978年至20世纪90年代是我国教育史研究的第二个高峰期，出现了一批试图在内容和体例上有所突破的外国教育史教材，如王天一等人编写的《外国教育史》（上、下册）[9]、戴本博等主编的《外国教育史》（上、中、下册）[10]、吴式颖主编的《外国教育史简编》[11]等。这时期集大成之作是由滕大春主编的六卷本《外国教育通史》，它是由我国知名外国教育史专家学者集体编撰的一部学术巨著。该书在突破西方中心论，摆脱"左"的模式影响，强调各国文化教育交流的意义，充分发挥外国教育史学科的功能等方面均产生了较大影响。[12] 在这些外国教育通史中，对英国教育史都有所提及。

在英国教育史研究方面，余家菊撰写的《英国教育要览》可以称得上是国内最早对英国教育史进行系统研究的著作。该书对英国的小学教育、中等教育、女子教育、师范教育、大学教育等方面进行了介绍。[13] 至20世纪80年代末以后，国内的英国教育史研究取得了突破性进展，出现了一系列的专著，如有王承绪、徐辉主编《战后英国教育研究》[14]，徐辉、

---

[1] 瞿世英编：《西洋教育思想史》，商务印书馆1931年版。
[2] 林汉达：《西洋教育史》，世界书局1933年版。
[3] 蒋径三：《西洋教育思想史》，商务印书馆1934年版。
[4] 雷通群：《西洋教育通史》，商务印书馆1934年版。
[5] 姜琦编：《现代西洋教育史》，商务印书馆1935年版。
[6] 庄泽宣：《西洋教育制度的演进及其背景》，中华书局1938年版。
[7] 王克仁：《西洋教育史》，中华书局1939年版。
[8] 贺国庆：《外国教育史学科发展的世纪回顾与断想》，载《河北师范大学学报》（教育科学版）2001年第3期。
[9] 王天一等编：《外国教育史》（上、下册），北京师范大学出版社1984年版。
[10] 戴本博主编：《外国教育史》（上、中、下册），人民出版社1990年版。
[11] 吴式颖主编：《外国教育史简编》，教育科学出版社1988年版。
[12] 腾大春：《外国近代教育史》，人民教育出版社1989年版。
[13] 余家菊：《英国教育要览》，中华中局1925年版。
[14] 王承绪、徐辉主编：《战后英国教育研究》，江西教育出版社1992年版。

郑继伟的《英国教育史》①；张新生的《英国成人教育史》②、张泰金的《英国的高等教育：历史·现状》③、王承绪的《伦敦大学》④、裘克安的《牛津大学》⑤、梁丽娟的《剑桥大学》⑥、许明的《英国高等教育研究》⑦、王承绪主编的《世界教育大系——英国教育》⑧ 等。这一时期翻译的重要外国教育史著作有：英国邓特的《英国教育》；英国奥尔德里奇的《简明英国教育史》；美国 E. P. 克伯雷的《外国教育史料》。⑨

进入 21 世纪后，我国国内学者对英国教育史的研究朝着更细的方向发展，出现了一些探讨英国中世纪教育方面的论文如洪明的《英国都铎时期大学教育的世俗化》⑩、陈宇的《中世纪英国民众文化状况研究》⑪、王兰娟的《中世纪英国文法学校初探》⑫ 和探讨英国近代教育方面的论文如李远本的《16、17 世纪英国教育的双轨模式》⑬，徐煜、詹晓燕的《论 15—17 世纪的英国教育》⑭、孔杰的《16 至 18 世纪中期的英国教育》。⑮

笔者以"英国教育"为关键词在中国知网进行搜索，发现在 1991—

---

① 徐辉、郑继伟：《英国教育史》，吉林人民出版社 1993 年版。
② 张新生：《英国成人教育史》，山东教育出版社 1993 年版。
③ 张泰金：《英国的高等教育：历史·现状》，上海外语教育出版社 1995 年版。
④ 王承绪：《伦敦大学》，湖南教育出版社 1995 年版。
⑤ 裘克安：《牛津大学》，湖南教育出版社 1996 年版。
⑥ 梁丽娟：《剑桥大学》，湖南教育出版社 1996 年版。
⑦ 许明：《英国高等教育研究》，辽宁师范大学出版社 1998 年版。
⑧ 王承绪主编：《世界教育大系——英国教育》，吉林教育出版社 2000 年版。
⑨ [美] E. P. 克伯雷：《外国教育史料》，任宝祥、任钟印主译，华中师范大学出版社 1990 年版。
⑩ 洪明：《英国都铎时期大学教育的世俗化》，载《高等教育研究》2004 年第 6 期。
⑪ 陈宇：《中世纪英国民众文化状况研究》，载《历史教学》2006 年第 11 期。
⑫ 王兰娟：《中世纪英国文法学校初探》，载《首都师范大学学报》（哲社版）2005 年增刊。
⑬ 李远本：《16、17 世纪英国教育的双轨模式》，载《教育研究》2006 年第 4 期。
⑭ 徐煜、詹晓燕：《论 15—17 世纪的英国教育》，载《信阳师范学院学报》2003 年第 6 期。
⑮ 孔杰：《16 至 18 世纪中期的英国教育》，载《开封教育学院学报》2008 年第 1 期。

2020 年间,博士论文以英国教育史作为选题的论文共有 24 篇①,但大多数主要以 19、20 世纪的英国教育为研究对象。国内也不乏学者从宗教的角度来探讨宗教与教育的关系,如蔡骐在《论宗教改革时期英国文化教育的发展》一文中,认为宗教改革时期英国的文化教育(无论是文法学校还是大学)取得了巨大的发展,文化教育的发展使理性主义和民族主义得到了弘扬,为伊丽莎白的盛世奠定了精神基础。该文第三部分对宗教改革影响下的教育也有所阐述,但过于简略。② 他在其著作《英国宗教改革研究》的第三章"英国宗教改革影响分析"中,也提及了宗教改革对英国文化与教育的影响。③ 徐煜和王建妮专门探究了英国宗教改革对大学的影响。前者在《英国宗教改革与大学教育的变化》一文中认为大学在宗教改革时期的变化有:第一,王权加强了对大学的控制;第二,教育朝着世俗化的方向发展;第三,大学有了扩展,学院数量有了增加,

---

① 吴明海:《继承与创新——英国新教育运动的历史研究》,北京师范大学,1999 年;李立国:《工业化时期英国教育变迁的历史研究:以教育与工业化的关系为视角》,北京师范大学,2001 年;易红郡:《20 世纪英国中等教育政策研究》,北京师范大学,2003 年;翟海魂:《英国中等职业教育发展研究》,河北大学,2004 年;许建美:《教育政策与两党政治——英国中等教育综合化政策研究(1918—1979)》,华东师范大学,2004 年;张薇:《苏格兰大学发展研究》,河北大学,2004 年;原青林:《"教育活化石"的考释——英国公学研究》,南京师范大学,2005 年;延建林:《布莱恩·西蒙与二战后的英国教育史学研究》,北京师范大学,2006 年;许立新:《英国中小学课程的历史演进与发展(1944—2004):课程政治学的视角》,北京师范大学,2007 年;刘兆宇:《19 世纪英格兰高等教育转型研究》,河北大学,2007 年;王晓宇:《英国师范教育机构的转型:历史视野与个案研究》,华东师范大学,2008 年;梁淑红:《利益的博弈:英国高等教育大众化政策的制定过程研究》,华中师范大学,2008 年;周保利:《19 世纪剑桥大学改革研究》,河北大学,2008 年;杜智萍:《19 世纪以来牛津大学导师制发展研究》,河北大学,2008 年;刘亮:《"此乃启智与求知之地"——剑桥大学发展史研究》,南京师范大学,2008 年;周常明:《"智慧之光的聚合点"——牛津大学发展史研究》,南京师范大学,2010 年;连莲:《英国大学与地方互动发展的历史研究》,福建师范大学,2010 年;高志良:《19 世纪中后期英国科技教育发展研究》,河北大学,2010 年。赵红:《英国的大学与社会(1560—1650)》,东北师范大学,2011 年;姚琳:《19 世纪中后期英国女子教育研究》,西南大学,2013 年;李阳:《维多利亚时代后期英国中产阶级的教育改革——以伦敦教育委员会(1870—1904)为例》,南京大学,2013 年;戴少娟:《二战后英国高等职业教育改革与发展研究》,福建师范大学,2018 年;吕屹:《剑桥大学音乐教育发展史研究》,河北大学,2019 年;周亦斌:《传承与嬗变:英国都铎时期学校音乐教育的演进研究》,湖南师范大学,2021 年。

② 蔡骐:《论宗教改革时期英国文化教育的发展》,载《湖南师范大学社会科学学报》1996 年第 6 期。

③ 蔡骐:《英国宗教改革研究》,湖南师范大学出版社 1997 年版。

学生人数有了增长。① 王建妮在论文《亨利八世宗教改革对英国大学地位的影响》中专门探讨了亨利八世的宗教改革对英国大学的影响。② 易红郡在专著《英国教育的文化阐释》中，从文化的角度对英国教育的发展进行了系统探讨，其中第一章主要阐述了宗教改革前英国教育与宗教之间的关系，对宗教改革后的情况只是一笔带过，在探讨宗教改革对英国教育的影响时，只谈及对大学的影响，而对宗教改革给英国初等、中等教育造成的影响则未涉及。可见，这些论文和著作都只注重从整体的角度来分析宗教改革对英国教育的影响。③ 而对宗教改革时王室对大学的巡视，亨利八世解散修道院，爱德华六世解散歌祷堂对英国教育所带来的影响尚未作探讨。刘贵华的专著《人文主义与近代早期英国大学教育》主要从人文主义的角度对近代早期英国教育进行了研究。④

关于清教对英国教育的影响，国内学者尚未进行过专门的探讨，但对于清教对北美殖民地的影响则有较多的学者给予了关注，如杨德祥在2002年发表了《论美国殖民地时期的清教影响》一文，其中提及了清教对教育的影响。⑤ 杜平发表了《北美殖民地时期的宗教与教育》一文，认为宗教对殖民地高等教育产生了重要的影响。⑥ 邓和刚在发表的《论宗教对北美殖民地时期美国高等教育发展的影响》一文中认为宗教在美国高等教育早期发展史上留下了深刻的烙印。⑦ 赵文学在《清教在美国殖民地时期教育发展中的作用》一文中指出清教在美国殖民地教育的兴起与发展过程中发挥了关键作用。⑧ 张媛在《清教对美国早期教育的影响》一文中探讨了清教对美国早期文化和社会的深远影响。⑨ 杨靖在论文《清教思

---

① 徐煜：《英国宗教改革与大学教育的变化》，载《广西社会科学》2004年第6期。
② 王建妮：《亨利八世宗教改革对英国大学地位的影响》，载《北方论丛》2007年第3期。
③ 易红郡：《英国教育的文化阐释》，华东师范大学出版社2009年版。
④ 刘贵华：《人文主义与近代早期英国大学教育》，中国社会科学出版社2016年版。
⑤ 杨德祥：《论美国殖民地时期的清教影响》，载《甘肃社会科学》2002年第6期。
⑥ 杜平：《北美殖民地时期的宗教与教育》，载《临沂师范学院学报》2003年第2期。
⑦ 邓和刚：《论宗教对北美殖民地时期美国高等教育发展的影响》，载《四川师范大学学报》（社会科学版）2008年第3期。
⑧ 赵文学：《清教在美国殖民地时期教育发展中的作用》，载《史学集刊》2009年第4期。
⑨ 张媛：《清教对美国早期教育的影响》，载《教育评论》2010年第2期。

想与新英格兰教育实践》中指出清教的教育思想不仅造就了新英格兰长达两百余年教育兴盛的局面,也为现代美国教育的繁荣和发展奠定了基础。① 龙美莉发表的《清教思想对哈佛大学的影响》一文专门探讨了清教对哈佛大学的产生及其发展的影响。②

综上所述,可以发现国内的英国教育史研究总体呈现出一种厚今薄古的特征,即偏重于近现代(特别是19世纪以后)而忽视近代以前教育史的研究。这一方面与我们所掌握的史料有关,同时也与人们的选题意向——一种强烈的现实关怀意识有关。但是,要探讨英国的教育发展史,必须对近代以前的部分给予全面的考察,否则难以对英国的现代教育形成全面系统的认识,得出的结论也难免有以偏概全的危险。同时,对于一些领域的研究,也还有待于作进一步的深入研究。

---

① 杨靖:《清教思想与新英格兰教育实践》,载《社会科学论坛》2008年第1期。
② 龙美莉:《清教思想对哈佛大学的影响》,载《长春工业大学学报》(高教研究版) 2005年第3期。

第 一 章

中世纪前期的英国教育
（600—1066）

　　虽然早在罗马帝国统治时期，英国就存在有组织的教育，但其发展进程很快就因盎格鲁-撒克逊人的入侵而中断。英国教育的真正兴起始于基督教在英国的传播。传教士出于传教和培养接班人的需要，招揽门徒，创办各种教会学校。教会学校的教学内容虽然以宗教神学知识为主，但也不排斥世俗知识。文法教育虽是为了使学生能更好地理解和掌握经文，但同时也为其了解古典文化知识打开方便之门。该时期出现了一批知识广博的教会人士如比德、比斯科普、西奥多、邓斯坦等。他们不仅掌握了丰富的宗教神学知识，而且有着广博的世俗知识。在当时，受教育的人很少，主要局限于教会人士和少数贵族。

第一节　基督教在英国的传播

　　高卢总督尤利乌斯·恺撒先后于公元前55—前44年两次远征不列颠，但结果都未能如愿以偿。公元43年，刚刚登基的罗马皇帝克劳狄乌斯，为了通过军事胜利来提高自己在罗马军中的威望，命令阿鲁斯·普劳提乌斯率领4万人向不列颠进发。伴随着罗马人的入侵，他们将读写文化引入了不列颠。[1] 公元47年，罗马人征服了不列颠，从此不列颠成

---

[1] Nicholas Orme, *Medieval Schools: From Roman Britain to Renaissance England*, New Haven & London, Yale University Press, 2006, p. 15.

了罗马帝国的一个行省,处于罗马帝国的统治之下。在长达四个世纪的统治中,罗马人在不列颠岛建立了"罗马—不列颠文明"。

一 罗马—不列颠时期基督教的传入

在罗马征服不列颠之前,不列颠处于原始部落社会的末期,宗教信仰处于原始的自然崇拜阶段。罗马人对不列颠近四个世纪(公元43—410年)的统治是不列颠文明开化时期,在拉丁文化的影响下,不列颠从史前时代跨入了文明时代。"无论罗马人出于何种经济和政治动机,他们在很大程度上是传播'文明',或者如塔西佗所说,是'促使一个迄今因分散、野蛮而崇尚武力的民族突然间心甘情愿地变得平和、安闲起来。'"①不列颠之所以在罗马征服后发生了这种巨大的变化,在很大程度上要归功于基督教在不列颠的传播。基督教于公元2世纪中叶传到不列颠,最早的记载见于比德的《英吉利教会史》。在书中,比德说道:

> 主历156年,自奥古斯都起的第十四个皇帝马尔库斯·安东尼努斯·维路斯同他的兄弟奥列利乌斯·康茂德开始共治罗马。在他当政时期,不列颠王卢修斯写信给神圣的罗马教皇埃路塞路斯,请求教皇下一道训令让他成为基督徒。他的这一虔诚愿望很快得到了实现。因此,不列颠人接受了基督教并在安宁中完整纯洁地把它保持下来,直到戴克里先皇帝时代。②

到公元2世纪为止,东英格兰地区只有少数几个基督徒,"四世纪初整个总教区内开始出现了第一位殉道者圣·奥尔本",但当君士坦丁皇帝将基督教定为国教后,"英格兰地区的教堂立即如雨后春笋般建立起来"③。公元313年"米兰敕令"的颁布,使得基督教在罗马帝国取得了合法地位,进入了一个和平发展时期。314年,"不列颠出现了主教,四

---

① [英]阿萨·勃里格斯:《英国社会史》,中国人民大学出版社1991年版,第36页。
② [英]比德:《英吉利教会史》,陈维振等译,商务印书馆1997年版,第30页。
③ [英]F. E. 霍利迪:《简明英国史》,洪永珊译,江西人民出版社1985年版,第6页。

个不列颠行省的首都全部成了他们的教区"①。314年,在法国南部阿尔(Arles)召开的宗教会议上,有三位英国主教代表参加了会议。他们分别来自伦敦、约克和林肯郡,表明在这些城镇已建立了有组织的基督教团体。② 359年,不列颠的主教出席了在意大利里米尼举行的宗教会议。

基督教虽在不列颠已有传播,但信徒并不多。多数情况下,基督徒是一小部分有影响的贵族,且多集中于城市,乡村中的众多土著居民凯尔特人很少接触拉丁文化和基督教,仍然崇拜克尔特神祇。罗马帝国还来不及进一步扩大基督教在不列颠的影响,就因内乱的爆发,被迫于公元5世纪初将军队从不列颠匆匆撤出。

二　盎格鲁-撒克逊人的入侵

在民族大迁徙的浪潮中,日耳曼人中的盎格鲁-撒克逊人从欧洲大陆横渡英吉利海峡来到不列颠。之后,他们对不列颠进行了洗劫,"公共和私人住宅被夷为平地;各地神父在祭坛上被活活打死,主教和他们的教徒,失去了一切尊严,被惨无人道地用火烧死或用剑刺死"③。他们抢夺财物,无意保护罗马文明的遗产,使许多罗马文明遗产遭到破坏,唯有道路和纪念碑保留了下来。此后,拉丁文知识和追求学问的传统逐渐消失,只在有基督教幸存的凯尔特西部,才有识字文化的痕迹。④

一般说来,在公元5世纪以前,英国被称为"布列吞"或不列颠,自盎格鲁-撒克逊人到来以后,才被称为"英格兰"或英吉利,意为"盎格鲁人的土地"。至今英国人还常以"盎格鲁-撒克逊人"自称。他们在英格兰建立了许多蛮族王国,其中重要的有七个:北部的诺森伯里亚,中部地区的麦西亚,东部沿海地带的东盎格利亚、肯特、埃塞克斯,南部的威塞克斯和苏塞克斯。大致说来,盎格鲁人定居在英格兰北部,

---

① [英]肯尼迪·O.摩根主编:《牛津英国通史》,商务印书馆1993年,第47页。

② Nicholas Orme, *Medieval Schools: From Roman Britain to Renaissance England*, New Haven & London, Yale University Press, 2006, p. 17.

③ [英]比德:《英利教会史》,陈维振等译,商务书馆1997年版,第49页。

④ J. Lawson & H. Silver, *A Social History of Education in England*, London: Methuen & Co. Ltd, 1973, pp. 7-8.

撒克逊人在南部，朱特人住在怀特岛和汉普顿郡一带。从此，不列颠进入了"七国时期"。

征服英格兰的殖民者都是异教徒，在信仰方面处于多神崇拜和自然崇拜阶段，信仰的主神有提尔（Tiw）、沃登（Woden）和索尔（Thor）。他们崇拜树、井、河流和山岳。他们只有简单的文化，根本不懂读和写。他们以血缘为纽带组成一个个相对封闭、自给自足的村落，农民兵在首领的带领下四处征战。很快，部落关系和征服战争导致一些小王国的形成。王国的社会组织主要由三个等级——贵族、普通自由人和奴隶组成。当时，人们主要是为基本的生存而斗争，教育属家庭内部事务。教育的内容也仅限于农业耕作和战斗技能、自然界的知识以及有关神灵、英雄传说、各种奇闻逸事等口头民间文化。基督教信仰仅在极西的威尔士、爱尔兰及苏格兰西部的凯尔特人中得以保存，整个不列颠几乎都为不信奉基督教的蛮族人占领。因此，盎格鲁－撒克逊人的入侵使不列颠几乎又重新退回到野蛮时代，基督教也归于沉寂。

三　奥古斯丁和爱尔兰传教士在英国的传教活动

基督教再次传入英国是两个独立的机构即奥古斯丁领导的罗马使团和爱尔兰传教士团努力的结果。传说有一天，当格里高利在罗马市场上看到了一些皮肤白皙、长相标致，有着满头漂亮头发的男孩与其他物品一起出售时，曾问这些男孩是从哪里来的，是基督徒还是异教徒？当人们告诉他这些男孩是来自一个叫不列颠岛的盎格鲁族的异教徒时，格里高利惊叹道："他们也有着天使般的脸，适合于和天使们一道当天堂里的继承人……"[1] 之后，他恳请教皇向英吉利人派出传播福音的使者，使英吉利人皈依基督。后来他一当上教皇，"就立即着手从事这项他渴望已久的事业"[2]。

公元597年，教皇圣格里高利派其密友奥古斯丁（Augustine）带领四十名随从及一些充当翻译的法兰克人，前往英格兰传播基督教。奥古

---

[1] 在英文里，"盎格鲁"（Angles）和"天使"（Angles）音、形皆近。
[2] ［英］比德：《英吉利教会史》，陈维振等译，商务印书馆1997年版，第101—102页。

斯丁到达不列颠后，先在萨尼特岛传教，在获得肯特王埃塞尔伯特（Ethelbert）的允许后，来到肯特王国的首都坎特伯雷，并以此为据点，向英吉利人传教。为了推动不列颠的传教事业，教皇格里高利向奥古斯丁增派了传播福音的助手和人员，通过这些人，格里高历给奥古斯丁送去了教堂装饰品和礼拜仪式所需要的一般物品，除了圣体杯、祭台布、神父或教士的服装以及圣徒和殉道者的遗物外，还有许多书籍。① 为推动传教事业，奥古斯丁在肯特国王的帮助下，重建了一座由罗马人建造的教堂即坎特伯雷大教堂。他还在坎特伯雷城东边不远的地方，修建了一座修道院即后人所熟知的圣奥古斯丁修道院。在修道院里，他修建了一座圣彼得——圣保罗教堂。最初传教进展很顺利。604年，他在罗切斯特建立了第一个教区。②

604年，大主教奥古斯丁任命梅里图斯和贾斯图斯两人为主教，其中梅里图斯负责在东撒克逊地区传教。经他的传道，该地区接受了基督教。国王埃塞尔伯特还在泰晤士河畔的伦敦城建造了圣保罗教堂。贾斯图斯主教在罗切斯特城担任教职，罗切斯特位于坎特伯雷以东约24英里，城里有埃塞尔伯特建造的圣安德鲁教堂。③ 住在亨伯河以北地区的诺森伯里亚人和国王爱德文在王后肯特国王之女埃塞尔伯格和主教波莱纳斯的影响下，于627年皈依了基督教。东英吉利王也在爱德文王的劝说和主教费利克斯的鼓动下接受了基督教。

比林纳斯主教经教皇荷诺里乌斯的同意到不列颠的西撒克逊传教，他曾当着教皇的面许诺说，他一定要把神圣信仰的种子撒在先前导师从未去过的遥远的英吉利心脏地带。最后，在他的努力下，西撒克逊人在辛尼吉尔斯统治时期接受了基督教。国王还赐给比林纳斯主教一座名叫多西克的城市作为主教座堂。④ 麦西亚地区在彭越王被杀后接受了基督教，继任国王奥维斯为感谢天主赐给他的胜利，不仅将其不满周岁的女儿埃尔弗莱德献给主，永为贞女，而且捐出财产和土地，建造修道院。

---

① ［英］比德：《英吉利教会史》，陈维振等译，商务印书馆1997年版，第83—84页。
② ［英］肯尼迪·O.摩根主编：《牛津英国通史》，商务印书馆1993年版，第75—76页。
③ ［英］比德：《英吉利教会史》，陈维振等译，商务印书馆1997年版，第106—107页。
④ ［英］比德：《英吉利教会史》，陈维振等译，商务印书馆1997年版，第163—164页。

主教威尔弗里德来到南撒克逊地区，向当地人传播福音。他不仅使人民免遭永罚之苦，而且还将他们从一场面临死亡的饥馑灾难中解救出来，教他们捕鱼摄食。为此，主教赢得了所有人的衷心爱戴，并使他们信奉了基督教。国王埃塞尔沃尔奇还将一片土地赠给威尔弗里德主教，威尔弗里德领受这片土地后，在上面盖起了一座修道院。[①] 到635年为止，从罗马教廷出发的传教士使"七国时代"中的五国即肯特、东撒克逊、诺森伯里亚、东英吉利和西撒克逊皈依了基督教，但基督教在东撒克逊和诺森伯里亚没有站稳脚跟。"使诺森伯里亚永久皈依基督教的工作，则是由爱尔兰的基督教传教士们来完成的。"[②]

当罗马传教士在不列颠岛由南向北传教时，爱尔兰基督教会也开始从北向南进行传教，并且在北部英格兰人中取得了巨大成就。爱尔兰修士不仅重视知识的学习，而且具有强烈的传教热情。爱尔兰人在英格兰的传教以苏格兰为前哨。爱尔兰基督教的奠基人帕提里克（Patrick，约390—460）被称为"爱尔兰使徒"，他不仅对爱尔兰的传教作出了突出的贡献，而且还率领其弟子前往当时由蛮族宗教主导的苏格兰和英格兰进行传教。前往苏格兰传教的是科伦巴（Columba，521—597），他于563年进入苏格兰的伊奥拉（Iona）岛，在此建立修道院，并以此为据点，前往在苏格兰占多数的皮特人（Picts）中传教。最终他成功地通过皮特国王的皈依，使苏格兰成为基督教文化圈的一部分。[③] 之后，伊奥拉岛修道院很快发展成为向苏格兰皮克特人和北部英格兰人传教的基地，从而使爱尔兰教会在这些地区产生了广泛影响。

英格兰北部的诺森伯里亚国王埃德温在其妻子和教皇的影响下，皈依了罗马基督教。但继埃德温之后的奥斯瓦尔德（Oswald）由于早年曾因避难而暂居伊奥拉岛修道院，继位后便大力扶持爱尔兰基督教会的发展。633年，奥斯瓦尔德请求苏格兰伊奥拉岛修道院派人来本国传教，一位名叫艾丹（Aidan）的传教士应邀前往。在国王的资助下，他于635年

---

① ［英］比德：《英吉利教会史》，陈维振等译，商务印书馆1997年版，第254—256页。
② 高岱：《英国通史纲要》，安徽人民出版社2002年版，第24页。
③ 牟钟鉴主编：《民族宗教学导论》，宗教文化出版社2009年版，第77页。

在林第斯法恩岛（Lindisfarne）修建了一座修道院。该修道院是英格兰北部第一座基督教修道院。他学习肯特郡的教育模式，招募男孩进行训练，使这里很快发展成为基督徒讲经布道与研究学习的中心。诺森伯里亚也随之成为北部英格兰基督教的发源地。

此后，爱尔兰传教士继续积极传教，不仅使埃塞克斯重新恢复了基督教信仰，而且使战胜过诺森伯里亚的麦西亚人也皈依了基督教。其足迹还一直往南，直至苏塞克斯，并在那里与南方的罗马教会相遇。但是，爱尔兰修道院系统和罗马教会系统之间存在很大的差异，具体表现为：罗马基督教继承了残存的罗马纪律、中央集权观、私有制和教阶制度，划分组织严密的主教管辖区，管理权集中于主教手里，罗马的修道院俨然一个小的中央集权王朝的缩影。修士丝毫没有自由可言，必须听命、安贫、守贞，有着烦琐的宗教仪式。相比而言，爱尔兰基督教组织比较松散，爱尔兰修道士不受任何人管束，私有观念不强，主教只是云游四方的传教士，对于教士只有极小又很模糊的权力；修道院没有土地，土地是全部落的公共财产；没有罗马教会那套烦琐的宗教仪式。双方在复活节日期和修士剃发的问题上也存在着分歧。[①] 在复活节日期上，爱尔兰基督教定在3月25日，罗马基督教认为应定在3月21日。爱尔兰修士沿袭旧例，将头发剪成从左耳到右耳的一条宽带，罗马基督徒则蓄圆顶短发。

由于以上分歧的存在，两派时常发生争执。为解决这一矛盾，确定统一的传统以便共同遵守，诺森伯里亚国王奥斯维于664年在惠特比召开了由两派要员参加的会议，国王在会上宣布继承罗马教会的传统。罗马教会在英格兰的最高权威从此得以确立。虽然爱尔兰教会在英格兰最终没能战胜罗马教会，但在惠特比宗教会议之后，爱尔兰基督教并没有立即消失，而仍存在了一段时间，并慢慢地与罗马基督教相互融合。

[①] 蒋孟引主编：《英国史》，中国社会科学出版社1988年版，第49—50页。

第二节 教会学校的创办

许多学者认为英国的教育始于基督教传入以后,但其实,早在罗马帝国统治时期,罗马为了在当地培育代理人,就注重对本地贵族子女进行教育,以使其罗马化。大量的出土文物也表明当时英国已有文化教育。

一 罗马—不列颠时期的英国教育

皮西亚斯[①](Pytheas)在公元前4世纪从法国的马赛远航到不列颠,并将其航海的经历编撰成书。他是不列颠岛上留下文字记录的第一人。在罗马——不列颠时期,也留下了许多刻有文字的遗物,如帝国颁发给不列颠的法律和法规,以及在军用或民用的建筑物、里程碑、宗教圣坛、墓碑等上面,也留下了各种题刻,如在哈德良城墙附近维多兰达(Vindolanda)的木制匾额上就刻有文字和财产清单;一些保存在圣殿里的金属制盘上也刻有祷文和咒语;在一些陶器、瓦片和铅锭上也留有文字;有关维吉尔《伊尼特》的一些场景也出现在一些上等阶层房屋的墙上和地板上。大量刻有文字遗物的出土表明:掌握文化的人并不仅仅局限于外来的罗马公民和军官,许多不列颠贵族也接受了罗马文化,少数城镇中的商人或技工也可能掌握了一定的文化知识。不过,木板上和金属盘上刻写的拉丁文,无论是在拼写上还是在用词方面都显得很拙劣,表明书写者只掌握了基本的书写知识。[②] 那么不列颠人是如何获得教育,习得书写本领的呢?

在英国,有组织的教育开始于罗马统治时期。在罗马帝国版图内,罗马文明在部分程度上是通过一种旨在培养本地统治阶级,使其为帝国服务的公共教育体制来实现的。据塔西陀记载,公元78年,安格里科拉(Agricola,在公元78—84年间担任不列颠总督)在不列颠建立学校,目

---

① 公元前4世纪古希腊的航海家、地理学家。
② Nicholas Orme, *Medieval Schools: From Roman Britain to Renaissance England*, New Haven & London, Yale University Press, 2006, p. 15.

的在于教育当地部落酋长们的儿子，通过教育使其罗马化。虽然缺乏进一步的资料对此作更深入的研究，但通常认为，不列颠与罗马帝国其他较发达的行省一样，有着同样的教育体制。在主要的行政和商业城市中心，可能有政府付薪或私人收费的语法学家和修辞学家为少数人提供罗马式教育，以使其具备担任公职的才能。拉丁语是当时唯一的书面语言，在英国，只有少数人如部落酋长、行政官员、城镇里的工匠和商人、农村里的部分富裕土地所有者懂得拉丁语。自公元3世纪后，城市里的基督教社区领袖也懂得拉丁文。[1]

关于英国人如何学会了读和写，并无相关的文字资料记载，只能根据罗马帝国其他行省的教育情况来进行推测。在罗马，当时的教育体制分为三个等级：基础学校——教授基本的读、写、算；文法学校——学习语法和写作；修辞学校——学习有关修辞学的理论和演讲训练。在罗马帝国的西部大部分地区，拉丁文不仅是书面语，而且也是口头用语。学生主要通过向私人教师（通常是奴隶）学习基本的读写知识。在当时的一些大城市，还出现了一些收费的教师。那些出身较高的人如果想阅读经典著作，学会正确地书写，提高公众演讲水平，需要进入语法学校和修辞学校继续深造。语法学校和修辞学校通常并不是每个城市都有，为此，学生往往要跋山涉水到异地他乡求学。[2] 从6世纪英国一位作家吉尔达斯（Gildas）的著作来看，有模仿维吉尔和西塞罗修辞文风的痕迹，据此推断，他可能接受了传统的罗马式教育。[3]

根据罗马帝国其他地方的教育发展情况，我们可以类推：在英国，一些贵族家庭雇有私人教师，一些城镇有收费的文法教师和修辞教师，然后这些有文化的人再通过潜移默化的作用向其他人传播文化知识。不过，通过这种途径在英国传播文化，其影响毕竟有限，因为当时英国人

---

[1] J. Lawson & H. Silver, *A Social History of Education in England*, London: Methuen & Co. Ltd, 1973, p. 7.

[2] Nicholas Orme, *Medieval Schools: From Roman Britain to Renaissance England*, New Haven & London, Yale University Press, 2006, p. 16.

[3] Nicholas Orme, *Medieval Schools: From Roman Britain to Renaissance England*, New Haven & London, Yale University Press, 2006, p. 17.

所使用的口头语言并不是拉丁语。在英国，由于罗马人只注重对少数精英人物的教育，而忽视对多数人的教育，所以大多数人并未受罗马教育的影响，他们仍处于文盲状态或只懂得凯尔特语（Celtic）。[①]

二 教会学校的创办

恩格斯曾精辟地揭示了这一时期文化教育的特性："中世纪是从粗野的原始状态发展而来的。它把古代文明、古代哲学、政治和法律一扫而光，以便一切都从头做起。它从没落了的古代世界承受下来的唯一事物就是基督教和一些残破不全而且失掉文明的城市。其结果正如一切原始发展阶段中的情形一样，僧侣们获得了知识教育的垄断地位，因而教育本身也渗透了神学的性质。"[②] 罗马帝国崩溃后，修道院成了主要的文化教育场所。"修道士必须不但在基督教教义方面，而且还要在作为神圣的经典语言和仪式语言的拉丁文方面，指导他们的信徒。他们不得不教授读和写，以及那些为教会事务和仪式所必需的艺术和科学，如书法、绘画、音乐、尤其是年代学和历法知识……这样，一种自发的基督教文化兴起了，它以修道院为核心，并通过教育和宗教影响渗透到教会和人们的生活中。"[③] 德国学者格茨也指出，"长期以来，修道院也是一个重要的教育机构，从加洛林时期一直到中世纪中期，教育就被局限于教士和修道士中，教育首先是在修道院中进行的"[④]。可见，修道院在中世纪早期的文化教育中扮演了非常重要的角色。

无论是罗马传教使团还是爱尔兰传教使团，他们都将教堂和修道院作为传播基督教的中心，因此，随着基督教在英国的广泛传播，修道院和教堂也开始大量地兴建。除了前文中提到的奥古斯丁修建的坎特伯雷

[①] J. Lawson & H. Silver, *A Social History of Education in England*, London: Methuen & Co. Ltd, 1973, p. 7.

[②] 《马克思恩格斯全集》（第七卷），人民出版社1959年版，第400页。

[③] ［英］克里斯托弗·道森：《宗教与西方文化的兴起》，长川某译，四川人民出版社1992年版，第49页。

[④] ［德］汉斯-维尔纳·格茨：《欧洲中世纪生活》，王亚平译，东方出版社2002年版，第61页。

大教堂、圣彼得—圣保罗教堂，以及肯特国王埃塞尔伯特在伦敦修建的圣保罗教堂、在罗彻斯特建造的圣安德鲁教堂外，传教士还在罗彻斯特（Rochester）、伦敦、顿威奇（Dunwich），以及泰晤士的多彻斯特（Dorchester-on-Thames）等地先后建立了教堂。

在英格兰北方，爱尔兰修士艾丹在得到诺森伯里亚国王奥斯瓦尔德的同意后，在东海岸的林第斯法恩岛按照爱奥那修道院的模式创办了一座修道院。该修道院很快变得繁盛起来。英格兰北方另外两所著名的修道院分别是威尔矛斯（Wearmouth）修道院和加罗（Jarrow）修道院，他们是由本尼迪克特·比斯科普（Benedict Biscop，628－690）分别于674年和682年创建。两座修道院彼此相邻，位于林第斯法恩修道院以南不到50英里的地方。爱尔兰来圣人富尔萨将东英吉利国王西格伯特赠送给他的土地建成了一座修道院，并制定了院规。①

经过几个世纪的发展，无论是大教堂还是修道院，数量都有较大的增加。到800年，大教堂的数量达到了17个，修道院由于没有数量的限制，其数量达到了两三百座。其中大部分都是男修道院，但至少也有50所女修道院。② 教堂和修道院建立起来后，除了履行传教这一主要职能外，另一重要任务就是通过创办学校来培养年轻的教士或修士。正如英国教育史学者博伊德所说，"教会办教育不是因为教育本身是好的，而是教会发现，不给信徒特别是不给教士以学习圣经和履行宗教职责所要求的过去那种文化，教会就不能做好自己高尚的工作"③。而且，在当时的传教士看来，宗教和教育是密不可分的，两者都是教会不可推卸的职责。

罗马—不列颠时期的教育，由于盎格鲁－撒克逊人的入侵而遭到毁灭。直到奥古斯丁及其使团的到来，有组织的教育才再次被引进英格兰。当他们来到英格兰时，"英格兰既没有学校，也没有教堂，奥古斯丁不得

---

① ［英］比德：《英吉利教会史》，陈维振等译，商务印书馆1997年版，第186—188页。
② Nicholas Orme, *Medieval Schools: From Roman Britain to Renaissance England*, New Haven and London: Yale University Press, 2006, p.18.
③ ［英］博伊德·金：《西方教育史》，任宝祥、吴元训等译，人民教育出版社1985年版，第98—99页。

不一切从头开始"①。在一个异教国家，要使基督教能够生存下来，通过学校来培养本地的神职人员无疑是一条较佳的途径。

这一时期的教会学校可分为两类：一类是大教堂学校；另一类是修道院学校。当时，英国有两所著名的大教堂学校（Cathedral School，又译座堂学校或大主教学校）：坎特伯雷学校和东盎格里亚学校。这两所大教堂学校都以学习文法为主，尤其是拉丁文法，旨在培养懂得拉丁语的神职人员。当时，那些想成为能用拉丁语布道的人都把到这种学校学习视为进入教会的必要阶梯。坎特伯雷大教堂学校（Canterbury Cathedral School）建于598年，与奥古斯丁教堂一起由国王埃塞尔伯特捐赠，学校附属于坎特伯雷大教堂。奥古斯丁在坎特伯雷建立了教堂和学校后，立即着手对当地基督徒进行拉丁语、拉丁语经文、礼拜仪式以及圣歌的教育。坎特伯雷大教堂学校是中世纪英格兰王国的第一所基督教会学校，教育的对象主要是贵族子弟。在西奥多大主教和哈德良院长负责时期，坎特伯雷成了英国最著名的大教堂学校。坎特伯雷学校培养的著名学者有奥尔德赫姆（Aldhelm）等。小亚细亚塔苏斯的西奥多（Theodore of Tarsus）的到来，特别是在他于669年担任了坎特伯雷的大主教后，进一步刺激和推动了基督福音的传播和宗教教育的发展。在30年的任期内，他大力推行主教区制，将英格兰分成若干个大主教区，每一个大主教区再划分为若干个主教区，并使所有的主教教堂都成了布道传教和教学活动的中心。②

约克大教堂学校（York Cathedral School）是该时期英格兰另一所著名的大教堂学校，位于英格兰北部约克城。732年后特别是在比德的学生埃格伯特（Egbert）的主持下，该校名声大噪。约克大教堂学校在8世纪已拥有一所当时堪称最大的图书馆，收藏了大量拉丁文著作和教科书。著名学者和教育家阿尔昆（约735—804）从小就进入该校学习，受教于埃格伯特。766年，埃格伯特升任约克大主教后，阿尔昆继任该校校长，

---

① A. F. Leach, *The Schools of Medieval England*, London: Methuen & Co. Ltd., 1915, p. 3.

② J. Lawson & H. Silver, *A Social History of Education in England*, London: Methuen & Co. Ltd, 1973, pp. 9 – 10.

直至782年应法兰克国王查理之邀赴法国主持宫廷学校时为止，他一直担任了该校校长一职。阿尔昆对教育非常重视，797年他在给海克萨姆主教的一封信中写道："向穷人提供食物是一项伟大的慈善工作，而用精神学识充实灵魂则更为伟大。"① 在英格兰的其他地方，也陆续建立了类似的学校。"可敬的比德"（the Venerable Bede）在其著名的《英吉利教会史》（*Ecclesiastical History*）中写道：604年，奥古斯丁为两人授予了主教圣职，一位是伦敦圣保罗大教堂的梅里图斯（Mellitus）；另一位是肯特郡罗彻斯特（Rochester）教堂的贾斯图斯（Justus）。② 比德据此推论他们也建立了附属教堂学校。比德认为在东英格兰的顿威奇（Dunwich）也建有一所学校，它是由东英格兰国王塞格伯特（Sigbert）和主教菲力克斯（Felix）③ 共同创办的。每位主教所在的教堂即大教堂往往成了教学活动的中心。主教按照罗马传统，将一些合适的男孩纳入其中，对其进行教育，将其培养成牧师。

　　随着爱尔兰式基督教从爱尔兰和西苏格兰传入英格兰北部，传教士们也纷纷建立修道院，并以此作为传教和从事教育活动的中心。与主教学校相比，修道院学校数量多，承担的教学比重大，一些高深知识和学问的传授也主要由修道院承担。因此，修道院学校是当时最主要的、水平最高的教会学校。美国中世纪史学者哈斯金斯（Charles Homer Haskins）说过："整个中世纪早期，主要文化中心一直是修道院。它们犹如矗立在无知野蛮海洋中的岛屿，使学术在西欧幸存下来，而当时没有其他力量为此目的发挥强大作用。"④

　　修道院学校起源于修道院制度，修道院起源于罗马帝国后期，那时一些虔诚的基督徒为了逃避日益腐化堕落的社会，选择逃到深山老林或沙漠里隐居起来，通过祈祷和自我折磨的方式来求得内心的宁静。4世纪中叶，埃及人帕可密在尼罗河三角洲的达宾尼岛上建立了第一座修道院。

---

① 王承绪：《英国教育》，吉林教育出版社2000年版，第49—50页。
② A. F. Leach, *The Schools of Medieval England*, London: Methuen & Co. Ltd., 1915, p. 6.
③ 他来自勃艮第，是随同奥古斯丁来到英格兰的最后一位幸存牧师。
④ ［美］查尔斯·霍默·哈斯金斯：《十二世纪文艺复兴》，张澜、刘疆译，上海三联书店2008年版，第19页。

之后，这种修道院制迅速扩展到了希腊、意大利和西欧诸国。到5世纪时，修道院已成了基督教世界最重要的组织之一。

在修道院的发展过程中，以圣·本尼迪克特修道院的影响最大。本尼迪克特出生于一个意大利贵族家庭，公元529年在位于罗马和那不勒斯之间的卡诺山建立了修道院。为了加强管理，本尼迪克特于535年制定了院规，共有七十二章。院规除要求修士"发三愿"（不结婚，不拥有私有财产，绝对服从上级）外，还要求修士每日要按时诵经，从事耕作、参与慈善事业、阅读和抄写。其中第48条规定，凡能肩挑担子的人，每天至少要有7小时的劳动，2小时的阅读。圣·本尼迪克院规要求修道士能够阅读，并有义务每天坚持学习。每位修士须在大斋期（Lent，又称四旬斋，指复活节的前四十天）的第一天从图书馆中选取一本书进行阅读。[①] 圣·本尼迪克特院规制定后，为许多其他修道院纷纷效仿，使欧洲修道院的风气为之一新。

修道院学校创办于公元6世纪，到9世纪，各修道院均设有此种学校。修道院招收的学生分为两类：一类为"内修生"（Oblati），这种学生从一开始就立誓过修士生活，献身于宗教事业。他们在加入修道院时要做如下宣誓："我特此宣告脱离父母、弟兄和亲属，脱离朋友，土地和财产，脱离空浮虚荣和世间享乐。为了上帝的意愿，我也放弃自己的心愿。我接受修道院生活的一切困苦，对天立誓要纯洁、守贞、安贫，我愿终身待在此修道院当教士。"[②] 另一类学生为"外修生"（Externi），即不准备当神职人员的世俗子弟。他们是走读生，住在家中，到修道院接受教育，所学课程与内修生基本相同，只是目的不在于今后要成为修道士。修道院学生的入学年龄为10岁左右，学习期限为8—10年。修道院的一项重要的教育活动就是抄写书籍，由于书籍奇缺，抄写经典就成了修道士不可缺少的工作，但要使修士们具备抄书的能力，必须使其接受一定的教育。

---

① J. Lawson & H. Silver, *A Social History of Education in England*, London: Methuen & Co. Ltd, 1973, p. 13.

② ［美］克伯雷选编：《外国教育史料》，华中师范大学出版社1990年版，第87页。

在比斯科普的领导下，威尔茅斯修道院和加罗修道院成了英格兰著名的两所修道院，对英国的思想发展具有重大影响。比斯科普先后共9次游历巴黎，带回了大量的书籍和教堂装饰品。通过比斯科普的苦心经营，威尔茅斯修道院和加罗修道院在英国知识界享有盛誉，尤其是在宗教音乐方面，更是处于领头羊的地位。① 比斯科普的门徒比德（Bede）是英国第一位历史学家。比德生于672年（或673年），在他7岁时，父母将其送入家乡的威尔茅斯修道院，并托付给修道院院长本尼迪克·比斯科普抚养。四年后，他又转入与威尔茅斯修道院结为一体且相距不远的加罗修道院，由修道院院长塞尔弗里德（Ceolfrid）监管。在此后的五十多年里，他一直居住于此。② 在修道院里，比德"坚持每日在教堂所进行的唱诗之余，一直把学习、教授和写作当作自己的乐趣。"③ 除了学习和写作外，他还担任了加罗修道院所属的一所学校的授课任务，"修道院中有修士六百人，另外还有大量的外来者前来受业。"④

在林第斯法恩修道院，艾丹学习肯特郡的教育模式，招募男孩进行训练。由于受爱尔兰教会的影响，对文化知识的教育非常重视，因此，吸引了大量来自各地的求学者。⑤ 所以林第斯法恩、威尔茅斯、加罗成了当时最著名的知识文化中心。在受爱尔兰教会影响较大的威塞克斯王国也有马尔门斯伯里（Malmesbury）、温彻斯特（Winchester）、格拉斯顿伯里（Glastonbury）等修道院学校。

三 教会学校的教学概况

教育在这些宗教机构中并不是固定的、永久性的，特别是在一些小地方，教育往往只是偶尔进行。学生的数量一般不多，从一两个到几十

---

① James Bowen, *A History of Western Education*, Vol. 1, London: Methuen & Co. Ltd, 1972, pp. 342 – 343.

② ［英］比德：《英吉利教会史》，陈维振等译，商务印书馆1997年版，第382页。

③ ［英］比德：《英吉利教会史》，陈维振等译，商务印书馆1997年版，第382页。

④ ［英］比德：《英吉利教会史》，陈维振等译，商务印书馆1997年版，中译文序言第1页。

⑤ Charles A. Wells, *The Church of England and the Education of the People*, 2nd Edition, London: Westminster, p. 8.

个不等。① 教学在当时并不被看成是一种专门的职业，而只被看作是一种义务。教师主要由教士、修士、修女担任，许多教师都是普通的教士。在英国教会发展的早期，男女修道院院长往往亲自参与教学活动，督学的领导有时还从异地聘请老师，如塞格伯特的老师就是从肯特来到东盎格利亚，约翰修道院院长是从罗马来到威尔茅斯，一些教士则从林第斯法恩和爱尔兰来到埃塞尔沃尔夫（Æthewulf）修道院。②

教师的整体社会地位在当时虽然不高，但也有少数杰出的教师得到重视，受到尊敬，或通过教学变得名声显赫。771 年，一位名叫爱格里克（Egric）的教师去世后，其生平与国王和主教一起被编入了《北方年鉴》。少数老师还升到高级职位，麦恩西（Mainz）的波尼法斯（Boniface）、坎特伯雷的达威恩（Tatwine）、约克的阿尔伯特（Ælberht）甚至当上了大主教。里奥巴（Lioba）和比德的名声还波及欧洲大陆。不过，教师整体社会地位的提高还是在 12 世纪以后。③

由于书本奇缺，学生不能人手一册，一般只有老师才有书。教学主要是由老师口头念诵，学生做笔记，课后进行温习和背诵。教师有时也采用问答的方式进行教学，这种方法在文法教学中极为普遍。在课堂上，老师对淘气的学生经常使用鞭子进行体罚。体罚在中世纪的学校教育中极为普遍。不过，比德的学生卡西伯特（Cuthbert）也曾对师生之间和谐的氛围进行过生动描述④，但这种现象在当时只占少数。

中世纪的欧洲教育使用的是拉丁文，所以拉丁语法成了人文教育的基础课程。在盎格鲁-撒克逊时期，阅读和写作的教学都沿袭古罗马的传统。罗马的文法学家认为语言和文学的基础是语音、字母、音节和单词。在教学过程中，由老师先教学生念"ah"音，然后依次念 a、be、

---

① Nicholas Orme, *Medieval schools: From Roman Britain to Renaissance England*, New Haven and London: Yale university press, 2006, p. 20.

② Nicholas Orme, *Medieval schools: From Roman Britain to Renaissance England*, New Haven and London: Yale university press, 2006, p. 32.

③ Nicholas Orme, *Medieval Schools: From Roman Britain to Renaissance England*, New Haven and London: Yale university press, 2006, p. 32.

④ Nicholas Orme, *Medieval Schools: From Roman Britain to Renaissance England*, New Haven and London: Yale University Press, 2006, p. 32.

ce 等拉丁字母，学生将字母与书写形式进行连线。学生在掌握了辨认字母和发音后，接着学习如何将其拼成音节、单词和句子。一旦学生能够阅读单词和句子，他们就可以学习拉丁文课本，最受欢迎的入门教材是赞美诗——日课的核心。由于那时音符尚未出现，学生主要在教堂里通过老师的口头传授学习唱赞美诗。大多数学生在开始念诵、歌唱和默记赞美诗时并不理解其意，只有等到他们学习了拉丁语法、句法和词汇后，才渐渐明白他们所诵读的内容。因为不列颠的语言和拉丁语相差极大，学生们不得不将其作为一门外语来学习。当时，入门的语法课本都是罗马人在公元4、5世纪撰写的，当时使用最普遍的是多纳图斯语法书——《小艺》(*Ars Minor*) 和《大艺》(*Ars Major*)。

《小艺》以问答的形式进行编写，主要为那些已经能说拉丁语但希望进一步提升的人提供指导。该书的主要内容包括词的分类、词的功能以及如何正确地用词等。《大艺》介绍了发音、字母、音节、格律和重读，并从维吉尔的诗集中引用了大量例子详细地讨论演讲的各个环节。多纳图斯的语法书因内容不够全面、详细，对母语为非拉丁语的人而言不太适用。因此，英国人在多纳图斯语法的基础之上，通过吸收其他古典语法学家的材料加以补充，编撰了多纳图斯语法修订本。

当时还有词汇表供学生查找，词汇表根据字母顺序、主题，列出拉丁词汇及其解释。到8世纪，这种词汇表有时也用英文加以解释，帮助学生加以理解。一旦学生掌握了一定的拉丁语法和词汇后，他们就可以从事拉丁文的翻译、阅读和写作。赞美诗和《圣经》中的摘录篇章是进行拉丁文训练的最常用材料。

学习成绩好的学生可以继续学习高级著作，就语法著作而言，最具权威性的当数普里西安的《语法规范》(*Institutiones Grammaticae*)，该书是教师和高级学者进一步深造的必备工具书。像维吉尔的《伊尼特》只能由奥尔德赫姆和比德这样的学者来诵读，而对于大多数刚入门的学生来说，阅读起来非常困难。另一高级科目是诗歌的写作，这一科目极具挑战性，因为它涉及对拉丁音节的数量和对重音的把握。这种知识的获取只能由拉丁语学家如哈德良和西奥多通过口头传授加以习得。据说他们曾教授过诗韵学，但这种人在当时毕竟只占少数。当然，一些著作也包含这样的知识，如奥尔德赫姆（Aldhelm）编写的《论韵律》（*On Metres*）、《论韵脚的规则》（*On the Rules of Feet*）和比德著的《论韵律的技艺》（*On the Metrical Art*）。两人都对拉丁韵文诗的不同韵脚进行阐释，尤其是比德还从维吉尔的《田园诗》和《伊尼特》中列举了许多例子加以阐明，以帮助学生对韵律的学习和把握。①

无论是大教堂学校还是修道院学校，除教授基础语法以帮助学生学习圣经及其他神学著作外，学校还提供其他学科知识的教育。坎特伯雷大教堂学校就因教授古希腊、罗马的精深学问（包括拉丁文、希腊文、圣经注释、诗歌的写作、天文学、算术、格里高列圣咏）而闻名整个英格兰地区。② 坎特伯雷大主教西奥多及其助手哈德良之所以声名鹊起，主要在于他们能够教授一些高级科目。他们不仅掌握了渊博的圣学之道，而且还精通广博的世俗之学，因此，拯救灵魂的知识像溪流一样汩汩从他们那里流出，浇灌着会集在一起的学生的心灵。除宗教知识外，他们还给听众传授韵律技巧、天文学、宗教算术等知识，他们的一些学生不仅懂本国语，还懂拉丁文和希腊语。③ 比德在其《英吉利教会史》中写道：西奥多和哈德良到全国各地传播知识，他们不仅讲解《圣经》，而且讲解诗韵学、天文学以及计算教历的算术。事实表明，直到今天，仍有一些学者对拉丁文和希腊文的精通程度并不亚于其对母语的掌握。比德在其著作中还提到了一位非常博学多才的罗彻斯特主教托拜厄斯（Tobias），他先后求教于西奥多和哈德良，不仅精通文学（包括教会文学和一般文学），对拉丁语和希腊语掌握得也非常娴熟，犹如其母语一般。④ 坎特伯雷学校中最著名的学者是奥尔德赫姆，他开设的课程主要包括文法、几何、算术、韵律、天文学和罗马法。

约克大教堂学校在英格兰学者埃格伯特担任校长期间，开设的课程

---

① Nicholas Orme, *Medieval Schools: From Roman Britain to Renaissance England*, New Haven and London: Yale University Press, 2006, pp. 27–30.

② J. Lawson & H. Silver, *A Social History of Education in England*, London: Methuen & Co. Ltd, 1973, p. 10.

③ ［美］克伯雷选编：《外国教育史料》，华中师范大学出版社1997年版，第95—99页。

④ A. F. Leach, *The Schools of Medieval England*, London: Methuen & Co. Ltd., 1915, p. 33.

除《圣经》外，还有文法、修辞学、法律、算术、几何、天文学、地理学、生物学、歌咏、长笛、七弦琴等。8世纪，英格兰著名学者阿尔伯特（Albert）幼时就学于约克大教堂学校，后成为该校教师，协助埃格伯特管理大教堂学校。后来，为了追求知识，他跋涉异地，搜集新书，遍访学校。回约克后，他被提升为大教堂学校校长，后来又被任命为约克大主教。他学识渊博，精通各种知识，用神学和七艺等多方面知识教导青年，注重因材施教，培养人才。著名学者和教育家阿尔昆（约735—804）自小进入约克主教学校，受教于埃格伯特。他对约克学校有过生动的描述，从中我们可以看到当时学校的教学情况。他说：

> 他（指埃格伯特——作者注）在那里用多种教学的溪流和各种学问的甘露滋润着干枯的心，赋予它们语法学的学艺，灌注修辞的江河。他在法的磨石上把一些人擦亮，他教一些人齐唱艾奥尼娅赞美诗，而另一些人在旁吹奏卡斯塔利长笛，循着抒情诗人的足迹越过帕拉萨斯山麓。该总督要其余的人懂得天的协调、日月的劳动、天空的五彩带、七大行星、恒星的规律、星辰的起落、空气的流动、洋与陆的震动、人牛鸟兽的本性、数与形的不同类型。他举出复活节庄严周期的必然，首先开启圣文的奥秘，提示古老而简陋法典的莫测，见到任何思维出类拔萃的青年，他都凑拢过去，教他们，供养他们，热爱他们。因此，这位教师在圣卷中有许多学科和各种学艺处于领先地位。①

由于在约克学校受到了良好教育，阿尔昆的知识非常广博，后来成了一位多产作家，其作品包括书信、诗歌、训诂、教义、礼拜仪式、传记、对话等。有关教育的论著有《论文法》《论表音法》《论修辞学》《论辩证法》等，均以盎格鲁-撒克逊时代的对话形式写成。② 公元782年，受查理曼大帝（Charlemagne，742-814）之邀，阿尔昆离开约克前

---

① ［美］克伯雷选编：《外国教育史料》，华中师范大学出版社1997年版，第97页。
② 王承绪：《英国教育》，吉林教育出版社2000年版，第48—49页。

往法兰克，担任了宫廷学校的主持教师。从约克大教堂图书馆收藏的书籍来看，包含的范围也非常广泛。既有古希腊人希罗多德和古罗马人波依修斯、西塞罗、普林尼、普里西安的著作，又有希伯来人、非洲人的著作；既有关于世俗学问的书籍，又有奥古斯都和格里高利主教的圣学著作。①

修道院学校的教学内容也非常广泛。老师除教授学生阅读经文和对经文进行讲解外，还教授一些世俗知识如几何学、算术、天文学、物理学等。本尼迪克·比斯科普不仅在诺森伯里亚建立了加罗和威尔茅斯修道院，而且为修道院收藏了一些欧洲最好版本的希腊文和拉丁文书籍。比斯科普对修道院学校的最大的贡献在于他收集了大量书籍，为修道院学生提供了大量的阅读素材。其中，受益最大的要数比德。

"可敬的比德"是英国历史上卓越的学者、历史学家。他一生笔耕不辍，著作等身，为英国留下了许多珍贵的文化遗产。加罗修道院里有一个图书室，经最初几任修道院院长特别是比斯科普的热心搜集，藏有大量的基督教典籍和异教古典作品。比德因自幼受到了良好的修道院教育，精通希腊文和拉丁文，并略通希伯来文，所以在图书馆里，他可以尽情地浏览各种古典著作，柏拉图、亚里士多德、西塞罗、维吉尔等古典作家的作品都曾在他的著作中被援引。在修道院里，他还深入研究《圣经》和教父们的著作，并对这些典籍进行注释。② 比德一生的著述成果达三十六种（一说三十七种），其中大部分是对《圣经》的阐释，有些是对圣徒的记述，有些则涉及天文、历法、音乐、哲学、语法、修辞、算术、医药等内容。这些作品主要是供听课者学习的教材，其中许多教材一直沿用到中世纪晚期。比德的学生卡西伯特在记述他与老师相处的最后一段时光时谈道：由比德口述，学生记录，比德口述的一篇课文是依西多禄的《万物之本性》的一部分。比德还用英文背诵了一些有关死亡的韵律诗，并教授拉丁文颂歌。③ 然而，正如当时其他的许多学者一样，比德对

---

① ［美］克伯雷选编：《外国教育史料》，华中师范大学出版社1997年版，第98—99页。
② ［英］比德：《英吉利教会史》，陈维振等译，商务印书馆1997年版，第382页。
③ Nicholas Orme, *Medieval Schools: From Roman Britain to Renaissance England*, New Haven and London: Yale University Press, 2006, p. 32.

古典文献本身并不感兴趣,他的兴趣对象主要是《圣经》。在他看来,理解圣经是学习的首要任务。他将语法看作是理解《圣经》的一门工具,其作用在于帮助理解一些模糊的章节。[①]

并不是所有的修道院都能从事如此有效和高级的教学活动,各个修道院之间的教学情况差别也很大。747 年,英国教会会议在科尔费索(Clofesho)召开,会议鉴于许多教士不愿意学习的情况,责令主教、男女修道院院长要注重提高他们的文化水平。小修道院里提供的教育非常有限。波尼法斯(Boniface)在孩童时代是爱克塞特(Exeter)修道院的修士,他的传记家认为正是由于这里缺乏良好的教育,才促使他转到卢斯林(Nursling)修道院。[②]

整体而言,在盎格鲁-撒克逊时期(约440—1066 年),英国教育取得了一定的发展,到 8 世纪,英国的学术水平可与同时期西欧大陆相媲美。基督教又一次将英国纳入西方文明的主流之中。[③] 尽管如此,但此时英国的教育范围主要局限于教会内部,教育活动对整个社会的影响较小。"中世纪西方基督教世界的知识生活没有在大众中广泛传播。它明显缺乏现代世界习以为常的广泛性与交流的便捷性。相对而言,只有极少数人能读会写,这些人主要是教界人士。"[④] 从 8 世纪起,约有 20 所主教学校和修道院学校为世人所知。这些学校创办的唯一目的就是培养修道士和牧师。一般而言,只有少数教士掌握了拉丁语,他们主要在一些重要的教堂和修道院就职。大多数教士并没有受过良好的学校教育,因此他们与大多数文盲一样,仍保有许多粗俗习惯。在俗人中,识字通常只限于少数对文化知识感兴趣的贵族,他们或在主教家中或在修道院里得到培

[①] James Bowen and M. J. Bowen, *A History of Western Education*, Vol. 1, London: Methuen & Co. Ltd, 1972, p. 343.

[②] Nicholas Orme, *Medieval Schools: From Roman Britain to Renaissance England*, New Haven and London: Yale University Press, 2006, pp. 24–25.

[③] Harold J. Schultz, *History of England*, 3rd edition, New York: Harper & Row Publishers, 1980, p. 14.

[④] [美]查尔斯·霍默·哈斯金斯:《十二世纪文艺复兴》,张澜、刘疆译,上海三联书店2008 年版,第 19 页。

养，结果他们也往往成了传播基督教的积极宣传者。①

当然，我们也不能忽视这样的事实：在教会学校创办学校来培养年轻教士的同时，一些世俗统治者为了培养政治家、律师、公务人员、职员，也创办学校，如位于顿威奇的东英吉利学校（East England School）就是属于世俗性质的学校，该校于公元631年由东英吉利国王西格伯特创办。学校主要招收贵族子弟，目标是将其培养成国家官吏，同时也兼收少量准备成为神职人员的男童，师资主要来源于坎特伯雷主教学校。

第三节 英国教育的再次被毁与振兴

"公元8世纪是充满文化生机的和平时期，所谓的'阿尔昆时代'尤为光彩夺目"②，然而，英格兰文化教育发展的历程由于丹麦人③的入侵再次被打断。北欧人的入侵开始于866年，挪威人被描绘成"喜好音乐、嗜酒成性、到处发动战争、四处抢掠"，他们往往沿着海岸线对富裕的修道院进行抢劫，然后从东部和南部海岸线向内陆发起猛烈进攻。

一 丹麦人的入侵对英国教育的冲击

北欧丹麦人的入侵，致使英国沿海大部分地区遭到毁坏和蹂躏，修道院被焚毁，城镇和教堂建筑被掠夺，基督教文明被扫除。丹麦人的入侵，不仅导致社会混乱、经济萧条，文化教育也随着修道院被焚毁而趋于衰落。林第斯法恩在793年遭劫，约克被占领，"上帝的殿堂"遭亵渎，"圣徒的遗体象街上的粪土一样被践踏"，造成了至少三个主教辖区

---

① J. Lawson & H. Silver, *A Social History of Education in England*, London: Methuen & Co. Ltd, 1973, p. 11.

② ［英］阿萨·勃里格斯：《英国社会史》，陈叔平等译，中国人民大学出版社1991年版，第53页。

③ 《盎格鲁-撒克逊编年史》将北欧人（诺曼人）笼统地称为丹麦人，就入侵英国的丹麦人而言，除真正的丹麦人外，还包括挪威人。

的消失。① 在西欧"没有哪一块基督教的土地,比英格兰遭受的灾难更为严酷的了;也没有哪个古老的修道院文化中心遭受过如此彻底的破坏"②。

威塞克斯(Wessex)国王阿尔弗雷德(Alfred the Great,871－899年在位)率先抵抗丹麦人的进攻,并于879年迫使丹麦人签订了威德摩尔和约。这个和约划定了英丹分治的界线:从泰晤士河到利河,该线以北为丹麦区,以南为英王领土。和约的签订为英格兰文化教育的发展赢得了一个喘息机会。当英格兰教育再次复兴时,其中心由英格兰的北部和中部转到了南部。

二 阿尔弗雷德对英国教育的贡献

威塞克斯国王阿尔弗雷德大帝在击败了丹麦人之后,面对曾一度辉煌的智慧和学识的消失,他在893年翻译格里高利教皇的《牧师的职责》(*the Great's Pastoral Care*)的前言中悲叹道:

> 曾经,国家有过一个辉煌时期,国王信奉上帝,国内安定和平,牧师们渴望传授知识,学习知识,国外的人们为获得知识和智慧纷至沓来,然而自那以后,知识大幅度地走向衰落,以至到了现在,一直到亨伯尔河(位于英格兰的中南部)的南端,都很少有人能够懂得拉丁祈祷文或能将其翻译成英语。③

为复兴和推动文化教育的发展,阿尔弗雷德采取了一系列措施。

第一,复兴修道院制度。英国著名文化史哲学家克里斯托弗·道森指出:"在从古典文明的衰弱到12世纪欧洲各大学的兴起这一长达700年的整个时期内,修道院是贯穿于其中的最为典型的文化组织……只是

---

① [英]阿萨·勃里格斯:《英国社会史》,陈叔平等译,中国人民大学出版社1991年版,第54页。
② [英]克里斯托弗·道森:《宗教与西方文化的兴起》,长川某译,四川人民出版社1989年版,第93页。
③ Nicholas Orme, *Medieval Schools: From Roman Britain to Renaissance England*, New Haven and London: Yale University Press, 2006, pp. 33－34.

通过修道院制度,宗教才得以对这些世纪的整个文化发展产生了直接的和决定性的影响。"① 在中世纪早期,修道院在文化教育方面扮演了重要的角色。然而,丹麦人在对英格兰进行劫掠时,首选对象就是富裕的教堂和修道院,因而对英格兰教会和教育造成了毁灭性打击。阿尔弗雷德曾哀叹地回忆其童年时"教堂屹立,充满着宝藏与书籍……曾几何时,即被丹麦人掠夺烧掉"的情景。"没有哪一块基督教的土地,比英格兰城9世纪遭受的灾难更为严酷了;也没有哪个古老的修道院文化中心,遭受过如此彻底的摧毁。"② 因此,阿尔弗雷德在《牧师的职责》的译序中,提出了一项明确的教育计划:如果我们获得了和平,凡具有自由身份的英格兰青年,如若他们有足够的能力从事学习,则应令其入学,"在其学业尚未臻于适合各种职务的程度时,不能中止学习,直至能较顺利地阅读英文著作为止;对于那些愿意进一步深造的青年,则要教以拉丁文,促使他们达到更高的水平"③。

为了继续发挥修道院在教育方面的功能,阿尔弗雷德国王着力兴办修道院,雇佣许多助祭收集、抄写书籍,以充实图书馆。他在阿塞尔尼(Athelney)建立了一所修道院,但在招募修士时遇到了困难,因为贵族和自由民不愿过隐修生活,所以只好招募外国人和儿童。他还在沙特伯里(Shaftesburg)为妇女修建了一所女修道院。王后也在温彻斯特(Winchester)建立了一所女修道院。④ 但阿尔弗雷德没有对宗教制度和宗教礼仪作系统的变革,在他看来,王国宗教复兴的关键就是任命那些虔诚的、有知识和值得信任的主教和修道院院长担任一定的职务,使其各司其职。

第二,仿效查理曼大帝创办宫廷学校。在法兰克王国查理曼大帝的影响下,他将其收入的八分之一用来创办宫廷学校。在宫廷内部,他将

---

① [英]克里斯托弗·道森:《宗教与西方文化的兴起》,长川某译,四川人民出版社1989年版,第40页。

② [英]克里斯托弗·道森:《宗教与西方文化的兴起》,长川某译,四川人民出版社1989年版,第40页。

③ A. F. Leach, *The Schools of Medieval England*, London: Methuen & Co. Ltd., 1915, p. 73.

④ Nicholas Orme, *Medieval Schools: From Roman Britain to Renaissance England*, New Haven and London: Yale University Press, 2006, p. 35.

自己的子女、贵族的儿子甚至一些出身不高但聪慧的孩子们聚集起来,为他们聘请教师,传授拉丁文和英文的阅读和写作。阿尔弗雷德国王的亲随和密友阿塞尔曾这样描述当时宫廷学校的学习情景:

> 埃塞尔沃德是国王的小儿子,由于国王的神圣劝告和值得称赞的远虑,他被委托给学校。在那里,他同国家几乎一切达官显贵的孩子以及许多还不甚显贵的人一起,在教师勤勉关怀下成长起来。在学校要读拉丁文和撒克逊文两种语言的书籍。他们也学习写,以便在从事成人技巧,即狩猎以及适宜贵人的类似消遣的年龄之前,能在自由艺术方面变得勤奋聪明。①

在国王阿尔弗雷德统治时期,甚至贵族妇女也学习阅读。据说阿尔弗雷德的女儿奥尔弗斯雷斯(Ælfthryth)还学会了《拉丁圣诗集》(The Latin Psalter),能够阅读英文书籍,特别是诗集。②

为推动教育和学术的发展,"阿尔佛烈德大王亦从欧洲各地邀请学者到英国讲学。如从威尔斯聘请亚塞主教;从法兰西聘请艾利基纳;尤其是重金聘请了默西亚的普雷格蒙德和魏弗兹、圣阿姆的格里姆彼尔得以及易北河口附近的老撒克逊人约翰等等"③。因此,在878—885年间,他的宫廷里总是高朋满座。宫廷学校的开办,使宫廷成了教学的中心,学术的中心,虔诚的中心,盎格鲁-撒克逊民族传统感情的中心,艺术的中心。④ 虽然宫廷学校里受教育的对象都是俗人,但正如霍斯特·沃森所说,宫廷学校与修道院学校一样受教会的影响。⑤ 因为无论是承担教学的教师还是教学内容都与宗教有关。

---

① [美] 克伯雷编:《外国教育史料》,任宝祥等译,华中师范大学出版社1991年版,第111页。
② Nicholas Orme, "What did Medieval Schools do for Us?" *History Today*, Vol. 56, No. 6, 2006, p. 12.
③ 吴碧珠:《欧洲封建国家的巩固者》,载《社科纵横》2007年第7期,第11页。
④ 马骥雄:《外国教育史略》,人民教育出版社1991年版,第107页。
⑤ Foster Watson, *The English Grammar Schools to 1600*, Cambridge:Cambridge University Press, 1908, p. 10.

第三，组织并亲自参与拉丁文著作的翻译，为知识的传播与发展奠定基础。在文化知识的学习上，国王积极作出表率，阿塞尔在《阿尔弗雷德大帝生平》中写道：国王只要有空，就请伍斯特教堂的主教沃尔弗里士、坎特伯雷大主教普利门德，以及埃塞尔斯坦、沃尔乌尔弗日夜为他念书，从不让他们离开自己。国王还派使者到高卢请来德高望重的教士格林保尔为他讲学，使其眼界大开，获得了各方面知识。①

国王"在圣普莱格蒙德大主教（Archbishop St. Plcgmund）、威尔士人阿瑟尔（Asser the Welshman）、弗兰德尔人圣格利姆巴尔德（St. Grimbald the Fleming）和萨克逊考威的修道院约翰的帮助下，开始进行他的一系列的翻译工作"②。阿尔弗雷德亲自参加翻译的拉丁文著作包括波爱修（Boethius）的《哲学的慰藉》（Consolations of Philosophy），奥若修（Orosius）的《世界通史》（University History of the World），比德的《英格兰教会史》（History of the Church in England）和教皇格里高利的《牧师的职责》等。他还对拉丁文著作进行注释、评点和解说。③ 国王还向"每一主教区赠送一份抄本；每份抄本要用值50曼卡斯的书夹装订"，并规定"任何人不得取下书夹，或把书拿出大教堂"，以供教徒阅读。④ 除对拉丁文著作进行翻译外，他还亲自参与编纂《盎格鲁－撒克逊编年史》。这是用盎格鲁－撒克逊语言写的第一部历史著作，它记载了每一年的重大事件，是历史学家研究那个时代的必读著作。格尔布莱斯（Galbraith）教授指出，英国历史的前五百年，似乎找不到三个以上有文化的国王，而阿尔弗雷德是其中最有文化的国王。⑤ "他是亨利八世前唯一写过书的英格

---

① ［美］克伯雷编：《外国教育史料》，任宝祥等译，华中师范大学出版社1991年版，第110—111页。

② ［英］克里斯托弗·道森：《宗教与西方文化的兴起》，长川某译，四川人民出版社1989年版，第95页。

③ 滕大春、姜文闵主编：《外国教育通史》（第二卷），山东教育出版社1989版，第29页。

④ ［美］克伯雷编：《外国教育史料》，任宝祥等译，华中师范大学出版社1991年版，第109页。

⑤ J. Lawson & H. Silver, *A Social History of Education in England*, London: Methuen & Co. Ltd, 1973, p. 12.

兰国王。"①

　　由于诸多原因，阿尔弗雷德的许多教育计划并没有得到真正的贯彻实施，受教育的对象依然只是局限于少数群体，修道院制度在其统治时期也并未得到复兴。但与同时代欧洲领导者相比，他更具有长远的眼光。"阿尔弗雷德国王不像如法兰西的尤底斯，德国的阿诺尔夫和普洛文斯的波索这些大陆上的同时代人，他并不满足于组织一次成功的军事抵抗。在他同时代的统治者中间，只有他意识到了精神问题的极端重要性，并且，他在恢复基督教文化的传统上花费的精力，并不比他在保护民族生存上花费的精力少。"②"很难确知阿尔弗雷德的文化复兴措施到底取得了多大成就，但它肯定造就了更有学问的僧侣和更有知识的俗人：这是两个世纪后教会改革的良好基础。"③ 阿尔弗雷德发展文化教育显然并不是为了推动基督教在英国的发展，而是为了提高英国人的教育水平和文化素质，但他充分地认识到要复兴英国的教育，必须借助教会的功能。

　　西方学者对阿塞尔所述史实的真伪历来有很大的争议。伯里认为，虽然没有证据表明阿尔弗雷德在改善国家教育方面取得了多大成果，但"他的努力必须被看作是国家关心教育的一个开端"④。阿尔弗雷德对教育的关心和重视影响到了其儿子长者爱德华（Edward the Elder）和孙子阿萨尔斯坦（Athelstain）统治时期。据《沃维克学校与学院史》（*The History of Warwick School and College*）记载，914 年，长者爱德华和他的姐姐、麦西亚夫人埃塞尔弗莱德（Etheldfled）为了抗击丹麦人的进攻，修建了一些类似城堡的防御工事，这些城堡被看作王室教堂，有的城堡附有文法学校。⑤

---

　　① ［英］肯尼思·O. 摩根：《牛津英国通史》，王觉非等译，商务印书馆1993年版，第95页。

　　② ［英］克里斯托弗·道森：《宗教与西方文化的兴起》，长川某译，四川人民出版1989年版，第93—94页。

　　③ ［英］肯尼思·O. 摩根：《牛津英国通史》，王觉非等译，商务印书馆1993年版，第95页。

　　④ A. W. Parry, *Education in England in the Middle Ages*, London: W. B. Clive, 1920, p. 33.

　　⑤ A. F. Leach, *The Schools of Medieval England*, London: Methuen & Co. Ltd., 1915, p. 76.

三 邓斯坦对英国教育的贡献

国王埃德加（Edgar, 955—975 年在位）是继阿尔弗雷德和爱德华之后又一位在英国文化教育史方面作出过突出贡献的国王。在埃德加恢复和发展英国教育的过程中，圣·邓斯坦（St. Dunstan, 925—988）发挥了至关重要的作用。邓斯坦 925 年出生于格拉斯顿伯里（Glastonbury），幼年时受爱尔兰牧师的影响，学习成绩突出。946 年被选为格拉斯顿伯里修道院院长。在邓斯坦的努力下，格拉斯顿伯里不仅发展成一座有名的修道院，而且也是一所闻名遐迩的学校。学校不仅接收那些准备成为修士的男孩，而且也接收那些准备投身于教区事业的男孩，以提高他们的文化修养。在体罚盛行的时代，邓斯坦以宽厚仁慈而著称。他憎恶学校里的鞭打体罚，努力保护坎特伯雷的修士们免于遭受过分的体罚。[①] 邓斯坦有一位杰出的学生埃塞尔沃德（Ethelwold），削发后来到了格拉斯顿伯里修道院，在那里，他学习文法、音乐和神学。邓斯顿的许多学生后来都进入了教会，并担任了教区长、修道院院长、主教、大主教等各种圣职，例如埃塞尔沃德后来成了温彻斯特主教。[②] 959 年，邓斯坦出任坎特伯雷大主教。受国王埃德加的委托，负责恢复英格兰的修道院制度。在他的努力下，许多被废的修道院得以恢复，学术和教育工作也随之得以复兴。

为了培养自己的接班人，每所修道院都要招募一些新成员，他们或是一些从小就被送入修道院，并在修道院里长大的"内修生"，或是一些成年"外修生"。对于所有的职业修道士而言，掌握一定的语法知识和学会唱一些赞美诗是参与宗教仪式的不可或缺条件，因此，教授这些知识是每所修道院不可逃避的职责。女修道院在当时很少，只有六七所，修女主要从贵族女儿和寡妇中招募。通过在女修道院接受教育，一些修女还达到了较高的教育水平，但她们一般不学习拉丁文。

比斯科普·奥斯瓦尔德（Bishop Æthelwold）领导下的温彻斯特修道

[①] A. F. Leach, The Schools of Medieval England, London: Methuen & Co. Ltd., 1915, p. 81.

[②] A. F. Leach, The Schools of Medieval England, London: Methuen & Co. Ltd., 1915, pp. 80-81.

院、格拉斯顿伯里（Glastonbury）修道院、拉姆塞（Ramsey）修道院、沃彻斯特（Worchester）修道院和伊威斯汉姆（Evesham）修道院都具有较高的学术水平。这时的学术语言不限于拉丁语，也出现了本族语，这主要是为了满足那些在乡村进行宗教活动但不懂拉丁语教士的教学需要。①

除邓斯坦外，这一时期另一位杰出的教师是阿尔弗里克（Ælfric），他是邓斯坦和埃塞尔沃德的学生，撰写了三本有关教育方面的著作：《盎格鲁-拉丁语语法》(the Anglo-Latin Grammar)、《词汇表》(Glossary)、《对话录》(Colloquy)。② 罗马统治时期的语法书都是用拉丁文编写。990 年代，阿尔弗里克修士第一次用英文编写了著名的拉丁语法课本，直到诺曼征服甚至以后很长一段时间，这本书在英国一直被广泛使用。③ 该语法书通俗易懂，对入门者非常适用。《对话录》由师生之间的一系列对话组成，是第一本拉丁文练习本。会话通常由学生提出问题，然后由老师回答，以此来训练学生用拉丁文进行自由交谈的能力。在《对话录》的末尾处，有如下一段师生间的对话：

老师："你今天挨打了吗？"
学生："没有，因为我非常小心。"
老师："其他的同学呢？"
学生："为什么要问我这个问题呢？我不敢将我们的秘密告诉您，每个人都知道他是否挨了打。"④

拉姆塞修道院的伯特弗斯（Byrhtferth）也写了一些拉丁文论文和用

---

① J. Lawson & H. Silver, *A Social History of Education in England*, London: Methuen & Co. Ltd., 1973, p. 14.
② A. F. Leach, *The Schools of Medieval England*, London: Methuen & Co. Ltd., 1915, p. 85.
③ Nicholas Orme, What did Medieval Schools do for Us? *History Today*, Vol. 56, No. 6, 2006, p. 12.
④ A. W. Parry, *Education in England in the Middle Ages*, London: W. B. Clive, 1920, pp. 37-38.

英文写了一本针对青年教士的知识手册。无论是用拉丁文还是用英文编写的著作，其目的都在于教导修道士和牧师，使其能胜任神职。①

为扩大受教育对象的范围，埃德加国王还颁布法令，充分发挥教区牧师在教育方面的功能。《土地调查清册》（*Doomsday Book*，1086-1088年）中登记了三四十所教区教堂，大多数是在爱德加执政时期建立起来的。②在约960年颁布的法令中，第10条规定，"我们责令任何牧师不能接收其他的学生，除非他离开了之前跟随的牧师"；第11条规定，"每一位牧师除了要学习传统的拉丁文知识外，还要努力学习一门手工技艺"；第51条规定，"牧师要孜孜不倦地向青年人传授文化知识和手工技艺"③。这些法令表明在当时由牧师创办学校，并从事教育包括技术教育已是一种普遍现象。主教斯达伯斯（Stubbs）将伴随国王埃德加法令而兴建了一些教育机构的功劳归功于邓斯坦。④

据记载，在10世纪前半叶，主教管区的男孩跟随牧师接受教育已成为惯例。曾在942—959年间任坎特伯雷大主教的奥多（Odo），在他还是埃塞沃尔德家中的一名男仆时就受教于圣职人员。奥多的侄子奥斯瓦德（Oswald）也曾受教于当时在英格兰被认为最有学识、熟谙世俗和宗教知识的弗雷泽古德（Frithegode）。⑤然而，大多数世俗牧师除了一些基本的宗教知识外，也无更多的知识可以传授。在偏远的农村，他们与当地教区的村民一样无知。⑥

该时期修道院在何种程度上为非修道士的男童和青年男子提供了教育不得而知，但很明显，邓斯坦和其他英格兰复兴的领袖们都认为，修道院在整个教会中应是刺激宗教发展和激发教育活力的主要动力。那些不想成为修道士的男孩，有时也会被修道院接收并被提供教育，但在当

---

① J. Lawson & H. Silver, *A Social History of Education in England*, London: Methuen & Co. Ltd, 1973, pp. 14-15.
② 王承绪：《英国教育》，吉林教育出版社2000年版，第53—54页。
③ A. F. Leach, *The Schools of Medieval England*, London: Methuen & Co. Ltd., 1915, p. 84.
④ A. F. Leach, *The Schools of Medieval England*, London: Methuen & Co. Ltd., 1915, p. 84.
⑤ 王承绪：《英国教育》，吉林教育出版社2000年版，第53页。
⑥ J. Lawson & H. Silver, *A Social History of Education in England*, London: Methuen & Co. Ltd, 1973, p. 15.

时经济条件下，人们一般没有接受教育的欲望和要求，因此，这种人只占极少数。在阿尔弗里克约于1000年编写的《对话录》中，记录了一位教师和一位青年修道士，以及一群既有自由人又有奴隶男孩们之间的对话。学生来自不同的职业阶层，包括农夫、牧羊人、放牛娃、猎人、渔夫、驯鹿人、商人、鞋匠、卖盐人、面包师等。① 这幅图景通常被看作当时学校情况的一种真实写照，并以此证明当时学生社会构成的广泛性。但约翰·劳森和哈罗德·史尔威认为，《对话录》只不过是修道院用来教授青年修道士的一本拉丁文教科书而已。当时没有证据表明修道士对世俗社会的教育非常关心，从逻辑上来看，也没有这种可能性，所以农夫、牧羊人、水手与年轻修道士一起携手进入学校学习拉丁文的图景是根本不可能出现的。②

在11世纪中叶，出现了一股创办由世俗牧师组成的牧师会大教堂（Collegiate Church）的运动。牧师会成员（chapter）遵循一定的法规（canon）过着类似修道院的生活，但与修道院里的修士们处于修道院院长的监管之下不同，牧师会大教堂处于教长（Dean或Provost）的监管之下，并对主教负责。在诺曼征服前，英国15个大教堂（Cathedral）中有11个是属于这种性质的教堂。604年，由梅里图斯在伦敦建立的圣保罗教堂就属于该类性质的教堂。③ 有史实表明：一些牧师会大教堂，如由哈罗德（Harold）于1060年在瓦尔萨姆（Waltham）创办的圣十字社团（the College of the Holy Cross），就为青年牧师和当地神职人员创办了文法学校和歌咏学校。直到诺曼征服前，与大修道院相比，这些大教堂所承担的教学活动显得微不足道。在诺曼征服前夕，英国有35所男修道院，他们都遵循圣本尼克特教规，共有1000名修道士，另外还有9所女修道院，所有这些修道院，都分布在从彻斯顿到波士顿一线以南。当时贫困

---

① [美] 克伯雷编：《外国教育史料》，任宝祥等译，华中师范大学出版社1991年版，第124—125页。

② J. Lawson & H. Silver, *A Social History of Education in England*, London: Methuen & Co. Ltd, 1973, p. 15.

③ A. F. Leach, *The Schools of Medieval England*, London: Methuen & Co. Ltd., 1915, p. 17.

的农村人口数达 150 万人，他们受教育的程度非常低。①

四 诺曼征服对英国教育的影响

1066 年，英格兰遭到来自法国诺曼底公爵的入侵，诺曼征服对英国教育带来了深远影响。伴随着诺曼征服，法语取代英语成了学习拉丁语的一种中介语言。另外，诺曼人取代英格兰人成了学校教师，在学校里，孩子们不再将拉丁文译成英文，而是将其翻译成法文。直到爱德华三世统治时期，法语一直是上等阶层、城镇中产阶级以及所有有文化的人使用的语言。②

根据利奇的观点，诺曼征服带来的最坏后果之一就是使意大利的冒险家兰弗朗克（Lanfranc）成了坎特伯雷大主教。这对坎特伯雷和其他地方学校来说都是一场厄运，因为之后这些学校不再由在大教堂中常住的牧师会成员来负责教学和管理，而是交由那些因忙于公务而常年不在教堂里居住的主教负责。兰弗朗克对教育也很不感兴趣，在其长达 107 页的法规中，只有两页半的内容是关于男孩的，其内容也暗示男孩只需记住一些圣歌和宗教仪式就可以了。③ 但后来的学者伯里提出了相反的观点，他认为诺曼征服给英格兰教会和教育带来了积极的影响，因为诺曼征服后，一些有学识和有才能的诺曼人取代了英格兰人占据了英格兰主教和修道院院长的职务。如兰弗朗克和安塞尔姆（Anselm）相继成了坎特伯雷大主教；甘道夫（Gundulf）成了罗彻斯特的主教；保罗（Paul）成了圣阿尔班（St. Albans）的修道院院长；沃特（Water）成了爱维莎姆（Evesham）的修道院院长；吉尔伯特·克里斯宾（Gilbert Crispin）成了威斯敏斯大教堂修道院院长；爱纳弗（Ernulf）成了坎特伯雷基督教堂小修道院院长；塞斯坦（Thurstan）成了格拉斯顿伯里（Glastonbury）修道院院长。兰弗朗克在担任英国坎特伯雷大主教前，在法国已是一位非常

---

① J. Lawson & H. Silver, *A Social History of Education in England*, London: Methuen & Co. Ltd, 1973, pp. 15–16.
② A. F. Leach, *The Schools of Medieval England*, London: Methuen & Co. Ltd., 1915, p. 103.
③ A. F. Leach, *The Schools of Medieval England*, London: Methuen & Co. Ltd., 1915, pp. 96–100.

著名的教师。他最初在艾弗兰奇斯（Avranches）创办学校，吸引了众多的学者，后来进入贝克修道院，并创办了修道院学校。该校名声远扬，培养了许多杰出的学生，并占据了许多教会要职，其中最著名的要数教皇亚历山大二世（Alexander Ⅱ）。① 伯里还指出，诺曼征服不仅加快了英国封建化进程，而且对英格兰教会进行了重组，结束了英格兰教会与国家政权同一性的关系。威廉一世按照欧洲大陆的模式对英格兰教会进行了改革，将教会法庭与世俗法庭分开。从这时到宗教改革为止，英格兰教会与国家政权相互分离了，除了那些被严格界定为精神上的事务外，教育设施的提供、教育的组织、维持以及对教育的控制都被认为是教会职责。②

从长远来看，诺曼征服给英国确实带来了积极影响。它不仅消除了英国以前那种诸国林立的局面，结束了英国屡遭外来民族入侵的历史，而且加快了英国封建化的进程。统一和平的环境有利于教育的发展，正如英国学者霍利迪所说，"诺曼人的强权促成了英格兰的统一，还使它长期稳定地接受了南欧大陆的文化"③。

---

① A. W. Parry, *Education in England in the Middle Ages*, London：W. B. Clive, 1920, pp. 56 – 58.
② A. W. Parry, *Education in England in the Middle Ages*, London：W. B. Clive, 1920, p. 2.
③ ［英］F. E. 霍利迪：《简明英国史》，洪永珊译，江西人民出版社1985年版，第18页。

第 二 章

中世纪后期的英国教育
（1066—1534）

诺曼征服之前，英国教会的主要目的是传播基督教，树立罗马基督教会在英国民众心中的神圣权威，为此，教会的教育贯穿于修道院或教堂的日常宗教活动之中。诺曼征服后，罗马教会在西欧的地位上升，教皇成了凌驾于各国国王之上的"万王之王"，罗马成了神权统治的国际中心。为了统一思想，防患异端邪说的滋长，教会强化了对教育的控制。虽然到中世纪后期，随着城市经济的发展，出现了一些为适应城市工商业发展要求的世俗性质学校，如拉丁文法学校、读写学校和私立学校。他们主要为市民子弟教授拉丁语和一般的读、写、算等实用知识，使其能适应今后的行政管理事务和商业事务的需要。但总体而言，这一时期的英国教育主导权掌握在教会手中，教会通过垄断教师许可证的颁发、任命神职人员为校长和教师、规定教学内容等手段来控制学校教育。

16 世纪早期的一幅版画描绘了一位语法女士伫立在塔旁，她拿出一张字母表展示给一位学童，如若他能辨认字母表，就用钥匙为他开启塔门。在不同塔层的房间里，老师教授不同学科的知识，通过各塔层的学习，最后可以到达塔顶。[1] 该幅画表明识字母表是进入知识殿堂的钥匙，在整个知识大厦中，多纳图斯和普里西安的知识处在第一层，神学位于最顶层。这幅作品虽然创作于 16 世纪初，但它也是中世纪学问层次的一

---

[1] Nicholas Orme, *Medieval Schools: From Roman Britain to Renaissance England*, New Haven & London, Yale University Press, 2006, p.53.

种生动写照。

第一节　教会与中世纪英国的初等教育

中世纪英国的初等教育机构种类繁多，名称多样。利奇将宗教改革前英格兰的初等学校分为四种类型：ABC 学校、阅读学校（Reading Schools）、书写学校（Writing Schools）和歌咏学校（Song Schools）。[①] 但更多的人通常将阅读学校和书写学校合称为读写学校。实际上，除了这几种学校类型外，初等教育机构还包括歌祷堂学校、教区学校，以及一些私人开设的简易学校。由于初等学校留存下来的资料很少，给对这部分的研究带来了巨大困难，下面以其中几种相对重要的初等学校为例，来分析中世纪英国初等教育与教会之间的关系。

一　教区学校

教区学校（Parish School，或译为"堂区学校"）是中世纪欧洲教会举办的对世俗群众进行教育的普通学校。这种学校设在主教管辖的教区教堂所在的城区和村落。教区学校规模很小，设备简陋，只教授一般的读写算、基督教初步知识以及赞美诗等，算术不受重视，只有少数教区学校才教计算。这种学校遍布各地，在数量上超过了修道院学校和大教堂学校。[②] 到中世纪晚期，教区学校发展较快，成为西欧中世纪最普遍的学校教育形式。

早在 381 年，康斯坦丁基督教会议就要求在县镇和村庄建立学校，免费教育所有儿童。"529 年，维森（Vaison）教法会议上颁布了法令，规定每一位负责一个教区的牧师必须在他家中为年轻人办一个拉丁文班，以为他们今后的圣职工作做准备。"这一法令在之后几个世纪还一再被教会法令重申，成为教会制度的一部分。[③] 到公元 8 世纪查理曼时代，教区

[①] Foster Watson, *The English Grammar Schools to 1660: Their Curriculum and Practice*, Cambridge: Cambridge University Press, 1908, p. 137.
[②] 刘新成主编：《西欧中世纪社会史研究》，人民出版社 2006 年版，第 449 页。
[③] 王承绪：《英国教育》，吉林教育出版社 2000 年版，第 49 页。

学校在欧洲大陆的发展达到了鼎盛。

不过,教区学校在英国出现得比较晚,它们伴随英国教区制的发展而出现。在 600—900 年间,英格兰仍只有一些大教堂和修道院,即使他们也有一些附属小教堂,但管辖的范围仍较大。10 世纪后这种情况发生了变化,越来越多的只有一位牧师的地方小教堂即教区教堂建立起来,并逐渐取代了大教堂牧师的职能。这一进程可以从 960—962 年间埃德加(Edgar)国王颁布的法典中看出,法典中不仅提到了大教堂(minsters)而且也提到了那种属于地方贵族带有墓地(或不带墓地)的小教堂(church)。小教堂之所以在这一时期得到发展,原因主要有:第一,大地产的分裂;第二,更多村庄的形成和城镇的发展。第三,什一税制度的推行。小教堂的建立方便了什一税的征收,小教堂往往在当地招募牧师,这些教堂逐渐获得了独立地位,并拥有各自的教区。修道院和大教堂的教区进行了再分割,许多大教堂甚至成了只有一位神职人员的教堂。在农村,除了偏僻的丘陵地区外,每几英里就有一所小教堂,由一位牧师负责一块相对狭小的区域。在城镇,通常会有几个这样的小教堂。[①]

这些变化对英格兰教育带来了深刻的影响,它导致大量教士的出现。到 1066 年,教士有好几千人,其数量超过了大教堂和修道院里的神职人员。教堂仪式至少是两人之间的对话,所以每个教区的牧师通常都需要一位助理员(clerk)来辅佐他。由于宗教仪式都是用拉丁语进行,这就要求助手至少要掌握正确的发音和阅读,因此,教区神职人员需要接受教育。接受教育后,他们也成了潜在的教师。教区神职人员的首要任务是教育他们的教区居民如何祈祷,有文化的牧师还可能传授一些文化知识。10 世纪末,英格兰教会首领似乎认识到了教区牧师这一新生群体的作用,并企图借鉴法国的经验对他们进行指导。教区制在法国有较长的历史,821 年,法国奥尔良(Orleans)大主教西奥多弗(Theodulf)为教士颁布了相关教育法规。法令规定任何牧师不得引诱或接收其他教区的助理员;任何牧师将免费地将其侄儿或亲属送入主教辖区内的教会学校

---

① Nicholas Orme, *Medieval Schools: From Roman Britain to Renaissance England*, New Haven & London, Yale University Press, 2006, pp. 38 – 39.

就读；无论是城镇还是乡村的牧师，都应该创办学校，如果人们愿意将其子女送入学校就学，牧师既不能拒绝，也不能授受任何报酬，除非父母们出于自愿。

西奥多弗法规传到英格兰后，虽然没有得到宗教会议的正式审批，但以拉丁文和英文两种版本发行，一种是用拉丁文书写的"牧师训诫"（Sermon to Priests）；另一种是英文书写的关于牧师行为法典，即著名的埃德加教规（Cannons of Edgar）。"牧师训诫"要求牧师应承担教师的职责，向男童、青少年或青年男子进行教育，以便在教堂事务方面得到他们的辅助。[1] 教区牧师，如果他们有文化，可能会承担一些教学任务，因为教会法规定他们有承担教学的义务。1200 年，威斯敏斯特宗教会议要求教区牧师要在他们所在的城镇维持一所学校，为孩子们提供免费的教育。[2]

教区学校教师的任命权通常由教区教堂的捐助者指定，所以任命权有时是主教，有时是教务长和牧师会，有时是私人，有些修道院也有提名权。不过，当教区再作细分（redivide）时，开办学校的权力仍由原教堂负责，因此，新教堂的赞助者并不具备任命新教堂学校教师的权力。[3]

二 歌咏学校

霍斯特·沃森认为，至宗教改革前，在基础学校中最重要的学校既不是 ABC 学校，也不是读写学校，而是歌咏学校（Song School）。[4] 因为宗教音乐在宗教仪式中具有重要的地位，而且在以口头传授知识为主要教学方式的时代，通过反复吟唱，有利于学习内容的记忆和传播。歌咏

---

[1] Nicholas Orme, *Medieval Schools: From Roman Britain to Renaissance England*, New Haven & London, Yale University Press, 2006, p. 39.

[2] A. F. Leach, *Educational Charters and Documents 598 to 1909*, Cambridge: Cambridge University Press, 1911, p. 139.

[3] A. W. Parry, *Education in England in the Middle Ages*, London: W. B. Clive, 1920, p. 108.

[4] Foster Watson, *The English Grammar Schools to 1660: Their Curriculum and Practice*, Cambridge: Cambridge University Press, 1908, p. 142.

学校（或译为"声乐学校"）附设于大教堂学校或修道院学校，起初是一种职业教育，旨在培养唱诗班歌手和牧师举行宗教仪式时的助手，以后逐渐演变为一般的初等学校。约公元4世纪，教皇塞尔维斯特（Pope Sylvester，314-336年在位）在其教堂内首先设立这种学校，旨在为罗马教会培养歌手和诵经者，教学内容主要是教会音乐和《圣经》。托勒多（Toledo）宗教会议（527年或531年）对此类学校给予了认可。595年，教皇格里高利一世对歌咏学校进行了改革，并为之制定了标准，认为歌咏学校应对学生进行歌咏、拉丁语和阅读的基础训练，使其适于参加教会的礼拜仪式。

由于格里高利圣咏与拉丁文《圣经》、圣餐仪式一样是宗教礼仪中的重要组成部分，因此，歌咏学校具有重要的宗教意义。奥古斯丁来到英国后，为了培养唱诗班的歌手，他在坎特伯雷大教堂设立了歌咏学校。633年，帕里留斯（Paulinus）离开诺森伯里亚（Northumbria）前往肯特郡后，约克教堂的教务长詹姆士（James）在社会秩序得到恢复以后，按照罗马式或坎特伯雷式的风格教授许多人唱圣咏。不久，他来到罗彻斯特（Rochester）城，给熟谙圣学知识的普达（Putta）授予了圣职，普达尤其擅长教圣咏，这一技能是他从教皇格里高利的门徒那里习得的。[①]

1281年，无知僧侣（Ignorantia sacerdotum）（直到16世纪，还一再公布这一章程）章程除了规定每个人应学习基督教义如十诫、七圣事外，还要求教区牧师坚持创办声乐学校，从而把男童训练成唱诗班歌手。[②] 根据这一要求，一些地方教区教堂也创办了这种学校。不过，他们可能不像大教堂那样能长久地维持这种学校。通常来说，大教堂里都有一所歌咏学校，如约克主教区的贝弗里（Beverley）、里朋（Ripon）和南威尔（Southwell）等教堂，都或多或少有较固定的歌咏教师。除了大教堂外，

[①] A. F. Leach, *Educational Charters and Documents 598 to 1909*, Cambridge：Cambridge University Press, 1911, p. 7.

[②] ［英］奥尔德里奇：《简明英国教育史》，诸惠芳等译，人民教育出版社1987年版，第64页。

一些牧师会大教堂也创办了歌咏学校。[①]

在歌咏学校中，唱诗班歌手以及年轻的教士学习圣餐仪式中的赞美诗以及学习拉丁文阅读，由于只会念诵但不理解其中的含义，因此有人也进入文法学校学习拉丁语法。[②] 关于大教堂语法教师是否有义务教授唱诗班歌手还有过许多争论。1312 年，在贝弗里（Beverley）的文法教师拒绝免费为 7 个唱诗班歌手教授拉丁语法，最后教务长和牧师会裁决要求文法教师要免费为所有的唱诗班歌手教授语法。类似于这种争论在 14 世纪的圣保罗学校也发生过。教务长和牧师会针对此事进行过调查，最后决定大教堂的文法教师要向唱诗班成员教授语法，但为此他们可以从大教堂基金中获得一定的报酬。[③] 通过以上两次争论，唱诗班歌手获得了从大教堂文法教师那里学习拉丁文法的权利。

1459—1460 年，威尔斯的主教伯克顿起草了关于歌咏学校的管理条例，法规规定歌咏教师必须既懂文法，又懂得歌唱。歌咏教师由大教堂司学（chancellor）任命，在学校里教师和学生都必须说拉丁语。法令还对有关用餐、纪律和财务等方面的问题进行了具体的规定。[④] 不过，在牧师会大教堂，歌咏学校的教师不是由大教堂司学而是由唱诗班领唱提名，然后交由教长和牧师会批准。[⑤]

领唱（precentor）这一职位在 11 世纪晚期的约克大教堂、林肯大教堂和撒利斯伯里（Salisbury）大教堂已有明确记载，其职责是组织和筹办大教堂所有的仪式音乐，因此他要负责监督和教导男童合唱团，领唱有时也有一位助手。[⑥] 约克大教堂于 1307 年将自 11 世纪以来的习惯法汇编

[①] J. Lawson & H. Silver, *A Social History of Education in England*, London: Methuen & Co. Ltd, 1973, p. 23.

[②] J. Lawson & H. Silver, *A Social History of Education in England*, London: Methuen & Co. Ltd, 1973, p. 22.

[③] A. W. Parry, *Education in England in the Middle Ages*, London: W. B. Clive, 1920, pp. 89-90.

[④] A. W. Parry, *Education in England in the Middle Ages*, London: W. B. Clive, 1920, p. 90.

[⑤] A. W. Parry, *Education in England in the Middle Ages*, London: W. B. Clive, 1920, p. 107.

[⑥] James Bowen, *A History of Western Education*, Vol. 2, London: Methuen & Co. Ltd., 1975, p. 296.

成法令，将唱诗班成员的管理权委任给领唱。例如，在林肯郡，爱尔汗的拉弗（Ralph of Erghan）被任命为领唱，负责管理唱诗班成员。① 因此，学校的人事和日常管理权逐渐由在教堂中享有职位但不具体承担教学任务的神职人员掌管，教学工作则由他们任命的老师负责，互有分工，各司其职。

歌咏学校规模不大，通常在10—14人之间。② 歌咏学校对学生实行严格的管理，下面一段文字是13世纪附属于威斯敏斯特教堂的歌咏学校规则的摘录：

> 在他们整理好床铺之后，让他们一起静悄悄地离开房间，不得说笑喧闹。洗净双手，谦恭地走进教堂，不得跑跳，不得闲聊，也不得与任何人争吵或与任何动物耍闹；不得手拿弓、棍或石头……不管他们在教堂中是站着还是坐着，都不许眼瞥旁人，而要目视圣坛；不得龇牙咧嘴、絮语唠叨或放声大笑。当别人唱不好圣诗或圣歌时，不得取笑他人面兽心不得偷偷地或公开地打人；不得粗鲁地回答长者向他们提出的问题。……
>
> 而且，不管是谁，睡觉时把同伴的垫褥撕碎或把睡衣藏起来，把鞋或枕头从这个角落扔到那个角落，或激起愤怒，或扰乱学校秩序，这样的学生都要在早晨受到严厉的惩罚。③

在歌咏学校，男童最初与其他教士们一起居住，并通过参加宗教仪式的辅助活动以获取免费食宿。从13世纪后半期起，教堂为他们另辟寓所，与教士们分开居住，如1264年，林肯主教就专门划拨经费为12个男

---

① A. W. Parry, *Education in England in the Middle Ages*, London: W. B. Clive, 1920, p. 91.
② James Bowen, *A History of Western Education*, Vol. 2, London: Methuen & Co. Ltd., 1975, p. 296.
③ [英]奥尔德里奇：《简明英国教育史》，诸惠芳等译，人民教育出版社1987年版，第67页。

童修建了住所。① 中世纪后期，歌咏学校逐渐消失或被并入读写学校（文法学校的预备班），成为中世纪的所谓初等小学，对幼儿进行启蒙教育。

三　歌祷堂学校

歌祷堂是私人以土地或其他财富捐赠建立起来的，为自己及亲属的灵魂做弥撒而创办的一种小教堂。歌祷堂通常建立在大教堂或大的牧师联合会教堂里，有时也建在小教堂或教区教堂里。第一批歌祷堂建于12、13世纪，其后数量增加得很快。在14世纪的前几十年出现过衰退，但1348年黑死病的爆发，又引发了新一轮的发展。到1366年，仅伦敦圣保罗大教堂就有66个这种捐赠，后来通过合并，数量有所减少。在爱德华六世没收歌祷堂时，王室委员发现仅约克大主教区就有424所，在王国的其他地方还有2000多所。②

歌祷堂开始创建于何时，说法不一。有人认为在诺曼征服前就已有歌祷堂。12世纪在奇彻斯特（Chichester）、林肯（Lincoln）、圣保罗（St. Paul's）、威尔斯（Wells）、约克（York）都有主教和社会名流建立的歌祷堂。在南威尔大教堂（Southwell Minster），13所歌祷堂中就有10所是在1372年之前创设的。不过，大量歌祷堂的创办是在14—16世纪。随着工商业阶层财富的增长，歌祷堂的数量越来越多，这一趋势一直持续到宗教改革时期，亨利八世本人在遗嘱中也要求为自身的灵魂创办歌祷堂。③

最早的歌祷堂附属于大教堂，并且往往是好几所歌祷堂共用一个祭坛，有时也创办于修道院，歌祷堂有些由修士，有些由世俗牧师负责。后来，作为一种惯例，大部分歌祷堂都有单独的小教堂，或附属于教区

---

① J. Lawson & H. Silver, *A Social History of Education in England*, London: Methuen & Co. Ltd, 1973, p. 22.

② Michael Van Cleave Alexander, *The Growth of English Education, 1348 – 1648: A Social and Cultural History*, University Park and London: The Pennsylvania State University Press, 1990, p. 59.

③ A. F. Leach, *English Schools at the Reformation, 1546 – 1548*, Westminster: Archibald Constable & Co., 1896, pp. 48 – 49.

教堂的主建筑，或在大教堂里分有独立的房间。[①] 歌祷堂的显著特征是捐赠者出资创办，让牧师为其亡灵祈祷。在14、15世纪，建歌祷堂是一种比较流行的捐赠方式，因为这种捐赠不仅可以使自己流芳百世，而且又有益于所在的社区。[②] 正如威克里夫所说，"歌祷堂是永久保留建造者名字的一个方法"[③]。刚开始时，创办者只要求被雇牧师为创办者及其亲属的灵魂做弥撒，后来增加了一项任务，即在歌祷堂内创办一所学校，免费为当地贫穷孩子提供教育。但到15世纪，开办学校反而成为歌祷堂最主要、最普遍的目的，所以歌祷堂到后来逐渐发展成了一种教育机构。

传统的观点认为，首所歌祷堂学校（Chantry School）是1384年建于格罗塞斯特郡（Gloucestershire）的沃顿（Wotten-Under-Edge）学校。但M.V.C.亚历山大认为早在1324年爱塞克斯（Essex）的哈罗（Harlow）就有歌祷堂学校。中世纪晚期，歌祷堂学校的数量迅速增加。到1540年代中期，英格兰约有250多所，其中约克郡有30所，爱塞克斯郡（Essex）、希罗普郡（Shropshire）和斯达福德郡（Staffordshire）各有16所。[④] 与歌祷堂数量相比，歌祷堂学校的数量较少，可见，并不是每一所歌祷堂都附设了学校。

由于歌祷堂的牧师们也只是略懂得一点拉丁文，所以歌祷堂的教学内容多是与做弥撒密切相关的一些简单的基础知识，如《圣经》及赞美诗和音乐等。1526年，切尔德雷学校（Childrey School）法令规定："……牧师要教孩子们学习字母表，歌颂主的祷文，对圣母致敬，信徒信条等必要的事情，使他们在做弥撒时能为牧师提供帮助。此外，还要教

[①] A. F. Leach, *English Schools at the Reformation, 1546 – 1548*, Westminster: Archibald Constable & Co., 1896, p. 48.

[②] A. W. Parry, *Education in England in the Middle Ages*, London: W. B. Clive, 1920, p. 158.

[③] [英]基思·托马斯:《巫术的兴衰》，芮传明译，上海人民出版社1992年版，第483页。

[④] Michael Van Cleave Alexander, *The Growth of English Education, 1348 – 1648: A Social and Cultural History*, University Park and London: The Pennsylvania State University Press, 1990, pp. 59 – 60. 但据利奇估计，到1547年解散歌祷堂时，歌祷堂学校约有100所。Foster Watson, *The Old Grammar Schools*, Cambridge: Cambridge University Press, 1916, p. 4.

学生学习《悲痛之余》圣歌和为死者祈祷的祷文。"① 北汉普敦县艾尔德温克尔镇的威廉·钱白于1489年将其在阿麦斯敦的采邑和其他财产捐赠给一所歌祷堂,要求牧师每天在圣玛丽的祭坛前做弥撒,且要教艾尔德温克尔镇中最穷的6个男孩学习拼写和阅读。② 牧师们也用本族语即英语向孩子们教授一些基础知识如写和算等。

由于相关资料的缺乏,歌祷堂牧师对教学的具体执行情况不得而知。但16世纪初期,歌祷堂牧师由于知识的匮乏和忽视教学而受到普遍指责则是事实。③ 当然,在歌祷堂学校中,也不乏有一些文化水平较高的牧师,如牛津郡的德丁顿(Deddington)歌祷堂学校,创办于1445年,最后一位牧师威廉姆·伯顿(William Burton)被王室官员描述成是"一位很好的教师,在对青年知识培养方面干得非常出色"。主持约克郡威克菲尔德(Wakefield)歌祷堂学校的最后一位牧师是爱德华·伍德(Edward Wood),他于1522年获得了牛津大学文学学士学位,是一位知识渊博的学者。彼德·威尔夫(Peter Wilegh)在1532—1548年间一直是埃塞克斯(Essex)的彻尔姆斯福德(Chelmsford)歌祷堂学校的负责人。他也是一位才华横溢的学者。④ 像伯顿和伍德一样,威尔夫也受到负责解散歌祷堂及其附属学校的王室委员们的赞扬。他还培养出了一位非常有才华的学生,即伟大的科学家约翰·迪(John Dee,1527—1608)。迪的父亲罗兰德(Rowland)是苏雷(Surrey)的一位小吏。迪9岁跟随威尔夫学习拉丁文和数学基础知识,15岁考入剑桥大学圣约翰学院,在那里他立刻因其拉丁文和数学成绩而赢得了称赞。在1546年获得文学学士学位后不久,又在亨利八世刚建立不久的剑桥三一学院获得了研究员席位,到1550年

---

① Joan Simon, *Education and Society in Tudor England*, Cambridge:Cambridge University Press, 1979, p. 49.
② [美]克伯雷编:《外国教育史料》,华东师范大学出版社1991年版,第118—119页。
③ Norman Wood, *The Reformation and English Education*, London:George Routledge & Sons, Ltd. , 1931, p. 11.
④ Michael Van Cleave Alexander, *The Growth of English Education, 1348 - 1648:A Social and Cultural History*, University Park and London:The Pennsylvania State University Press, 1990, p. 60.

代，成了英格兰最著名的数学家和科学家。① 显然，如果没有在歌祷堂学校六年的求学经历，他要取得如此巨大的成就是不可能的。可见，歌祷堂的教学与所属牧师的文化水平密切相关。

就教学情况而言，歌祷堂学校提供两种水平的教育：一种为初级教育，一种为高级文法教育。歌祷堂学校有些是文法学校，有些是歌咏学校，或两者兼而有之。② 例如，1414 年，杜尔汉姆主教拉格勒（Langley）建立了一所歌祷堂，就要求牧师分别创办一所文法学校和一所歌咏学校。③ 而沃顿歌祷堂学校则只是一所文法学校。歌祷堂学校有些非常小，但规模大的学校，人数也达到了 80—160 人。④ 歌祷堂的牧师薪水很低，一年不会超过 6 英镑，有时只有两三英镑。格罗切斯特郡（Gloucestershire）的纽兰德（Newland）歌祷堂学校创立于 1445 年，牧师享有 12 英镑的年薪，且每季度能从每个学生收到 8 便士的学费，但牧师至少也要为一个学生支付学费，每年至少要施舍 5 先令 4 便士的救济物。大多数歌祷堂牧师的薪水通常比教区牧师薪水低，多数歌祷堂牧师的学术水平也比较差，只要在大学里学习过一年的人就很少会在这种地方长久地待下去。⑤

歌祷堂学校就其性质而言，具有世俗教育的特点，但歌祷堂学校与宗教仍有着密不可分的关联，因为教师都是牧师，教学内容也主要是围绕做弥撒而展开。与宫廷学校相比，歌祷堂学校是一种带有慈善色彩的平民学校，对于普及教育、向下层平民子弟传播知识起到了重要作用。

总之，初等学校虽然只是从事基础的读、写、算和宗教知识教育，

---

① Michael Van Cleave Alexander, *The Growth of English Education*, 1348 – 1648: A Social and Cultural History, University Park and London: The Pennsylvania State University Press, 1990, p. 61.

② Foster Watson, *The Old Grammar Schools*, Cambridge: Cambridge University Press, 1916, p. 4.

③ A. W. Parry, *Education in England in the Middle Ages*, London: W. B. Clive, 1920, pp. 158 – 159.

④ Foster Watson, *The English Grammar Schools to 1600*, Cambridge: Cambridge University Press, 1908, p. 13.

⑤ Michael Van Cleave Alexander, *The Growth of English Education*, 1348 – 1648: A Social and Cultural History, University Park and London: The Pennsylvania State University Press, 1990, p. 60.

但由于其分布广，数量多，如 1500 年在约克大主教区，初等学校的数量是文法学校的三倍多，即使在 1500 年后文法学校的快速发展期，初等学校的数量也是其总数的两倍①，所以初等学校在中世纪英国起到了非常重要的教育普及作用。

第二节　教会与英国中等教育

在工业革命前，英国的中等学校主要包括文法学校和公学。文法学校孕育于教会学校，在中世纪早期只是教会学校教育的一部分。黑死病爆发后，英国的大量牧师死亡，为了弥补牧师和教师的不足，出现了许多其他机构创办的文法学校。15 世纪后，出现了一些由私人捐资创办的文法学校即公学。公学是一种特殊的文法学校，主要招收贵族子弟，后来演变为贵族学校。在中世纪时期，无论是文法学校还是公学，都与宗教有着紧密的关联。

一　中世纪的文法学校

文法学校（Grammar School）最早产生于古代雅典，与当时的弦琴学校同属于初级学校。7 至 13、14 岁的儿童或同时上文法学校和弦琴学校，或先上文法学校后上弦琴学校。儿童在文法学校学习读、写、算初步知识。古代罗马的文法学校最初继承希腊的办学传统，是一种比初等学校高一级的私立学校，招收 12—16 岁的奴隶主贵族子弟，最初以学习希腊文及其文学为主。至共和国末期，教学内容逐渐拉丁化，主要传授拉丁文、希腊文和修辞学，另外兼涉历史、地理和伦理方面的知识。

文法学校虽然出现得较早，但拉丁文 Scola grammatice 一词在 11 世纪后半叶才出现。为了与更高级的学校——大学相区别，到 13 世纪才普遍使用。英文的表达形式 grammar school 在 1387 年才开始出现。当时特雷维萨的约翰（John of Trevisa）在翻译拉尔夫·西格顿（Ralph Higden）的

---

① Rosemay O'Day, *Education and Society 1500–1800*, London and New York: Longman Group Limited, 1982, p. 42.

作品时第一次使用了这一术语。1439 年，威廉姆·拜因哈姆（William Byngham）在剑桥创办了"上帝学院"（God's House），为全国文法学校培养教师，自此之后，这一术语才得到广泛使用。①

文法学校最初附设于教会学校，是教会学校教育的一部分，并不是独立的教育机构。早在基督教传入英格兰之初，奥古斯丁就曾规定教会的职责之一是提供两种教育：文法教育和歌咏教育。为此，奥古斯丁以及他的继承者创办了两种学校即文法学校和歌咏学校。直到盎格鲁-撒克逊时代，文法教育一直都只是大教堂学校和修道院学校教育的一部分。

诺曼征服后，英格兰的文法学校取得了较快发展。诺曼征服结束了英格兰诸国分立的局面，来自法国的主教对英国教会进行了重组，使教堂和修道院增多。另外，诺曼征服加快了英国封建化的进程，政府的职能变得多样化，对懂拉丁文知识的官员需求增加。基督教宗教会议通过的一系列决议在客观上也推动了文法学校的发展。1179 年，第三次拉特兰宗教会议（The Third Lateran Council）规定要向教士和贫穷的学生提供免费教育。"因为上帝的教会象慈母一样，有义务为贫困的人既提供与保养身体有关的必需品，而且也提供有益于灵魂的必需品，使不能得到父母财产帮助的穷人，不会被剥夺读书和深造的机会，每个大教堂都将把充足的俸禄给与教师，他将免费教同一个教会的职员和贫穷的学生，这样，既解脱了教师的困难，也为学习者打开了学习的道路。"② 根据当时威廉姆·弗兹斯特芬（William Fitzstephen）在 1190 年的记载，在人口最多的城市伦敦，有 3 所依附于教堂的学校，它们分别是圣保罗学校（St. Paul's）、圣玛丽勒布学校（St. Mary-le-Bow）和圣玛丁勒格兰特学校（St. Martin-le-Grand）。③ 1200 年，威斯敏斯特宗教会议规定，在英格兰，牧师的亲属可以到教堂接受教育，牧师要在所居住城镇开设的学校任教，

---

① Foster Watson, *The Old Grammar Schools*, Cambridge: Cambridge University, 1916, pp. 2-3.

② ［英］威廉·博伊德、埃德蒙·金：《西方教育史》，任宝祥、吴元训译，人民教育出版社 1985 年版，第 154 页。

③ James Bowen, *A History of Western Education*, Vol. 2, London: Methuen & Co. Ltd., 1975, p. 297.

并要为任何虔诚来此求学的孩子们提供教育。① 第三次拉特兰宗教会议的规定在第四次拉特兰宗教会议得到重申并得到进一步的扩大。1215 年第四次拉特兰会议规定,"每一所大教堂和其他有充足资产的教堂,都要分别任命有能力教神学和拉丁文的教师,教师的薪俸从大教堂的公共基金中支取"②。这些通行欧洲各国的法令必然对英国教会产生影响。事实表明,诺曼征服后这些要求已在英格兰得到贯彻和执行。③

国内有人认为,诺曼征服后文法学校作为一个独立的教育机构从教会学校的母体中脱离出来,走上了独立发展的道路。④ 但实际上,在此之后的很长一段时间里,文法学校仍依附于各种教会学校。在12、13 世纪,9 所世俗大教堂⑤和 9 所修道院大教堂⑥都创办了文法学校。除修道院和大教堂创设有文法学校外,牧师会大教堂也办有文法学校。1300 年,牧师会大教堂有 50 多所。⑦ 据利奇的估算,到 1547 年约有 200 所。南威尔文法学校(Southwell Grammar School)和沃威克文法学校(Warwick Grammar School)都是属于此种类型的学校。⑧

---

① Foster Watson, *The Old Grammar Schools*, Cambridge: Cambridge University Press, 1916, p. 69.

② A. F. Leach, *The Schools of Medieval English*, London, 1915, p. 156.

③ J. Lawson & H. Silver, *A Social History of Education in England*, London: Methuen & Co. Ltd, 1973, p. 21.

④ 参见王兰娟《中世纪英国文法学校初探》,载《首都师范大学学报》(社会科学版) 2005 年增刊。

⑤ 约克(York)、撒利斯伯里(Salisbury)、林肯(Lincoln)、奇彻斯特(Chichester)、利奇菲尔德(Lichfield)、威尔斯(Wells)、赫勒福德(Hereford)、爱克塞特(Exeter)、伦敦(London),参见 James Bowen, *A History of Western Education*, Vol. 2, London: Methuen & Co. Ltd., 1975, p. 296.

⑥ 与欧洲大陆不同,一开始英格兰并无主教制。一些主教通常选择一些重要的修道院作为其驻地。因此,有九所大教堂有修道院牧师会(monastic chapters),分别是坎特伯雷(Canterbury)、温彻斯特(Winchester)、沃彻斯特(Worcester)、罗彻斯特(Rochester)、杜尔汉姆(Durham)、伊利(Ely)、诺威奇(Norwich)、康温奇(Conventry)和巴斯(Bath)。James Bowen, *A History of Western Education*, Vol. 2, London: Methuen & Co. Ltd., 1975, p. 295.

⑦ J. Lawson & H. Silver, *A Social History of Education in England*, London: Methuen & Co. Ltd, 1973, p. 23.

⑧ Foster Watson, *The Old Grammar Schools*, Cambridge: Cambridge University Press, 1916, p. 4.

真正使文法学校从教会学校的母体中脱离出来是在黑死病爆发之后才实现的。1348年，欧洲出现了可怕的黑死病，英格兰约1/3或1/4的人口死于该瘟疫。牧师由于其职业的特殊性，死亡率更高，如坎特伯雷教区一年中就有三任主教病死，林肯主教区有2/5的神职人员染上了黑死病。牧师和教士的大量死亡造成文法教师的短缺。为解决牧师和教师的不足，这一时期出现了几种新型的文法学校。

　　一是依附于歌祷堂的文法学校。前文中提到的沃顿歌祷堂学校就属于此类学校。宗教改革时期，亨利八世和爱德华六世颁布了歌祷堂解散法令，在此法令的影响下，有259所学校被解散，其中有140所是文法学校。[1]

　　二是行会学校（guild school 或基尔特学校）。由行会雇佣牧师为其成员的子弟进行教育，后来发展成一种文法学校。其中最著名的一所学校是莎士比亚曾就读过的位于艾冯的斯达特福德（Startford-on-Avon）的圣十字行会学校。[2] 伦敦商人泰勒学校（Merchant Taylor's School，1564年）也是由行会建立的学校。[3]

　　三是由私人创办的免费为学生提供教育的文法学校。1382年温彻斯特大主教威克海姆的威廉（William of Wykeham）建立的温彻斯特文法学校和1440年国王亨利六世（Henry VI）创建的伊顿（Eton）文法学校，都属于这种类型的学校。这两所学校后来发展成为英国著名的公学，其独特之处在于它们不依附于任何形式的宗教机构，免费向公众招收学生。

　　四是与医院和赈济院（almshouse）共享同一笔捐赠或地产而建立起来的慈善学校，包括医院学校（Hospital School）和赈济学校（Almonry school）。如1422年，奇彻尔（Chichele）大主教在其出生地北安普顿郡（Northamptonshire）的海汉姆·费勒斯（Higham Ferrers）创办了一所赈济

---

[1] Foster Watson, *The Old Grammar Schools*, Cambridge: Cambridge University Press, 1916, p. 5.

[2] Foster Watson, *The Old Grammar Schools*, Cambridge: Cambridge University Press, 1916, p. 4.

[3] [英]威廉·博伊德、埃德蒙·金：《西方教育史》，任宝祥、吴元训译，人民教育出版社1985年版，第156页。

院和文法学校。最大的医院学校之———位于约克郡的圣雷那德（St. Leonard）医院学校，刚开始建立时就任命了两名教师。①

在一些城镇，市民自发筹款创办校舍，雇佣教师，创办文法学校。还有一些私人教师自己租房子，招揽学生，就像商人招揽顾客一样。据估计，在宗教改革之前，英格兰文法学校的数量约有300所。利奇根据英格兰当时人口的比例估算，每8300人就有一所文法学校。② 新式文法学校的创办改变了过去单独由教会创办的局面，出现了一些独立于教会学校之外的文法学校，但数量较少。

二 文法学校的教学

文法学校是中世纪最具特色的中等教育机构，文法学校又称拉丁文法学校，主要学习拉丁文及拉丁文学知识，其最高宗旨是教拉丁语，因为当时无论是古典学问、宗教信条还是教堂用语都使用拉丁语。因此，掌握拉丁语是打开知识宝库的钥匙。拉丁语的学习是一个漫长的过程，包含三个阶段：第一阶段为基础阶段即学习拉丁字母的拼写和发音以及词的变化；第二阶段为中级阶段即写作练习，体裁包括散文和诗歌；第三阶段为高级阶段，主要学习语言结构以及语言哲学。圣奥古斯丁于597年在坎特伯雷大教堂设立的学校是英国最早的文法学校。从诺曼征服到14世纪中叶，法语教学一度在学校教学中占据主导地位。1345年理查德二世登基后，要求所有的文法学校放弃法语的学习，改学拉丁语。

由于缺少书本和书写材料，学生往往需要通过听写和死记硬背的方式进行学习。为了帮助学生更好地掌握知识，许多著作（如《教义》）都采用诗的形式写成。在15世纪70年代至16世纪20年代间，有些比较系统的文法论文是用2650行六角韵长诗（一种英国古体诗）写成的。③

---

① J. Lawson & H. Silver, *A Social History of Education in England*, London: Methuen & Co. Ltd, 1973, p. 44.

② Foster Watson, *The Old Grammar Schools*, Cambridge: Cambridge University Press, 1916, p. 5.

③ [英] 奥尔德里奇：《简明英国教育史》，诸惠芳等译，人民教育出版社1987年版，第100页。

第二章　中世纪后期的英国教育(1066—1534)　◇　63

　　早期文法学校的教学活动并不一定是在真正的学校里进行,它可能是在开阔的地方、修道院、教堂或教师的私人住宅里进行。学生通常在七八岁入学,所有的孩子都在一个教室里学习,他们分成几个学级沿两边墙坐在长凳上。老师坐在讲坛上教高年级学生,助员则坐在门旁,教低年级学生,并负责看守学生的进出。① 文法学校的在校生人数,各校情况不一,规模小的学校只有几人,规模大的有一百多人。例如,在14世纪后期,英格兰东北部约克郡的圣彼得文法学校,其人数最多时达150多人。②

　　一般而言,学生在入文法学校之前,要先在当地的初等学校学习三四年,在这期间要完成ABC字母表和拉丁文入门知识的学习,因为进文法学校的基本条件是必须具备基本的读写能力。到都铎王朝早期,一些较好的文法学校如圣保罗学校,都要求孩子们在入学时就要能读会写,如伊顿学校的法规要求学生必须具备阅读能力,懂得多纳图斯的语法以及无伴奏音乐(plain song)。1509年,由科利特(Colet)创办的圣保罗学校(St. Paul School)要求学生学习过教义问答,具有基本的阅读和书写能力。③ 由理查德·费兹詹姆斯于1519年创办的布鲁顿文法学校,学校章程规定教师不能向学生教授歌咏或其他初等知识如字母表、晨祷、圣经诗篇、英文阅读等,而要教授与文法相关的知识。④ 当然,初等学校和文法学校之间也并无严格的教学内容界限。1377年,泰晤士河岸金斯顿(Kingston-on-Thames)的牧师被授权创办一所学校,向男孩子们教授阅读和歌咏以及多纳图斯拉丁语法,而在1400年和1447年,温彻斯特学校和伊顿学校,两所文法学校都要求学生在入学时就要懂得多纳图斯语法。⑤

---

　　① 徐辉、郑继伟:《英国教育史》,吉林人民出版社1993年版,第81页。
　　② [英]奥尔德里奇:《简明英国教育史》,诸惠芳等译,人民教育出版社1987年版,第97页。
　　③ Kennteth Carlton, *Education in Renaissance England*, Routledge and Kegan Paul Limited, University of Toronto Press, 1965, p. 98.
　　④ Nicholas Orme, *Medieval Schools: From Roman Britain to Renaissance England*, New Haven & London, Yale University Press, 2006, p. 67.
　　⑤ Nicholas Orme, *Medieval Schools: From Roman Britain to Renaissance England*, New Haven & London, Yale University Press, 2006, p. 67.

至于一些私人教师，其教学内容就更加不确定。

在大教堂的文法学校里，教师通常也接受交纳学费的学生，如温彻斯特文法学校除最初招收的 70 名贫苦学生外，还招收自费生，即出身贵族或其他富裕家庭的交费寄宿生。伊顿文法学校是亨利六世于 1440 年为 25 名（不久增加到 70 名）贫苦学生创立的免费学校，但也招收了一批出身贵族和其他中上层社会家庭的自费生。[①] 当时学校的收费并不高，在 1300—1347 年间，牛津文法学校的男童每学期的学费为 4—5 便士，学生一周的膳食费通常为 8 便士，一份有 6000 字的多纳图斯手稿仅值 3 便士。[②] 文法学校的初级教材主要是埃里乌斯·多纳图斯（Donatus）的《小艺》、较高深的著作是普里西安（Priscian）的《大艺》和亚历山大·维利迪厄（Alexander de Villedieu）著的《教义》。[③] 一些文法教师为了教学的需要也对一些名著进行改写，以手稿的形式进行出版。

三 文法学校与宗教的关系

文法学校虽然最后脱离了教会学校成了一种独立的教学机构，特别是在 15 世纪后，出现了一些私人创办的文法学校。尽管如此，无论是文法学校还是公学，他们在多方面与宗教仍有着密切的关系。

第一，从教学内容来看，文法学校的课程是从古希腊罗马继承而来的"自由七艺"。英国学者 A. F. 利奇根据附属机构的不同，将文法学校分为七种类型：大教堂文法学校、牧师联合会文法学校、修道院文法学校、慈善文法学校、行会文法学校、歌祷堂文法学校以及独立文法学校。[④] 虽然文法学校附属的机构多种多样，但从教学内容来看，文法学校教授的内容却大同小异，主要向学生传授"自由七艺"（seven liberal

---

① [英] 奥尔德里奇：《简明英国教育史》，诸惠芳等译，人民教育出版社 1987 年版，第 98 页。

② Lynn Thorndike, "Elementary and Secondary Education in the Middle Ages", *Speculum*, Vol. 15, No. 4, 1940, p. 403.

③ [英] 奥尔德里奇：《简明英国教育史》，诸惠芳等译，人民教育出版社 1987 年版，第 99 页。

④ A. F. Leach, *English Schools at the Reformation*, 1546 – 1548, Westminster: Archibald Constable & Co. , 1896, pp. 7 – 55.

arts)。"自由七艺"包括文法、修辞学、辩证法、算术、几何、天文学和音乐。其来源可追溯到古希腊,柏拉图曾将学科区分为初级和高级两类:初级科目有体操、音乐练习和识字,高级科目有算术、几何、音乐理论和天文学。后来,智者学派增加了修辞学和辩证法等实用学科。罗马的瓦罗(Varro)曾草拟过一份希腊化的学校课程计划,内容除文法、修辞学、辩证法、算术、几何、音乐及天文学外,还有医学和建筑学。4世纪,七艺已被确定为学校的课程。5、6世纪,七艺被基督教接受过来,并被加以改造为神学服务。6世纪,意大利威维尔修道院院长卡西奥多鲁斯(Cassiodorus)曾著《学术通论》一书,正式使用"七艺"的名称。他将七艺看成智慧的七根支柱,使七艺有了神学的依据。西班牙的塞维尔(Seville)主教伊西多(Isidore)将七艺的前三科称为"三艺"(Trivium),后四科名为"四艺"(Quadrivium)。七艺作为基督教教育的课程至此定型。[①]"三艺"属于基础课程,"四艺"属于高级课程,中世纪的文法学校主要以教授前三艺为主。12世纪的威廉姆·弗兹斯特芬(William Fitzstephen)在其《伦敦印象》(*Description of London*)一书中写道,在斋戒日,老师将学生们聚集起来,学生利用所学的修辞学和逻辑学相互进行辩论。来自不同学校的学生还针对语法和时态问题进行相互探讨。[②] 直到共和国时期(1649—1653年),一位作者仍将伊顿学校称为"三艺"学校。

到中世纪后期,随着大学的发展,逻辑和修辞逐渐成为大学的教学科目,而文法学校的主要任务是向学生教授语法,为其进入大学深造奠定基础。不过,正如奥尔德里奇所说,"在理论上,'三艺'是中等教育的基本课程,'四艺'是高等教育的基本课程。但在实际上,两者有不少的交叉,特别是在十三世纪前是这样"[③]。一些文法学校还教授法律和神学,如在约克和爱克塞特文法学校还教授法律(可能是民法),在爱克塞

---

① 滕大春主编:《外国教育通史》(第二卷),山东教育出版社1898年版,第10—11页。
② James Bowen, *A History of Western Education*, Vol. 2, London: Methuen & Co. Ltd. , 1975, p. 297.
③ [英]奥尔德里奇:《简明英国教育史》,诸惠芳等译,人民教育出版社1987年版,第97页。

特和伦敦的文法学校还教授神学。事实上,所有的世俗大教堂,都开设了神学课程,并有一位常驻神学教师。①

在中世纪早期,文法学校的主要目的在于培养传教牧师。因此,其教学内容主要是为传教服务。神学家拉班(784—856)在其《牧师教育》中,分别对"七艺"的宗教功效进行了阐述。他指出,文法是人文学科之本,"因为正确地写作和讲演的艺术是通过文法而取得的"②,"《圣经》中有各种修辞法,如寓言、谜语、比喻等",因此,"文法虽是世俗的,但无不有价值,对文法宁可学会而且娴悉不已"。对于修辞,他认为"谁娴悉修辞,谁就能传布上帝的圣言"③。通过学习辩证法,"我们认识善、造物主和造物三者的来源和活动"④。在拉班看来,学习后四艺同样应该为宗教服务。不过,过去那种认为中世纪学校所教授的内容全是与神学相关内容的观点也是片面的,特别是到了中世纪后期,随着人文主义的兴起,文法学校的教学目的发生了一些变化,如伊顿公学,其主要关心的是教育而不是为宗教服务。⑤

第二,教会对文法学校的控制典型地体现在教会垄断了教师许可证的颁发权。新学校的建立以及教师的任命都要得到教会的同意和批准。中世纪基督教会具有分布广泛的特点,这种独特的组织对发展学校而言,具有无可比拟的优越性。教会认识到要控制学校,就必须控制教师。早在826年,教皇埃吉尼尔斯(Eugenius)就宣布在适宜之地安排教师是主教的职责。⑥ 任何人如果没有主教或其他代理人颁发的教师资格证,都不

---

① James Bowen, *A History of Western Education*, Vol. 2, London: Methuen & Co. Ltd., 1975, p. 298.
② [美] 克伯雷选编:《外国教育史料》,任钟印等译,华中师范大学出版社1991年版,第119页。
③ [美] 克伯雷选编:《外国教育史料》,任钟印等译,华中师范大学出版社1991年版,第120页。
④ [美] 克伯雷选编:《外国教育史料》,任钟印等译,华中师范大学出版社1991年版,第121页。
⑤ [英] 威廉·博伊德、埃德蒙·金:《西方教育史》,任宝祥、吴元训译,人民教育出版社1985年版,第155页。
⑥ Foster Watson, *The Old Grammar Schools*, Cambridge: Cambridge University Press, 1916, p. 68.

能从事教学活动。① A. F. 利奇在《教育特许状》（*Educational Charters*）一书中的第91页引用了伦敦主教于1138年颁发的特许状，该特许状规定任何人如果没有得到圣保罗大教堂颁发的教师资格证，都将遭到开除教籍的处罚。利奇还全面地描述了伯威里文法学校（Beverley Grammar School）的一位教师被伯威里全体牧师会判决开除教籍的过程。②

在英格兰的九所世俗大教堂中，一开始是由scholasticus（牧师会中4个重要职务人之一）负责教学，但在1150—1200年间，由于他的法律事务和其他辅助性事务增加，其地位上升为大教堂司学（chancellor），于是教学任务由其助理（也叫scholasticus，但与原来的意义不同）来承担。大教堂司学为其支付薪水，并授予其执教证书。③ 在那些修道院大教堂里，由于没有大教堂司学，教师的任命由主教负责，据《诺威奇牧师会法令集》（*The Norwich Chapter Act Book*）记载，从1388年开始，由于诺威奇主教职位出现空缺，诺威奇学校教师的任命由佩克姆（Peckham）大主教代为执行。作为修道院大教堂之一的坎特伯雷大教堂，也由大主教负责教师的任命。④ 牧师会大教堂文法学校教师任命的一般程序是由大教堂司学推选出一位合适的人选，将其提名呈交给教长和牧师会（the dean and chapter），最后由教长和牧师会批准大教堂司学的提名。⑤

由于有些大教堂司学将掌管教师许可证的颁发权作为勒索钱财的一种手段，因此，针对这种现象，1160年教会法规定，"禁止任何人颁发许可证时向人索取任何钱财或暗示索取任何东西，已索取的钱财予以追回"。亚历山大教皇还写信给温彻斯特主教，要求在其主教区内严禁此类事件的发生。1170年教会法重申了这一规定。⑥ 1200年威斯敏斯特宗教会

---

① Foster Watson, *The Old Grammar Schools*, Cambridge: Cambridge University Press, 1916, p. 69.

② Foster Watson, *The Old Grammar Schools*, Cambridge: Cambridge University Press, 1916, p. 70.

③ J. Lawson & H. Silver, *A Social History of Education in England*, London: Methuen & Co. ltd, 1973, p. 21.

④ A. W. Parry, *Education in England in the Middle Ages*, London: W. B. Clive, 1920, p. 107.

⑤ A. W. Parry, *Education in England in the Middle Ages*, London: W. B. Clive, 1920, p. 107.

⑥ A. W. Parry, *Education in England in the Middle Ages*, London: W. B. Clive, 1920, p. 83.

议再次强调，向教师颁发资格证书不得收取任何费用。如果有收费，钱要悉数退还给原主。① 根据教会法，教会有权对那些违反教规的人进行惩罚，教会牢牢地把握了对教师的控制权。② 这一方面表明教会在英格兰已完全掌握了教师控制权；另一方面也表明教师此时已真正成了一种独立职业。教权与学校之间的这种关系在宗教改革期间也未得到改变，教会对学校的控制权只不过是从教皇和其主教的手中转到了国王以及国王任命的主教手中，教会的首领依然保留了教师许可证的颁发权。③

第三，中世纪期间的文法学校内部充满了宗教气息。在文法学校里，"至少到十四世纪，男生都是像传教士那样削了发的"④。在早期，文法学校主要是在教堂内创办，在内部要经常举办各种宗教仪式，而且是学校日常生活的中心。中世纪学校的时间表要服从教堂礼拜仪式的体制，这种体制允许在三段时间内进行教学，其中上午两次，下午一次，每次进行几个小时。教室里的教具有字母表、主祷文的匾额、用来做笔记的牌子，以及用于书写的尖笔。在爱尔兰的沼泽地里曾发掘出一些在上面刷有蜡的木制匾额，上面刻有赞美诗。书则来自教堂或修道院。⑤

1440年伊顿学校校规规定：教务长（Provost）、研究员（Fellows）、小教堂牧师（Chaplains）、助员（Clerks）、学生（Scholars）、唱诗班成员（Choristers）早晨一起来就要轮唱圣歌，与牧师齐诵短诗、祈祷、唱赞美诗以及参与其他宗教活动。对圣母玛利亚的晨祷，唱诗班成员在教堂里举行，学生整理好床铺后（五点钟）在寝室里进行，其他的祷告由助教（Usher）和学生在学校里举行。当钟声敲响时，学生和唱诗班成员要到

---

① Foster Watson, *The Old Grammar Schools*, Cambridge: Cambridge University Press, 1916, p. 70.

② Foster Watson, *The Old Grammar Schools*, Cambridge: Cambridge University Press, 1916, p. 71.

③ Foster Watson, *The English Grammar Schools to 1600*, Cambridge: Cambridge University Press, 1908, p. 18.

④ ［英］奥尔德里奇：《简明英国教育史》，诸惠芳等译，人民教育出版社1987年版，第98页。

⑤ Nicholas Orme, *Medieval Schools: From Roman Britain to Renaissance England*, New Haven and London: Yale University Press, 2006, p. 31.

教堂里集合，参加圣餐仪式。在举行了大弥撒（High Mass）仪式后的9点时分，所有出席的成员都要为亨利五世国王及凯瑟琳（Katharine）王后的灵魂作祈祷。在下午放学前，学生要为圣母轮唱圣歌、跟随牧师念诵短诗、作祷告，然后还要根据塞勒姆仪式（the Ordinal of Sarum）为圣母唱晚祷，唱诗班成员要在晚祷前，在教堂里为圣母作晚祷。傍晚时分，他们要跪在教堂十字架前为主作祈祷，在圣母像前轮唱圣歌。就寝前，学校中的研究员、小教堂牧师、助员和学生都要作祷告。文法学校的男童在重大的宗教节日和其他特殊的日子都要参加宗教仪式。[1]

1518年，科利特校长在为圣保罗学校制定有关宗教仪式的条例时，对伊顿学校的宗教仪式条例作了重大修改。条例规定学校牧师的任务是在学校的小教堂做弥撒，他要为孩子们的学习进步、美好前途作祈祷。当举行圣餐仪式的钟声响起时，孩子们要跪在座位上，举起双手做祷告。圣餐仪式过后，等钟声再次敲响时，他们才能坐下，继续学习。牧师要将其全部精力奉献给学校，除了做弥撒之外，他还要用英文教孩子们学习教义问答（Catechism）、宗教信条（Articles of the Faith）和十诫（Ten Commandments）。[2] 科利特通过这种方式将宗教仪式与宗教教育紧密地结合起来。

文法学校的学习时间很长，每天可能都在十小时以上，早上六点开始上课。每周学习六天。学校按照宗教和地方习惯制定休假制度，如1384年喀德琳·柏克莉夫人在格罗斯特市厄齐山脚下的渥顿创办了一所免费文法学校。该校章程规定：复活节放假两天；圣灵降临节放假一周；暑假从8月1日至9月14日，圣诞节从12月21日至元月7日。与英国现代学校的放假制度极为相似。[3]

最后，从文法学校的教学目标来看，文法学校最初是为了培养本国

---

[1] Foster Watson, *The Old Grammar Schools*, Cambridge: Cambridge University Press, 1916, pp. 84–85.

[2] Foster Watson, *The Old Grammar Schools*, Cambridge: Cambridge University Press, 1916, pp. 85–86.

[3] ［英］奥尔德里奇：《简明英国教育史》，诸惠芳等译，人民教育出版社1987年版，第98—99页。

的传教士。学校主要通过文法等知识的教育，使未来的教士和神职人员掌握教会语言，使其具备用拉丁语主持宗教仪式和阅读拉丁经文和基督教文献的能力，为他们未来从事教堂工作做准备。文法学校的教师在教学工作上要承担双重责任，他们既要承担教学业务，又需履行宗教义务，而且最主要的还是宗教义务。到了后来特别是在文艺复兴以后，文法学校的办学目标逐渐发生了变化，主要以培养行政官员为主，其毕业生一般进入牛津、剑桥大学，或者成为一般的官吏、医师、法官和教师等。

第三节　教会与英国高等教育——牛津大学与剑桥大学

虽然早在古希腊和古罗马就存在高等教育，但那并不是"大学"的同义语。他们虽然在法学教育、修辞学教育和哲学教育上取得了许多令后人自叹不如的成就，但他们的教育并未发展成永久性知识机构的组织形态。霍普金斯指出，"大学，犹如中世纪的大教堂和议会一样，都是中世纪的产物"[①]。公元10—11世纪，随着西欧封建制度的确立，封建王权的巩固，社会趋于稳定，农业生产得到了恢复和发展，手工业和商业也逐渐兴起并繁盛起来，为大学的产生提供了坚实的物质基础。十字军东侵在客观上不仅促进了西欧商业在地中海的发展，扩大了西欧人的眼界，而且使拜占庭等东方文化迅速传遍整个欧洲，对欧洲文化的发展产生了深远影响。

大学的产生时期是一个知识大复兴时期。只要知识一直局限于中世纪早期的"自由七艺"，就不可能出现大学。然而，在1100—1200年间，一股新的知识潮流通过意大利和西西里，但主要通过西班牙的阿拉伯学者传入西欧，使古代湮灭已久的著作得以在欧洲重现。这股新的知识潮流冲破了大教堂学校和修道院学校的枷锁，培育了许多饱学之士。众多的热血青年为新知识所吸引，他们跋山涉水聚集在一起，组成了许多学

[①] Charles Homer Haskins, *The Rise of Universities*, Ithaca and London: Cornell University press, 1990, p. 1.

术行会（academic gilds）。①

在大学兴起的诸多因素中，以城市的兴起意义最大。法国学者雅克·勒戈夫指出，"一个以写作或教学，更确切地说同时以写作和教学为职业的人，一个以教授与学者的身份进行专业活动的人，简言之，知识分子这样的人，只能在城市里出现"②。伴随城市的出现，出现了许多行会，而行会组织则为大学的形成提供了制度上的参照。大学在中世纪产生时就是一个具有行会性质的由学者组成的社团。博伊德和埃德蒙·金指出，"按'大学'一词的原意，只不过是为了互助和保护的目的，仿照手艺人行会的方式组成的教师或学生的团体（或协会）"③。

"大学"（university）的名称由"大学校"（studium generale）演变而来。所谓"大学校"，不仅指其规模比以前的大教堂学校、修道院学校、教区学校更大，而且指他们招收来自欧洲各地的师生。最初，大学师生大多来自欧洲各地，许多人没有当地公民权，不受城市法保护，于是他们仿效手工业者组成自己的"行会"（universitas），以维护自身权益。不过，在当时存在着各种各样的行会如金匠行会、鞋匠行会等。随着时间的推移，universitas 才逐渐特指由教师和学生组成的知识分子群体。约 15 世纪前后，universitas 代替 studium generale 而专指规模较大的高等教育机构。当然也有一些大学，他们由教会学校逐渐演变而来，如巴黎大学就是由巴黎圣母院的教堂学校发展而来，以教授神学为主，教师大都是神职人员，巴黎大学是教会创办的第一所大学，也是中世纪欧洲享有盛名的神学、哲学中心。

一 英国大学的诞生

中世纪英国出现了两所著名的大学即牛津大学和剑桥大学。关于牛津大学创办的具体年代说法不一，其中一种观点认为早在 9 世纪就由阿

---

① Charles Homer Haskins, *The Rise of Universities*, Ithaca and London: Cornell University Press, 1990, pp. 4 - 5.
② [法] 雅克·勒戈夫：《中世纪的知识分子》，张弘译，商务印书馆 1996 年版，第 4 页。
③ [英] 威廉·博伊德、埃德蒙·金：《西方教育史》，任宝祥、吴元训译，人民教育出版社 1985 年版，第 137 页。

尔弗雷德大帝（Alfred the Great）建立，如美国学者查尔斯·霍默·哈斯金斯就持这种观点①，持有同样观点的还有法国学者杰克·帕门蒂尔（M. Jacques Parmentier）。② 不过这种观点并不为多数人接受，学术界普遍认为牛津大学建于1167年。那年亨利二世与法王发生冲突，英国王室号召本国学者归国，回国后的学者们聚集在牛津，于是形成了牛津大学。但英国教育史研究专家A. B. 科班指出，这种观点忽略了牛津大学本身逐渐发展的过程，因为1167年迁往牛津的巴黎学者并没有使牛津学校发展成为一所超过其他学校的大学，它的发展经历了一个更加缓慢的演化过程。③ 在此之前，牛津确实已有一些教学活动。1071年，诺曼人在牛津建造了一座城堡，11世纪末，埃坦庞斯的西奥巴德在这个城堡里教授过60—100名学生。12世纪初，在牛津陆续建起了小修道院、医院和女修道院。大约在1133年，一位来自巴黎的神学家罗伯特·普仑在此讲授神学课程。那时，学者和教师常租用一些大厅作教室，开设一些课程，并在课程结束时提供证书，学生则直接向讲授者支付费用。④ 其实，对中世纪任何一所大学，要确切地指出其创办的年代是非常困难的，正如雅克·勒戈夫所说，"大学社团组织的起源，正如其他职业的社团组织那样，常常很难弄清楚。它们靠积累的成果通过每次都提供了可能的偶然事件，慢慢地组织成功。这些成果经常在事后才以规章制度的方式固定下来"⑤。

大学师生的到来，一方面在经济上给城市带来了益处；另一方面由于年幼的青年学子在闲暇之余，喜爱聚众滋事，常与市民引发各种矛盾，渐渐地市民们对大学师生产生了敌意。"现在他们来了，开始只是一些转

---

① Charles Homer Haskins, *The Rise of Universities*, Ithaca and London: Cornell University press, 1990, p. 3.
② A. F. Leach, *English Schools at the Reformation, 1546 – 1548*, Westminster: Archibald Constable & Co. , 1896, p. 4.
③ Alan. B. Cobban, *The Medieval Universities: Their development and Organization*, London: Methuen & Co Ltd, 1975, p. 98.
④ 钱乘旦、许洁明：《英国通史》，上海社会科学院出版社2003年版，第101页。
⑤ [法]雅克·勒戈夫：《中世纪的知识分子》，张弘译，商务印书馆1996年版，第60页。

租的房客，但后来就像候鸟一般，他们越来越频繁地往返逗留，不断地扩大自己的建筑并形成奇怪的传统。而这个城市用不信任的眼光注视着这种繁忙的景象，好像牛津大学是他们巢里令人讨厌的杜鹃。"[1] 这种关系由于1209年事件的发生变得更加糟糕。这年，牛津大学的一名学生在练习射箭时误杀了一名妇女，随后逃之夭夭，愤怒的市民们对学生宿舍进行了搜捕，将与凶手同宿舍的两三名学生处以死刑。[2] 为了报复市民们的暴行，许多老师和学生离开牛津，部分返回到巴黎，部分到了雷丁（Reading），另有约3000名师生来到了距离牛津约100公里的剑桥，与当地学术团体共同创办了英国另一所著名的高等学府——剑桥大学。

1229年巴黎大学发生了严重的学生骚乱，师生纷纷逃离巴黎。为此，英王亨利三世向巴黎大学师生发出了恳切的邀请：

> 国王欢迎巴黎大学的大师们和全体学生。对你们在巴黎不公正法律的条件下所受的异乎寻常的困恼，致以深切的同情。我们希望以我们虔诚的援助，以对上帝和对教堂的尊敬，恢复你们享有正当自由条件的地位。为此，我们已经决定让你们全体都知道，如果你们乐意转移到我们英国来，并留在这里学习，我们可以给你们安排居留的城市、郊区和市镇，任你们选择，用一切合适的方式使你们能以处在自由安静的环境而感到高兴。这样会使上帝满意，并也充分适合你们的需要。[3]

在英王亨利三世的诚挚邀请下，许多人来到剑桥定居，进一步扩大了剑桥的实力。在基督教处于"万流归宗"地位的中世纪时代，英国大学自诞生之日起，就与宗教有着千丝万缕的联系。

---

① ［德］彼得·扎格尔：《牛津——历史和文化》，朱刘华译，中信出版社2005年版，第5—6页。
② H. Rashdall, *The Universities of Europe in the Middle Ages*, Vol. 3, Oxford, 1936, p. 33.
③ ［美］克伯雷选编：《外国教育史料》，任钟印等译，华中师范大学出版社1991年版，第180页。

二 以神学和经院哲学为核心的学科与课程体系

最初，欧洲大学一般都设有四门学科（faculty）① 即艺学科（或文学科）、法学科、神学科、医学科。有的大学将法律细分为民法和教会法，因而便有五个系科，其中艺科为初级学科，神学、法学和医学是高级学科。牛津大学建立之初，以巴黎大学为榜样，设立了艺学、神学、法律、医学四个系科。1209年，约有3000名教师和学生，学生年龄大约在14—21岁之间，来自不同的社会阶层。他们大多在教区学校和文法学校里完成了早期学业，进大学主要是为了学习神学等专业知识。大学的课程起初并不确定，各大学系科规定的课程也不一致，在同一所大学里，前后也略有不同。至13世纪，课程内容才渐趋稳定。

艺学科的基础课程为"自由七艺"，以前三艺为主，后来又增加了亚里士多德的自然哲学、伦理哲学和形而上学，其中占主要地位的是亚里士多德的逻辑学和辩证法。大学虽然也开设七艺，但只是作为学习专业课程的基础，所以艺学科带有预科的性质。在中世纪，经院哲学是大学里重要的教学内容和研究对象。经院哲学产生于8、9世纪，盛行于12、13世纪，它是一种基督教哲学。最早论证基督教教义的是教父学，教父学把希腊、罗马哲学视为异端，反对理性和思考，提倡绝对信仰，但这种盲从的说教并不能永久取信于人。随着12世纪古希腊和阿拉伯的哲学与科学著作大量地被翻译成拉丁文并大量地流入欧洲，特别是亚里士多德的译著被介绍到西方后，拉丁世界迅速掀起了一股研究亚里士多德的热潮，并在基督教界引起了信仰危机。为此，教会遂转而利用亚里士多德的哲学思想来解释神学的合理性，经院哲学由此盛行。经院哲学的主要代表人物为大阿尔伯特（Albert the Great，约1193—1280）和他的学生托马斯·阿奎那（Thomas Aquinas，1226—1274）。大阿尔伯特力图将科学知识纳入神学轨道，为神学服务。他注解了亚里士多德的哲学著作和科学著作，其中包括逻辑学、物理学、动物学、植物学、形而上学、伦理学、天文学、地理学和神学。他认为基督教义和希腊哲学、自然科学可

---

① faculty一词原来含义是某一知识部门，后来指教授这些学科的教师的团体。

以并行不悖,既要汲取科学知识的成就,又要保持传统基督教会的尊严。托马斯·阿奎那是经院哲学体系的集大成者,他的主要著作是《神学大全》。这部书在欧洲中世纪大学中作为神学教材流行了几个世纪之久。托马斯·阿奎那抹杀了亚里士多德哲学中一切活生生和有价值的东西,利用亚里士多德的形式逻辑来为基督教神学作论证,为教会和封建统治作辩护。

经院哲学对中世纪大学产生了深远的影响。首先,经院哲学自阿奎那之后便流为一种烦琐、荒谬的冗长争论。经院哲学家不去探讨自然和现实生活,专从教会的信条中寻章摘句,加以论证并以之作为人们必须奉行的行为准则,宣传凡是《圣经》的说教均为绝对真理,凡是教会的信条都是天经地义。哲学成为"神学的奴仆",很少迸发出智慧的火花。这种拘泥于教会的传统偏见,脱离实际生活、咬文嚼字、死啃书本、沉迷于文字游戏式的概念推理,不顾客观事实的迂腐学风,成为禁锢人们头脑的精神枷锁。但是,"经院哲学把模仿的法则同理性的法则结合在一起,把权威的规定同科学的论证结合在一起"[①]。这意味着在经院哲学内部,蕴含着怀疑信仰而崇尚理性的新思潮,因此,一旦当人们运用理性不再探究神学,而探索自然时,近代自然科学也就随之出现。

学生通常要花费4—7年的时间修完基础课程,只有在修习完艺科的课程,获得艺学硕士学位后,才能进入更高级的专业学习。在高级学科中,法学课程分民法与教会法两类。民法主要研习罗马法。教会法的重要学习内容有《宗教法典大全》《教令集》《教令集外编》及其评注等。医学课程主要学习希波克拉底、加伦的著作和一些阿拉伯人的医学著作。神学课程主要以《圣经》和被视为基督教条全集的皮埃尔·龙巴尔(Pierre Lombard)的《警句读本》(*Livre des Sentences*)为基础,同时以古典神学家和新派神学家的评注为补充。[②] 在神学院,学习的时间比其他专业系科的学习时间要长。神学院是培养主教、牧师的摇篮,不少教皇也都

---

① [法]雅克·勒戈夫:《中世纪的知识分子》,张弘译,商务印书馆1996年版,第81页。

② [法]雅克·韦尔热:《中世纪大学》,王晓辉译,上海人民出版社2007年版,第46页。

是神学院的毕业生。"成为艺学院教师的年龄为21岁。理论上说，不经艺学院便不能进入高级学院。在艺学院、法学院、医学院，必需经过6—8年的学习才能获得授课准许证。在神学院，则需要15年的学习时间，而在35岁之前不可能获得神学博士学位。"① 可见，神学学位在大学中占有非常显赫的地位。

与意大利大学相比，英国大学对法学和医学不太重视，16世纪的牛津大学只有一两个医学讲师和一个法学教授。② 在英国大学中，医学院的人数很少，少则几个，多则数十个，从医学院出来的学生一般都是王公贵胄的座上客，充当他们的医学顾问，有的拿了医学博士学位后，立刻被聘为宫廷御医。英国著名的哲学家洛克就是医学院的毕业生。"在英格兰，民法不在大学里教，而是限于伦敦的林肯学院、格雷学院、内寺（Inner Temple）、中寺（Middle Temple）四处法学院。"③

中世纪大学已有学位制度。学生在艺科经过四年的学习，通过考核后，学生可获得学士的资格，"学士"起初并不是正式学位，而只表示学生已经取得学位候选人（candidate）的资格，后来才成为一种独立的低于硕士水平的学位。一般要再经过两年的授课实践，才能获得硕士学位。艺学硕士学位非常重要，因为只有拿到了艺学硕士学位，才能获得执教许可证，从而获得在基督教世界执教的资格。并不是所有获得硕士学位的人都可以成为教师，因为每个学院的教员数额有限。当时，博士和硕士两种学位并无程度上的差别，凡修完课程，经考试及格后的学生便可拿到硕士或博士学位。硕士考试不公开，对合格者颁发证书，取得教学资格。博士考试公开举行，有隆重的仪式。考中者由同学、朋友陪伴，以鼓号乐队为前导，吹吹打打，浩浩荡荡到大礼拜堂，先进行演说、论辩，之后被引到主教所辖的地区，由副主教赐给学位。神学博士是中世

---

① ［法］雅克·韦尔热：《中世纪大学》，王晓辉译，上海人民出版社2007年版，第52页。

② Paul F. Grendler, "The Universities of the Renaissance and Reformation", *Renaissance Quarterly*, Vol. 57, No. 1, 2004, p. 6.

③ ［美］威尔·杜兰：《世界文明史·第四卷 信仰的时代》，东方出版社1998年版，第719页。

纪最受景仰的学位。与普通印象相反，在中世纪大学里，学习神学的学生相对较少，因为学神学的要求高，学习时间长，书费昂贵。①

三 宗教慈善事业下的产物——学院的创建

最初，大学师生往往是租用民宅或利用附近的教堂从事教学活动。如牛津大学的首座建筑物是圣玛丽教堂，该教堂既是师生聚会讲学的场所，也是图书的存放之地。早期大学这种无固定建筑物的特点是大学与市民进行斗争的有力武器，但反过来说，大学的这种特点也不利于大学的长久发展。后来是随着学院的建立，才使大学在城镇里最后站稳了脚跟。

在14世纪上半叶不到36年的时间里，英国两所大学共建有10所学院。其中牛津3所：埃克塞特学院（Exeter, 1316年），奥利尔学院（Oriel, 1324年）、皇后学院（Queen's, 1341年）；剑桥大学7所：王家学院（King's Hall, 1317年）、迈克豪斯学院（Michael House, 1324年）、克莱尔学院（Clare, 1326年）、潘布鲁克学院（Pembroke, 1347年）、贡维尔学院（Gonville, 1347年）、三一学院（Trinity Hall, 1350年）和基督圣体学院（Corpus Christi College, 1352年）。② 14世纪晚期，由于王室机构和教会管理机构的扩充，有薪俸的职员人数大增，于是减少了对大学生的资助，导致学生人数下降。1400年前后，牛津大学的学生人数下降到约1200人，其中150人住在学院里，900人住在寄宿舍里，其余150人是修士、教士和托钵僧。同期，剑桥大学的学生数只有牛津大学的三分之一。为了缓解这一危机，或出于虔诚、慈善，或出于自身利益的考虑，国王亨利六世、一些高级教士和其他神职人员创办了一些新学院。自林肯主教理查德·弗莱明于1427年在牛津创办了林肯学院（Lincoln College）后不到十年内，又兴建了5所学院，其中牛津大学2所：众灵学院（All Souls College, 1438年）和莫德琳学院（Magdalen College, 1448年）；剑

---

① Charles Homer Haskins, *The Rise of Universities*, Ithaca and London: Cornell University Press, 1990, p. 34.

② J. Lawson & H. Silver, *A Social History of Education in England*, London: Methuen & Co. ltd, 1973, p. 52.

桥大学3所：上帝学院（God's House，1439年）、国王学院（King's，1441年）、王后学院（Queen's，1447年）。①

从1480年到1530年，由于教育慈善捐赠的兴起，这一时期，无论是牛津大学还是剑桥大学，学院数量都有了新的增长。剑桥大学于1473年建立了圣凯瑟琳学院（St. Catharine's College）；1496年建立了耶稣学院（Jesus College）；1508年在上帝学院的基础之上扩建而成了基督学院（Christ's College）；1511年建立了圣约翰学院（St. John's College）。同期的牛津大学也增加了布雷齐诺斯学院（Brasenose College，1509年）、基督圣体学院（Corpus Christ College，1517年）和影响力最大的红衣主教学院（Cardinal College，1525年）。到1530年，剑桥大学共有14所学院，牛津大学共有13所学院。②

最早的学院只不过是接受捐赠基金的济贫院，其创办人旨在帮助那些无力支付生活费的穷学生提供食宿，在大学教师的指导下从事学习。但是，"在以捐款为一种虔敬行为的时代，它赋予有关机构以一种宗教的性质"③。英国大学的学院以法国巴黎大学的索邦神学院为样板，学院的创建者有多种动机，但宗教因素往往占据首要地位。最初，人们捐赠学院主要是让学院成员为创建者及其家属的灵魂祈祷，为其亡灵的超度祷告。许多学院的创建者明确提出了他们创办学院的目的，如默顿学院的创办者宣称是"为了上帝的、神圣的教会的利益和国王、捐助者及其亲属的灵魂的健康"而建立的。巴利奥尔学院的创建者则声称是"为了我们的主耶稣基督和他光荣的母亲玛丽亚和所有的圣徒的荣誉"④。1504年，玛格丽特夫人将上帝学院（God's House，1439年）改建为基督学院（Christ's College），上帝学院以艺科学习为主，改建后的基督学院以艺学

---

① J. Lawson & H. Silver, *A Social History of Education in England*, London: Methuen & Co. ltd, 1973, pp. 58–59.

② J. Lawson & H. Silver, *A Social History of Education in England*, London: Methuen & Co. ltd, 1973, p. 61.

③ [英]威廉·博伊德、埃德蒙·金：《西方教育史》，任宝祥、吴元训译，人民教育出版社1985年版，第150页。

④ Aston, T. H., *The History of the University of Oxford*, Vol.1, the Early Oxford Schools, Oxford: Clarendon Press, 1984, p. 244.

和神学学习为主。学院要求研究员（fellows）必须在第一年内取得牧师资格（priesthood），在参加"玛格丽特夫人传教士"（Lady Margeret's preachership）职务的竞选中享有优先权。学院的章程表明，玛格丽特夫人首先是将学院看成她本人及家属的歌祷堂，其次是她奉献虔诚的表现，然后才是学习的场所。①

从学院的捐赠者来看，他们大部分是各地的主教或富裕神职人员。1249 年，达勒姆副主教威廉将一笔遗产赠给了牛津大学，以资助学习神学的学生，建造了第一所学院——大学学院（University College）。其后，牛津大学利用教会人士的捐赠建造了巴利奥尔学院（Balliol College, 1263 年）和默顿学院（Merton College, 1264 年）。1314 年，埃克斯特主教沃尔特·斯坦普莱登在牛津建立了埃克斯特学院（Exeter College）。1379 年，由温彻斯特主教威廉·威克姆创建的新学院在牛津大学发展史上具有重要的意义。他为学院制定了详细规章，为大学本科生和高年级学生提供经费，并实行有薪水的导师制。1480 年，温彻斯特大主教韦恩夫利特（Waynflete）创办了莫德琳学院（Magdalen College），温彻斯特的另一位主教里查德·福克斯（Richard Fox）在 1517 年创建了基督圣体学院（Corpus Christ College）。另外，牛津大学 1509 年创办的布雷齐诺斯学院（Brasenose College）和 1525 年创办的红衣主教学院（Cardinal College）也都是由高级教士创办而成。

剑桥大学的情形同样如此。1284 年，伊利主教鲍尔塞姆仿效牛津大学的办学形式，在剑桥创建了该校第一所学院——彼得豪斯学院（Peterhouse）。1350 年，伯特曼（Bateman）主教创办了剑桥三一学院（Trinity Hall）。圣凯瑟琳学院（Catharine Hall, 1473 年）和耶稣学院（Jesus College, 1496 年）也都是由高级教士创办而成的。基督学院（Christ's College, 1505 年）和圣约翰学院（St. John's College, 1509—1511 年）是由玛格丽特·比福特夫人（Lady Margaret Beaufort）在其忏悔牧师约翰·费希尔（John Fisher）主教的鼓动下创办起来的。

---

① Elisabeth Leedham-Green, *A Concise History of the University of Cambridge*, Cambridge: Cambridge University Press, 1996, p. 40.

由于学院通常得到高级教士和富裕捐助人的资助，所以在人事或宗教方面，两者常常有着牢固的联系。例如，1314 年埃克斯特主教沃尔特·斯坦普莱登在牛津建立了埃克斯特学院，13 名学生均来自得文郡和康沃尔郡。奖学金适用于有两年学龄的学生，资助他们长达 13 年的学习生活，使其完成高级学位的学习。① 又如埃克塞斯学院主要是从埃塞克斯教区，皇后学院主要从坎伯兰（Cumberland）和威斯特摩兰（Westmorland），三一学院主要是从诺福尔克（Norfolk）地区招募学生，培养神职人员。②

当然，也有少数学院由俗人或行会创办，前者如亨利六世于 1441 年创办的国王学院（King's College），后者如剑桥的两个行会——基督圣体行会和童贞玛丽行会于 1352 年建立了基督圣体学院（Corpus Christ College）。

四 修士与托钵僧

随着大学的兴起，修道院作为智识活动中心的角色已不复存在。为了适应新形势的发展，修道院纷纷选派一些智商较高且有上进心的修士进入大学深造。修士进入牛津大学和剑桥大学的具体时间不得而知，但估计在 13 世纪早期，这种现象就已经存在。1336 年，教皇本尼迪克特十二世颁布法令，要求各修会按 5% 的比例选派修士到大学学习神学或教会法。③ 尽管并不是所有修道院都严格执行了该法规，但它使派遣修士到大学深造有了法律依据。据统计，威斯敏斯特修道院在 1300 年至修道院解散期间，约 1/10 的修士有在牛津大学求学的经历。④

---

① ［英］奥尔德里奇：《简明英国教育史》，诸惠芳等译，人民教育出版社 1987 年版，第 137—138 页。

② J. Lawson & H. Silver, *A Social History of Education in England*, London: Methuen & Co. ltd, 1973, pp. 52–53.

③ John Lawson, *Medieval Education and the Reformation*, Routeledge & Kegan Paul, 1967, p. 59.

④ Dom David Knowles, *The Religious Orders in England*, Vol. 2, Cambridge: Cambridge University Press, 1955, p. 19.

1. 大学里的修士

最早在大学为修士创办专门学院的是西多会（Cistericans）。1281 年西多会在牛津大学外创办了雷瓦勒修道院（Rewley Abbey），以此作为修士学生的住所。本尼迪克特修会于 1283 年在牛津创办了格罗切斯特学院（Gloucester College）。1289 年，杜尔汉姆小修道院（Durham Priory）也派出了一些修士到牛津大学进修学习，并筹措为他们创办学院。① 1361 年，坎特伯雷大教堂的附属小修道院为其修士学生在牛津创办了坎特伯雷学院（Canterbury College），1380 年，杜尔汉姆捐出牛津的房产，创办了杜尔汉姆学院（Durham College）。这两所学院后来也招收来自其他修道院的修士。1435 年创办的圣玛丽学院（St. Mary's College）招收奥古斯丁教士（the Austin Canons）。1437 年圣伯纳德学院（St. Bernard's College）创办后，雷瓦勒修道院就不再作为西多会修士的住所。

在剑桥，来自伊利的修士自 1321 年就有一座很小的学院，1428 年白金汉姆学院（Burkingham College）成立后，修士在剑桥大学才有专门的学院，该学院处于科罗兰特修道院（Croyland Abbey）的监管之下。② 据利奇估计，每所学院有修士约 60 人。③ 与托钵僧一样，他们享有特权，即不必先获得文学学位而直接攻读神学和教会法学位，然而，通常只有少数人能在大学里学习如此长的时间并拿到学位。1298 年，本尼迪克特修士威廉·布洛克（William Brock）获得了牛津大学神学博士学位，成为摘取此桂冠的第一位修士。为此，当时修会的许多要人还聚会举行庆贺。④

大学里的修士，只有一两人会留在大学里继续深造，大多数修士无论获得学位与否，都要回到原来的修道院，在那里他们将获得提升，担

---

① J. Lawson & H. Silver, *A Social History of Education in England*, London：Methuen & Co. ltd, 1973, p. 33.

② J. Lawson & H. Silver, *A Social History of Education in England*, London：Methuen & Co. ltd, 1973, p. 63.

③ A. W. Parry, *Education in England in the Middle Ages*, London：W. B. Clive, 1920, p. 181.

④ A. W. Parry, *Education in England in the Middle Ages*, London：W. B. Clive, 1920, p. 181.

任教堂的行政管理职务或成为神学或教会法讲师。① 这必然有利于推动修道院学校教育的发展。

2. 大学里的托钵僧

社会财富的增加和生活上的富足使许多修士日益走向腐化与堕落，他们所代表的基督教禁欲主义精神和唯灵主义理想荡然无存，于是，在13世纪出现了一种新的修道改革运动，诞生了托钵修会（mendicant order）。参加者标榜不置私产，以托钵乞食为生。托钵僧（friar）四处游历，宣传所谓"清贫福音"，要人民安于贫困，忠于教皇。方济各会（Francisans，又称灰袍僧派）和多明我会（Dominicans，又称黑袍僧派）是其中的两大主要派别。②

为了使托钵僧能够接受大学的神学教育，培养新人，同时也为了打击异端，发展新的兄弟修士，占据大学的讲坛，托钵修会对高等教育非常重视。在对待学习的态度方面，托钵僧与修士迥然不同，修士将学习看成克制人的各种欲望，使人过得充实而不致虚度光阴的一种手段。修士学习的目的在于拯救自己的灵魂，而对外部世界不承担任何职责，除本团体成员外，他们与外部世界隔绝，并以此作为修行的一种方式。但对托钵僧来说，基督教是社会再生的武器，他们认为学习不是用来排遣无聊闲暇的时光，也不是用来抵制人的七情六欲，而是获取一种能够影响他人心智的有力手段。③ 于是，托钵修会纷纷选送托钵僧进入大学学习神学。托钵修会在遴选送入大学深造的成员时有严格的要求。1305年的章程规定，除需老师开具的证明——声明他有当教师的潜质外，备选者还须在修会内部开办的学校里学习两年，且在逻辑和自然哲学学科取得

---

① J. Lawson & H. Silver, *A Social History of Education in England*, London: Methuen & Co. ltd, 1973, pp. 63 – 64.

② 方济各会是由意大利人方济各（St. Francis, 1182—1226）于1209年创立的，1212年得到教皇英诺森三世的认可。多明我会是由西班牙贵族多明我（St. Dominic, 1170—1221）于1215年建立，于1217年获教皇洪诺留三世的认可。方济各会、多明我会与加尔默罗修会（或圣衣会）、奥古斯丁修会并称天主教四大托钵修会。

③ A. W. Parry, *Education in England in the Middle Ages*, London: W. B. Clive, 1920, pp. 183 – 184.

了优异成绩。①

多明我会和方济各会托钵僧分别于1221年和1224年到达牛津。多明我会托钵僧于1225年来到剑桥。从1270年开始,方济各会开始在剑桥大学建学院。奥古斯丁托钵僧也于1291年来到剑桥。与牛津相比,剑桥的修士生较少,但托钵僧的数量大大超过了修士的数量。在1500年以前,剑桥的修士只有206人,而托钵僧的数量则达到1136人。② 托钵僧到大学后,极力宣传其学说,争取信徒。

无论是在牛津大学还是在剑桥大学,学院里的世俗大学生与修士大学生并不是完全分开的。在牛津的3所本尼迪克特学院也招收一些世俗学生。在15世纪,格罗切斯特学院有7名世俗生。杜尔海姆学院和坎特伯雷学院也是混合学院。在1361—1500年间,坎特伯雷学院至少有47名世俗生,有111名修士生。在1381—1500年间,杜尔海姆学院有82名世俗生,有91名修士生。尽管世俗学院不愿意招收修士生,但当修道学院的住宿不够时,也有一些学生会到世俗学院居住,如剑桥大学的岗维尔学院（Gonville College）在1480—1499年间,为6位本尼迪克特修士提供住宿。③

3. 托钵僧对中世纪英国大学的贡献

修士和托钵僧进大学主要是为了学习神学和教会法,学习神学还是教会法取决于能力和兴趣,但实际上往往是学习神学的人比学习教会法的人多。按大学的要求,学习神学和教会法之前要先学习艺科和哲学。托钵僧声称他们在修道院里得到了文学和哲学方面的较好训练,因而要求直接学习神学。有些修道院在选派代表时确实有严格的要求,如圣·奥尔本斯（St Albans）修道院在挑选修士到大学学习时,主要从那些已经学习了文法、逻辑和哲学的人当中挑选。但是,有些修道院派到大学深造的修士只完成了初等教育,坎特伯雷学院和杜尔汉姆学院的书单列

---

① A. W. Parry, *Education in England in the Middle Ages*, London: W. B. Clive, 1920, p. 186.

② Alan B. Cobban, *The Medieval English Universities: Oxford and Cambridge to c. 1500*, the University of California Press, 1988, p. 319.

③ Alan B. Cobban, *The Medieval English Universities: Oxford and Cambridge to c. 1500*, the University of California Press, 1988, pp. 319 – 320.

出了牛津大学一些修士入学后的前几个月要完成基本训练,而这种训练本该在修道院里完成。① 从 13 世纪中叶起,方济各会与大学之间围绕托钵僧是否享有特权直接读神学这一问题引发了矛盾。随着托钵僧在神学院人数的增加,双方的矛盾进一步加剧,斗争的最后结果是托钵僧取得了免修文科和哲学课程的豁免权,修士入大学后也成了这种制度的受益者。同时,牛津大学也要求托钵僧必须遵守大学规章,那些希望学习神学的托钵僧必须向大学申请名额。② 冲突最后以妥协的方式得到了解决。

托钵僧对剑桥大学神学院的创办起了重大的作用。J. R. H. 穆尔曼将剑桥大学神学院的发展归因于方济各会托钵僧学院的出现,因为它吸引了很多优秀教师。与同期的牛津相比,剑桥没有神学教师,教学内容主要是艺科,因此,托钵僧不得不到外面寻找神学教师。他们聘请到的第一位神学教师是来自考文垂的知名学者文森特(Vincent de Coventry)。他于 1225 年 1 月 25 日加入方济各会,在他的努力下,剑桥的托钵僧学校声名鹊起。③ 1253 年,方济各会托钵僧、牛津大学校长尤斯塔斯(Eustace de Normanville)应邀来到剑桥大学,极大地增强了剑桥大学的实力。约克的托马斯(Thomas of York)也从牛津大学来到剑桥。到 13 世纪末,剑桥大学的神学院已初具规模。④

进大学后几年内,方济各会托钵僧就使牛津成为英格兰最杰出的思想文化中心,并占据这一最高点长达一个多世纪。最杰出的学者代表主要有罗伯特·格罗塞特斯特(Robert Grocessete)、罗杰·培根(Roger Bacon)、威廉姆·奥克汉姆(William Ockham)、邓斯·司各脱(Duns Scotus)等。他们不仅主导了牛津大学各学院的讲坛,而且奠定了中世纪的

---

① James G. Clark, "University Monks in Late Medieval England", George Ferzoco & Carolyn Muessig, ed. , *Medieval Monastic Education*, London: Leicester University Press, 2000, p. 58.

② Janet Burton, *Monastic and Religious Orders in Britain, 1000 – 1300*, Cambridge: Cambridge University Press, 1994, p. 190.

③ John R. H. Moorman, *The Grey Friars in Cambridge 1225 – 1538*, Cambridge: Cambridge University Press, 1952, pp. 8 – 17.

④ John R. H. Moorman, *The Grey Friars in Cambridge 1225 – 1538*, Cambridge: Cambridge University Press, 1952, p. 30.

思想基础。①

罗伯特·格罗塞特斯特出生于英国萨福克郡的一个农民家庭，他从巴黎大学神学院毕业后，回到牛津教授神学，被推选为牛津大学第一任校长。他1229年加入方济各会，是亚里士多德著作的知名翻译者和评注家。他翻译的《尼各马可伦理学》成了大学里的标准教材，他将亚里士多德的《伦理学》和《天体学》从希腊文译成拉丁文，并对《后分析篇》《辩谬篇》《物理学》进行了评注。他主张所有的科学必须以数学为基础，强调观察、实验的作用，认为"理性和实验是自然哲学两条不可缺少的途径"②。他要求学生仔细研读《圣经》，谨慎对待任何翻译著作，注重学习希腊语和数学。③

他的学生罗杰·培根是英国具有唯物主义倾向的哲学家和自然科学家、实验科学的先驱。他怀疑推理演绎法，坚持实验、经验的可靠性。他曾在牛津大学进行科学实验和讲学。他指出权威是束缚人们认识的枷锁，真正的科学是以实验和数学为基础的，并对阿奎那的神学体系进行猛烈抨击。④ 他认为只有实验科学才能"造福人类"，断言只有实验科学才能解决自然之谜，这种思想对宗教神学无疑构成了致命一击。培根虽为此于1257年被迫离开了大学讲坛，但其思想中的唯物主义倾向和科学实验的主张对近代欧洲自然科学和唯物主义思想的发展也产生了深远影响。

邓斯·司各脱是著名的唯名论者，具有唯物主义倾向。他对哲学和神学进行了区分，认为通过理性只能知道上帝是一切原因的原因，一切本质的本质，知道上帝是永恒的。至于上帝创造世界，三位一体等信条只能根据圣经和教会的权威信仰它们。他指出哲学和神学不应该存在对立，神学并不是一门思辨的科学，而是实践的学科，它的使命是帮助拯

---

① John Lawson, *Medieval Education and the Reformation*, Routledge & Kegan Paul, 1967, p. 63.
② 赵敦华：《基督教哲学1500年》，人民出版社1994年版，第331—334页。
③ David Knowles, *The Religious Orders in England*, Vol. 1, Cambridge: Cambridge University Press, 1948, p. 208.
④ 钱乘旦、许洁明：《英国通史》，上海社会科学出版社2003年版，第102页。

救人的灵魂。他的思想为科学和哲学从神学的束缚下解放出来开辟了道路。他重视自然科学研究，尤其是数学和光学研究。

奥卡姆的威廉出生于英格兰的萨里郡奥卡姆，他在牛津大学学习期间，深受司各脱的影响。他能言善辩，被称为"驳不倒的博士"。他发表言论，主张教权与王权分离，被教皇约翰二十二世宣称为"异端"。他反对哲学为神学服务，认为信仰领域和知识领域是两个彼此独立的，科学和哲学必须以经验和理性为基础。他运用归纳法，将神学从哲学中分离出来，他的思想给天主教会以沉重的打击，在牛津大学和巴黎大学有许多追随者。

由此可见，方济各会和多明我会最初是为了巩固天主教，打击异端，选派一些优秀的托钵僧进入大学学习神学，但结果却出乎意料，他们不仅没有成为教会用来打击异端的力量，一些人甚至走上了与罗马教廷决裂的道路，成了教会排斥的"异端"。在他们的影响下，大学成了孕育、传播异端思想的温床。

方济各会托钵僧除了对经院哲学产生影响外，还对中世纪英国宗教诗歌（圣诗）的发展做出了巨大贡献。一些托钵僧对古典文学非常感兴趣，从而为文艺复兴的到来奠定了基础。[1] 托钵僧在学术上的巨大成就在很大程度上要归功于他们对图书的收藏。剑桥大学的方济各会有很好的图书馆，其神学院吸引了来自欧洲各地的学生。1344年，伯里·理查德（Richard de Bury）抱怨托钵僧收藏了最好的书籍。几年后，阿马（Armagh）大主教理查德·菲茨拉尔弗（Richard Fitzralph）也攻击托钵僧，指控他们收藏的书太多，以致市场上看不到几本有价值的书。[2] 这种指控固然有夸张的成分，但托钵僧对书籍的重视也由此可见一斑。

在中世纪英国大学里，修士和托钵僧是一个特殊的群体，他们享受着特殊的待遇，他们人数不多，但在英国文化教育发展史上却占有重要地位。无论是其敢于挑战权威的怀疑精神，还是强调科学，重视实验的

---

[1] John Lawson, *Medieval Education and the Reformation*, Routeledge & Kegan Paul, 1967, p. 63.

[2] John R. H. Moorman, *The Grey Friars in Cambridge 1225－1538*, Cambridge：Cambridge University Press, 1952, pp. 54－55.

探索精神，都对牛津大学和剑桥大学的发展产生长期而深远的影响。

五 基督教会与英国大学

雅克·勒戈夫指出，"它（指大学。——笔者注）首先是个宗教组织。虽然它的成员很久以来就不全都属于一个教团，虽然它的队伍里纯世俗教徒的数目越来越多，大学的成员仍全部被当作教士看待，接受教会的管辖，并且更要受罗马教廷领导。它们是在宗教世俗化的运动中出现的，从属于教会，尽管它试图在组织上脱离教会"[1]。可见，大学与教会之间的关系既密切又复杂。格斯克特（Gasquet）修道院院长就曾指出，大学里不同等级的学位与教堂的职位相对应。男孩7岁削发，7—14岁在学校接受教育，在此期间，他可以为牧师帮忙做弥撒，并担任较低的职位如门卫（door-keeper）、诵经员（lector）、降魔员（exorcist）和助手（acolyte）。14—18岁读大学，在获取文学学士学位后，18岁时他可以成为教堂里的副执事（sub-deacon）。之后，再学习七年的神学，即在其25岁时，可以获得神学学士学位，成为一名牧师。[2]

基督教教义是大学教学的基本原则和内容，中世纪大学生可以自由地从一所大学转入另一所大学，因为没有语言障碍，他们都说教会的语言——拉丁语。学生大约14岁进入大学，进校时要削发，以此表明他们的身份是神职人员。实际上，大多数人上大学也是出于教士职业的考虑。[3] 由于中世纪大学师生都被当作教士，因而享有教士特权。教会授予大学的特权包括司法管辖权、罢课权、罢教权和迁徙权。最初，大学教师资格的审定和授予均由教会掌握，后经教皇裁决，这两项权利也为学校享有。不过，这些特权是大学通过不断斗争逐渐取得的。

在牛津大学创立初期，由于房租、物价等方面的问题，大学师生与

---

[1] ［法］雅克·勒戈夫：《中世纪的知识分子》，张弘译，商务印书馆1996年版，第65页。

[2] Foster Watson, *The English Grammar Schools to 1600*, Cambridge: Cambridge University Press, 1908, p. 15.

[3] J. Lawson & H. Silver, *A Social History of Education in England*, London: Methuen & Co. ltd, 1973, p. 56.

当地市民之间经常发生各种冲突即"城镇与学袍"（town and gown）之间的矛盾。"城镇"（town）代表市民一方，"学袍"（gown）代表大学一方。为支持大学的发展，国王和教皇往往以颁布特许状的方式授予牛津大学各种特权。1209 年，因一名学生在练习射箭课时误杀了一名妇女引发了冲突，导致牛津大学关闭了五年。为此，英王约翰（John）请求罗马教皇英诺森三世（Innocent Ⅲ）出面调停，以使师生重返牛津。教皇除对绞死学生的市民进行惩罚外，还于 1214 年派遣使节颁布了一个特权令，规定牛津市民在未来 10 年中房租减半，10 年后的租金也不能高于 1209 年以前的价格，并组建了一个由两名教师和两名市民组成的联合委员会专门负责该政策的执行。① 教皇还授予大学师生不受世俗官员逮捕的豁免权，如果这种豁免权遭到侵犯，他们可以向林肯主教申诉。教皇之所以对大学进行保护，原因在于："大学能为他们传播教义，能使他们的教义在诸多宗教团体中巩固地位，同时在与不断扩大的异端邪说的斗争中取胜。这样不但加强了罗马教皇的中心权力，也能防止世俗权力和地方封建势力的扩大。另外，他们也希望能从大学中招收到一些受过良好教育的新成员作为接班人。"② 由此而知，罗马教皇对大学的干预并不是无私的，它取消的只是对大学的世俗管辖权，目的是将大学置于教会的管辖之下。大学为了避免受世俗力量的控制，选择了一条投靠教会的道路。

由于大学师生的身份是教士，因而地方主教将其看成是自己的属员，并通过委派代理人——校长（chancellor）对大学事务进行管理。牛津大学开始是由距牛津 120 英里外的林肯大主教管辖，剑桥大学则受伊利主教管辖。这样，地方主教掌握了大学校长的任命权，审理上诉案权以及对大学进行巡视的权利，③ 特别是地方主教还经常利用垄断教师许可证的颁发权对教师随意敲诈勒索。为摆脱主教的控制与束缚，大学与地方教会展开了长期的斗争。1254 年，莱克星顿的亨利（Henry of Lexington）继

---

① H. Rashdall, *The Universities of Europe in the Middle Ages*, Vol. 3, Oxford, 1936, p. 35.

② 张斌贤、孙益：《西欧中世纪大学的特权》，载《北京师范大学学报》2004 年第 4 期，第 21—22 页。

③ Alan B. Cobban, *The Medieval English Universities: Oxford and Cambridge to c. 1500*, Aldershot: Scolar Press, 1988, p. 287.

任林肯主教。由于他干涉大学的自由，导致牛津大学与教会的关系开始恶化。为维护大学自身的利益，牛津大学的教师向教皇求助，他们从教皇英诺森四世那里取得训谕，确认了大学的特权地位，同时教皇指令伦敦与索尔兹伯里主教为大学权利的保护者。①

为摆脱地方教会的束缚和影响，牛津和剑桥大学采取的斗争策略是：先宣称只处于坎特伯雷大主教的管辖之下，而后为摆脱坎特伯雷大主教的管辖又宣称只处于教皇的管辖之下。② 斗争的结果使大学获得了更多的自治权，如在剑桥大学，早在1275年，伊利主教休·德·巴尔沙姆（Hugh de Balsham）就承认校长对大学拥有全部的司法权。到14世纪末期，校长由大学教员选举产生，改变了以前由主教委派的传统。于是，校长的身份发生了变化，由主教在大学的代表变为大学中的一员。剑桥大学于1433年获得教皇埃吉尼尔斯四世（Eugenius IV）的训谕，完全摆脱了伊利主教和坎特伯雷大主教的管辖。③ 虽早在1370年，牛津大学就摆脱了林肯主教的管辖，但仍处于坎特伯雷大主教的管辖之下。1395年6月13日，卜尼法斯九世（Boniface IX）颁布训谕，使牛津大学摆脱了坎特伯雷大主教的管辖。④ 但这一特权后来在1411年被取消，直到1479年教皇才再次颁布训谕，使牛津大学彻底摆脱了林肯主教和坎特伯雷大主教的管辖。⑤

大学通过长期不懈的斗争，虽然摆脱了世俗政权和地方教会的管辖，取得了一定自治权，但始终未能摆脱罗马教皇的影响。教皇解除地方教会对大学的控制，是"为了让大学臣服罗马教廷，遵从教廷的政策，把

---

① 陈日华：《英国大学的形成与早期治理》，载《现代大学教育》2008年第3期，第56页。

② Rosemay O'Day, *Education and Society 1500–1800*, London and New York: Longman Group Limited, 1982, p.77.

③ Alan B. Cobban, *The Medieval English Universities: Oxford and Cambridge to c.1500*, Aldershot: Scolar Press, 1988, p.294.

④ Alan B. Cobban, *The Medieval English Universities: Oxford and Cambridge to c.1500*, Aldershot: Scolar Press, 1988, p.283.

⑤ Alan B. Cobban, *The Medieval English Universities: Oxford and Cambridge to c.1500*, Aldershot: Scolar Press, 1988, p.298.

教廷的控制与观点强加给大学"①。教皇通过向大学颁发特许状,保护其发展,但同时又以此种形式牢牢地将大学控制在自己手中,使其为己所用。

　　从大学毕业生的就业情况来看,也可以清晰地发现大学与教会之间的密切关系。大学毕业生往往占据了教会和国家行政管理的最高职位,约2/3的主教是大学毕业生,如后来当上坎特伯雷大主教的托马斯·伯拉德沃尔丁(Thomas Bradwardine)就是默顿学院培养出来的主教之一。民法和教会法毕业生主要在王室法庭、财务署和外交部门任职,还有一些毕业生则充任主教的助理员、记录员等。② 据英国历史学家阿斯顿(T. H. Aston)研究,从1216—1499年,57%的英国主教毕业于牛津大学,10%的主教毕业于剑桥大学。从1307—1499年,在英国9所大教堂的首席祭司中,牛津大学毕业生约占60%。另外,从各地修道院院长职位来看,情况也大致如此而,如13世纪,牛津大学毕业生占28%,14世纪为21%,15世纪增加到25%。③ 在低一级的职业中,大学毕业生通常担任学校校长、教区牧师、附属小教堂牧师、家庭教师等职。

　　教会还对大学进行经济资助,从而为许多贫困学生完成学业提供了保障。1179年"拉特兰教堂理事会令"规定:"要将充足的圣俸留给每个教堂,主教要告诉神职人员和学者们,教师的需求必须满足,求知的大门要向求学的人敞开。"④ 早在1219年,罗马教皇在训谕中就明确表示:对于那些刻苦学习、追求知识的人要给以优惠的待遇。为了鼓励那些想学习神学的教士,教皇霍诺留斯三世(Pope Honorius Ⅲ)决定给予他们5年的时间脱离教职从事学习,且薪俸保持不变。每一位具有教士身份的学者,都可享受教产补助或具有申请一份教产补助的资格,这种

---

　　① [法]雅克·勒戈夫:《中世纪的知识分子》,张弘译,商务印书馆1996年版,第64页。

　　② J. Lawson & H. Silver, *A Social History of Education in England*, London: Methuen & Co. ltd, 1973, p. 54.

　　③ 黄福涛:《欧洲高等教育近代化——法、英、德近代高等教育制度的形成》,厦门大学出版社1998年版,第38页。

　　④ L. Thorndike, *University Records and Life in the Middle Ages*, New York: Columbia University Press, 1944, p. 21.

申请既可个别进行,也可集体进行。根据皮哥斯(F. J. Pegues)的推断,1500年前后,在牛津大学的1200名学生中,约有900人通过此种方式获得过资助。①

总之,中世纪的英国大学,无论是教学管理、教学内容、师生的身份与装束、日常生活等都深深地打上了宗教烙印。中世纪的英国大学虽然利用教会与政权以及地方当局之间盘根错节的矛盾,经过长期斗争取得了一些自治权,但始终未能摆脱宗教对它的束缚。然而,与传统的宗教教育不同,大学毕竟开始研究和传授医学、法学等世俗科学知识。大学里的教学虽然刻板而烦琐,然而它毕竟动摇了传统信条,开始重视人的理性,启迪了辩论的风气,从而为科学研究和学术繁荣奠定了基础。对于大学在社会中所扮演的角色,雅克·勒戈夫有过精辟地概括,"大学组织看来注定要从一个社会阶层或集团向另一个社会阶层或集团转化。它看来必将一个接一个地背离所有其他的人。对教会、对国家、对城邦来说,它都可能会是特洛伊木马。它是无法归类的"②。

自13世纪以后,大学与大学成员在政治方面的作用变得日益重要,"在英格兰,在贵族反对国王的十三世纪和王朝更替的14世纪与15世纪……大学都作为行动者,作为一支政治力量巍然屹立"③。我国学者赵琳也指出,随着民族国家的崛起,英格兰政府开始利用大学作为与罗马教廷相抗衡的重要工具,从大学教授那里获取反对教会干预世俗事务的法律依据。正是罗马教会孕育了自身的否定力量,最终导致了近代文艺复兴、宗教改革的发生和民族国家的崛起。④

---

① 潘后杰、李瑞:《欧洲中世纪大学兴起的原因、特点及其意义》,载《四川师范大学学报》1993年第3期,第105页。

② [法]雅克·勒戈夫:《中世纪的知识分子》,张弘译,商务印书馆1996年版,第66页。

③ [法]雅克·勒戈夫:《中世纪的知识分子》,张弘译,商务印书馆1996年版,第154—155页。

④ 赵琳:《基督教与欧洲中世纪文化教育》,载《中国宗教》2005年第5期,第39页。

第三章

近代早期的英国教育
（1534—1640）

都铎王朝（1485—1603年）的第二任君主亨利八世（1509—1547年在位）在执政初期，与罗马教廷一直保持着一种良好的关系，面对欧洲大陆来势汹汹的宗教改革浪潮，亨利八世曾一度旗帜鲜明地站在教皇一边，并发表言论反对路德学说，为此，亨利八世还一度获得教皇利奥十世（Leo X）敕封的"信仰捍卫者"的称号。[1] 英王与罗马教廷之间的这种友好关系由于一桩离婚案而破裂，出于继承人的考虑，亨利八世企图解除与凯瑟琳夫人的婚姻，由于无法得到教皇克莱门七世（Clement VII）的允许，亨利八世在剑桥大学的影响下，决定与罗马教廷决裂，趁机摆脱罗马教廷的控制，英国的宗教改革从此拉开序幕。宗教改革后，都铎王朝的历届政府都派出巡视员到大学进行视察，亨利八世和爱德华六世先后下令解散修道院和歌祷堂，政局的变化和一系列政策的出台对英国教育带来了深刻的变革。宗教改革后出现的新教提倡普及教育，在客观上推动了教育捐赠在英国的兴起。

第一节 剑桥大学的近代化转型

在中世纪，无论是牛津大学还是剑桥大学，本质上都属于一种教会

---

[1] David C. Douglas, *English Historical Documents*, *1485–1558*, Vol. V, Routledge：London, 1996, p. 107.

机构，宗教势力牢牢地控制了大学。① 在教会的主导下，剑桥大学一直处于默默无闻的状态。到了近代初期，剑桥大学在推动人文主义思潮，传播新教的过程中，表现得特别活跃，成了传播新思想的主要阵地，特别是在国王亨利八世的离婚案中，明显地表现出一种偏向王权的政治取向，为此深得国王的青睐，结果使剑桥大学改变了以前默默无闻的状态，以一种新的姿态步入了近代。

一 "筑巢"与"引凤"：人文主义"新知识"在剑桥大学的兴起

16世纪初，剑桥大学的发展在很大程度上应归功于王后学院院长约翰·费舍尔（John Fisher）。费舍尔是亨利七世国王的母亲玛格丽特·博福特（Margaret Beaufort）夫人的私人神父。玛格丽特夫人不仅是杰出的政治家，还是学术与艺术的积极赞助者。费舍尔由于深受玛格丽特夫人的赏识，于1501年晋升为剑桥大学的副校长。1502年，玛格丽特在剑桥大学设立了玛格丽特神学教授，这是剑桥大学最早设立的神学教授职位。在费舍尔的建议下，玛格丽特夫人于1506年捐资创建了基督学院。1507年，亨利七世国王被费舍尔的深情演讲打动，捐赠了5000英镑，创建了富丽堂皇的国王学院。1511年，用玛格丽特夫人留下的丰厚遗产创建了圣约翰学院。② 正是由于得到了来自王室的支持，剑桥大学的声誉才逐渐上升。

费舍尔不仅说服了玛格丽特夫人和亨利七世国王共捐资创建了三所学院，而且还邀请了欧洲大陆著名的人文主义学者德西迪里厄斯·伊拉斯谟（Desiderius Erasmus）来到剑桥任教。尽管此前伊拉斯谟也曾多次来到英国，并与牛津大学的托马斯·莫尔（Thomas More）、托马斯·林纳克（Thomas Linacre）、约翰·科利特（John Colet）等人文主义学者有着密切的交往，但由于人文主义新知识的传播在牛津大学遭到保守派的强烈反对，因而收效甚微。

---

① Joan Simon, *Education and Society in Tudor England*, Cambridge: Cambridge University Press, 1966, p.319.

② ［英］G. R. 埃文斯：《剑桥大学新史》，丁振琴等译，商务印书馆2017年版，第151—153页。

受费舍尔之邀,伊拉斯谟于 1510 年来到剑桥大学王后学院,担任玛格丽特夫人神学教授职位。由于未达到预期目的,1514 年伊拉斯谟离开了剑桥。他在剑桥任教的时间并不长,听课的学生数量也不多。尽管如此,但他对剑桥大学乃至英国却产生了重大的影响。

伊拉斯谟的教学不仅改变了中世纪以来大学里传统的、死板的学习方法,而且打破了此前由经院哲学垄断神学讲坛的局面,深刻地影响了剑桥大学的学习风气。虽然在 15 世纪末 16 世纪初,从意大利传入的人文主义著作和学成回国的学者对剑桥产生了重要的影响,但伊拉斯谟的到来推动了学习方法的更新并带来了新的思想观念。[1] 他讲授神学和希腊语,鼓励学者通过学习希腊文和希伯来文,以提高阅读原版《圣经》的能力。剑桥的许多知名人文主义者都曾听过伊拉斯谟的讲座,理查德·克罗克(Richard Croke)是伊拉斯谟的学生中有较大影响的人物之一,克罗克在 1519 年被任命为希腊文教师,他的两次希腊文演说充分展示了其高超的希腊文水平。[2] 伊拉斯谟批评中世纪经院式神学的枯燥无味与死板僵化,他在剑桥的神学讲座吸引了大量的热情听众,他对《圣经》的独到讲解给学生以耳目一新的感觉。[3] 哈里森·伍德沃(Harrison Woodward)指出:伊拉斯谟在剑桥大学虽然只待了几年时间,但与任何其他人相比,他最主要贡献在于通过人文主义新知识而营造的学术氛围。[4]

伊拉斯谟翻译和编写的著作极大地拓展了师生们的阅读范围,其中有关教育学方面的论著深受剑桥师生们的喜爱。在授课之余,他积极从事著作的翻译和编写工作。他编写了新版福音书和使徒行传。1516 年发表了《新工具》(*The Novum Instrumentum*),编写了新版的《哲罗姆书信集》,翻译了巴塞尔(Basil)、普鲁塔克(Pluarch)、路西安(Lucian)的

---

[1] Elisabeth Leedham-Green, *A Concise History of the University of Cambridge*, Cambridge: Cambridge University Press, 1996, p. 34.

[2] J. Bass Mullinger, *A History of the University of Cambridge*, London: Longmans, Green and Co., 1888, p. 75.

[3] Allan G. Chester, *Hugh Latimer, Apostle to the English*, Philadelphia: University of Pennsylvania Press, 1954, p. 12.

[4] William Harrison Woodward, *Studies in Education During the Age of the Renaissance 1400 – 1600*, Cambridge: Cambridge University, 1906, p. 109.

著作，并出版了关于教育学方面的著作如《论词语的丰富》（*De copia verborum*）、《书信集》（*De conscrbendis epistolis*）和《论学术学习的方法》（*De ratione studii*），这些著作在市场上畅销了几十年。他还编写了狄奥尼索斯·加图（Dionysius Carto）的《双行诗歌集》（*Disticha*），这是一本学习拉丁文的初级读本，剑桥大学的许多老师都争相购买。①

1519年，伊拉斯谟翻译出版的希腊文《圣经》深刻地影响了人们对待拉丁文《圣经》的态度。在翻译过程中，伊拉斯谟对经文进行了大胆地解释，对中世纪经院哲学的思想基础产生了强大冲击。据约翰·福克斯在著作《殉道者》中记载，三一学院的学生托马斯·比尔尼（Thomas Bilney）在读了伊拉斯谟的希腊文《圣经》后，"就像被施了魔法一般，偶然读到的一段经文令他拨云睹日"，其生活也因此而彻底改变。② 伊拉斯谟的真正成就"在于他作为一位原文书籍编辑人的工作，对于早期基督教作家的批判研究，肯定是由他开始的，他把瓦拉对《新约圣经》的评论发展了一步，终于证明通俗拉丁文本圣经绝不是没有错误的"③。艾伦·G. 切斯特认为，从学术意义上讲，新知识的传播是从剑桥而不是从牛津开始的，这种新知识的特点在于特别强调原始经文的权威性。④

综而观之，伊拉斯谟的新式教学法活跃了剑桥师生的思维，培养了他们的怀疑精神，其希腊文《圣经》的出版打破了中世纪经院哲学对神学的垄断地位。伊拉斯谟主张探究基督教原始教义的求真精神为宗教改革在英国的出现奠定了思想基础。诺福克公爵（Duke of Norfolk）惊叹：在新知识传入之前，英国一片风平浪静。⑤ 但是，伊拉斯谟离开剑桥后的

---

① Elisabeth Leedham-Green, *A Concise History of the University of Cambridge*, Cambridge: Cambridge University Press, 1996, p. 34.

② ［英］G. R. 埃文斯：《剑桥大学新史》，丁振琴等译，商务印书馆2017年版，第165页。

③ ［英］G. R. 波特编：《新编剑桥世界近代史》（第1卷），中国社会科学院世界历史研究所组译，中国社会科学出版社1998年版，第162页。

④ Allan G. Chester, *Hugh Latimer, Apostle to the English*, Philadelphia: University of Pennsylvania Press, 1954, p. 9.

⑤ Allan G. Chester, *Hugh Latimer, Apostle to the English*, Philadelphia: University of Pennsylvania Press, 1954, p. 9.

十年内，剑桥却发展成了反叛传统神学的中心。①

二 "白马旅店"与新教在剑桥大学的传播

16世纪剑桥大学的知识分子并不完全生活在象牙塔中，他们不仅积极参加文艺复兴运动，而且积极参加当时的革命运动、政治活动以及宗教改革。② 保罗·F. 格伦德勒指出："没有大学，就没有宗教改革。"③ 英国的剑桥大学在宗教改革中扮演了重要的角色。

15世纪的利德盖特（Lydgate）曾吹嘘说，因剑桥不存在异端思想而没有遭到责备，但16世纪的剑桥却成了罗马教皇眼中异端思想最严重的地方。④ 这种转变的出现除了受人文主义传播的影响外，还与马丁·路德的著作传入有密切的关系。由于印刷术传入欧洲，马丁·路德的著作很快传播到法国、英格兰和意大利。英国东部沿海一些城镇由于与德国北部汉萨同盟有密切的商贸往来，路德的著作通过这些城镇流入了英国。剑桥的大部分学生来自东部沿海城镇，因而使剑桥成为传播路德著作的早期中心之一。⑤

事实上，从1518年起，剑桥大学的一些学者就定期聚集在国王学院和圣凯瑟琳学院之间的白马旅店（the White Horse Inn），一起研讨路德的著作。⑥ 随着来到白马旅店人数的增加，该旅店被称为"德国"，参加者大多是才华横溢的青年学生，其中包括休·拉蒂默（Hugh Latimer）、托马斯·克莱默（Thomas Crammer）、迈尔斯·科弗代尔（Miles Cover-

---

① J. Bass Mullinger, *The University of Cambridge from the Earliest Times to the Royal Injunctions of 1535*, Cambridge: Cambridge University Press, 1873, p. 559.

② ［英］G. R. 埃文斯：《剑桥大学新史》，丁振琴等译，商务印书馆2017年版，第156页。

③ Paul F. Grendler, "The Universities of the Renaissance and Reformation", *Renaissance Quarterly*, Vol. 57, No. 1, 2004, p. 14.

④ J. Bass Mullinger, *A History of the University of Cambridge*, London: Longmans, Green and Co. , 1888, p. 79.

⑤ J. Bass Mullinger, *The University of Cambridge from the Earliest Times to the Royal Injunctions of 1535*, Cambridge: Cambridge University Press, 1873, p. 570.

⑥ H. Maynard Smith, *Henry VIII and the Reformation*, New York: Russell & Russell. INC. , 1962, p. 252.

dale)、马修·帕克（Matthew Park）、威廉·廷代尔（William Tyndale）等。① 这些人在后来的宗教改革中都扮演了非常重要的角色。他们主要来自一些不太受欢迎的宗教团体，而且出身低微②，其中最著名的是奥古斯丁修道院院长罗伯特·巴恩斯（Robert Barnes），他同情马丁·路德，并笃信他的教义，在剑桥大学的一次布道会上最先将路德教义带入了英国。③

当时有很多学生往往是在听了一场布道后就改变了其信仰，如圣约翰学院的一名学生托马斯·贝肯（Thomas Becon）回忆他在1529年听拉蒂默的布道情景时写道："虔诚的拉蒂默用拉丁文和英文布道，我经常参加他的布道会，尽管我当时才16岁，但他的布道给我留下了深刻的印象，是我一生中的富贵财富。"④

E. R. 鲁普（E. R. Rupp）指出，剑桥大学在英国宗教改革过程中扮演了核心角色，因为它为宗教改革培养了一些神学家和新教领袖。⑤ 在1515—1530年间，剑桥成了培育新式青年知识分子的温床，其中许多人后来成了安立甘宗的主教，如托马斯·克伦威尔（Thomas Cromwell）成了坎特伯雷大主教，休·拉蒂默成了沃彻斯特主教，尼格拉斯·沙克斯顿（Nicholas Shaxton）成了索尔兹伯里（Salisbury）主教，威廉·巴洛（William Barlow）成了圣阿萨夫（Saint Asaph's）主教。⑥ 三一学院的学生托马斯·比尔尼是剑桥大学宗教改革思想的首位领导者，他性格刚毅，信奉新教教义，并吸引了少数信徒，如圣玛丽学院的教师托马斯·亚瑟（Thomas Arthur）、剑桥大学的高级主管威廉·佩吉特（William Paget）、

---

① 刘亮：《剑桥大学史》，上海交通大学出版社2012年版，第11页。
② Hugh Kearney, *Scholars and Gentlemen: University and Society in Pre-Industrial Britian, 1500 - 1700*, New York: Cornell University Press, 1970, p. 19.
③ ［英］G. R. 埃文斯：《剑桥大学新史》，丁振琴等译，商务印书馆2017年版，第170页。
④ H. C. Porter, *Reformation and Reaction in Tudor Cambridge*, Cambridge: Cambridge University Press, 1958, p. 48.
⑤ H. C. Porter, *Reformation and Reaction in Tudor Cambridge*, Cambridge: Cambridge University Press, 1958, p. 41.
⑥ Allan G. Chester, *Hugh Latimer, Apostle to the English*, Philadelphia: University of Pennsylvania Press, 1954, p. 10.

女王学院的研究员约翰·朗伯（John Lambert），以及剑桥大学校长的托马斯·福曼（Thomas Forman）。[1]

路德学说还通过剑桥学者传播到了牛津大学。1525 年，当沃尔西在牛津大学创办红衣主教学院时，从剑桥大学挑选了八位知名学者，其中有六位是新教学说的追随者。[2] 这些学者将路德学说带入牛津，使牛津大学的新旧教矛盾冲突加剧。剑桥成为异端学说的发源地，15 世纪剑桥大学的传统形象被颠覆。[3] H. C. 波特指出：非常具有讽刺意味的是费舍尔与玛格丽特夫人合作创办了两所学院，本想使之成为培育正统思想和探寻真理的场所，但却意外地变成了清教徒的堡垒。他本想收获葡萄，但却长出了野葡萄。[4]

当马丁·路德在德国发起宗教改革时，英国国王亨利八世撰写了《捍卫七大圣事》，严厉批判路德的宗教改革思想，为此还获得罗马教皇的嘉奖，并获得了"信仰捍卫者"的殊荣。可见，亨利八世当时极力反对宗教改革。为了防止可能带来的恶劣影响，英国政府极力阻止路德著作的传播。1521 年，红衣主教托马斯·沃尔西（Thomas Wolsey）命令剑桥大学派四名代表前往伦敦参与审查马丁·路德的著作。1521 年 5 月 12 日，沃尔西在圣保罗大教堂前谴责异端学说，并焚烧了路德的著作。[5] 5 月 14 日，沃尔西命令英格兰的所有主教将马丁·路德的著作全部收集起来，然后交给沃尔西。在沃尔西和费希尔的主持下，剑桥大学对路德的著作进行了焚毁。[6] 1525 年，时任英国下议院议长的托马斯·莫尔与伦敦

---

[1] J. Bass Mullinger, *A History of the University of Cambridge*, London: Longmans, Green and Co., 1888, pp. 80 – 81.

[2] J. Bass Mullinger, *A History of the University of Cambridge*, London: Longmans, Green and Co., 1888, p. 83.

[3] D. R. Leader, *A History of the University of Cambridge*, Vol. 1, Cambridge: Cambridge University Press, 1988, p. 325.

[4] H. C. Porter, *Reformation and Reaction in Tudor Cambridge*, Cambridge: Cambridge University Press, 1958, p. 3.

[5] D. R. Leader, *A History of the University of Cambridge*, Vol. 1, Cambridge: Cambridge University Press, 1988, pp. 320 – 321.

[6] J. Bass Mullinger, *The University of Cambridge from the Earliest Times to the Royal Injunctions of 1535*, Cambridge: Cambridge University Press, 1873, p. 571.

汉萨同盟的商人进行谈判，坚决要求销毁一切有嫌疑的进口书籍。[①]

新教在大学的传播不仅引起了各学院院长联合起来进行抑制，而且也引起了英国宗教界的警觉，坎特伯雷宗教会议着手对大学展开调查，以铲除异端，防止"知识的源头"遭到"错误思想和异端邪说的污染"。为此，坎特伯雷宗教会议颁布教令，规定由林肯主教管辖牛津大学，伊利主教管辖剑桥大学，负责对大学进行视察，防止异端邪说的滋生。[②] 1525年，罗伯特·巴恩斯遭到指控，被押往伦敦关押。1531年，托马斯·比尔尼在诺威奇（Norwich）被处以火刑。[③] 1532年1月，一位剑桥大学的文科老师托马斯·贝内（Thomas Benet）在埃克塞特作为新教徒被处以火刑。[④] 然而，随着亨利八世离婚案的出现，新教徒遭到迫害的局面得到了改变。

三 剑桥大学与亨利八世的离婚案

剑桥大学直接卷入政治运动的导火线是国王亨利八世的离婚案。亨利七世的长子阿瑟去世后，为了继续维持与西班牙公主凯瑟琳的婚姻，亨利七世让其次子即后来的亨利八世娶寡嫂为妻，并于1503年得到教皇尤里乌斯二世（Julius Ⅱ）的批准。婚后他们虽生育了多个子女，但唯独玛丽存活了下来。出于男性继承人的考虑，亨利八世决定与王后离婚。一开始他希望教皇克莱门七世颁布一道敕令，宣布尤里乌斯二世颁布的特许状违背了教义。[⑤] 如果该愿望能够得以实现，当然是一条终结与凯瑟琳婚姻的最佳途径，但这一提议遭到了教皇的拒绝。

针对亨利八世的离婚案，英国国内分成了三个不同的派别。第一个

---

① ［英］G. R. 埃文斯：《剑桥大学新史》，丁振琴等译，商务印书馆2017年版，第169页。

② ［英］G. R. 埃文斯：《剑桥大学新史》，丁振琴等译，商务印书馆2017年版，第168—170页。

③ Elisabeth Leedham-Green, *A Concise History of the University of Cambridge*, Cambridge: Cambridge University Press, 1996, p. 45.

④ J. Bass Mullinger, *A History of the University of Cambridge*, London: Longmans, Green and Co., 1888, p. 83.

⑤ Richard C. Marius, "Henry VIII, Thomas More and the Bishop of Rome", *Albion: A Quarterly Journal Concerned with British Studies*, Vol. 10, 1978, p. 100.

派别是凯瑟琳的支持者,大多是宗教界人士,他们极力维护凯瑟琳的婚姻并坚决捍卫天主教。在1532—1533年间,北方的传教团竭力保护天主教会,以免遭到异教的攻击。在布里斯托尔,还展开了一场神学辩论,许多来自托钵修会如方济各会和加尔都西会(Carthusians)的长老们极力反对休·拉蒂默的宗教改革思想。除宗教人士外,反对声音还来自英格兰的世俗贵族,议会中的俗人议员反对与教皇为敌,他们不仅担心亨利八世将遭到革除教籍的处罚,而且将使英国的布匹贸易受到影响。[1] 其次是那些激进派如托马斯·克莱默和托马斯·克伦威尔等人,他们积极支持亨利八世离婚,并借机在英国开展宗教改革,以摆脱教皇的影响。第三个派别是那些保守的贵族,他们持一种中间立场。

从1527年起,亨利八世就不断向罗马教皇克里门七世提出离婚的请求。1529年,教皇派出了使节坎姆佩基(Campeggio)来到英格兰受理离婚案,但坎姆佩基拒绝做出裁决,法庭解散。[2] 事实上,凯瑟琳王后一直声称她与阿瑟未圆房而否认第一次婚姻的有效性,并向罗马教皇提出讼诉。罗马教皇慑于凯瑟琳的外甥即神圣罗马帝国皇帝查理五世的压力,拒绝了亨利八世的请求。

在离婚案和与罗马教皇决裂的问题上,剑桥大学起了重要作用。1529年剑桥大学耶稣学院的讲师托马斯·克莱默向国王提议"比较省事且有效的办法不是雇用律师来打官司,而是去寻求欧洲最重要的神学家的意见"[3]。之后,国王给克莱默施压,要求他收集有利于废除婚姻的证据。1530年夏天,亨利八世收到了由克莱默和爱德华·福克斯(Edward Foxe)编集的《丰文汇编》(*Collectianea Satis Copiosa*),该汇编收集了相关的法律史料,用以证明亨利的离婚具有合法性,更重要的是该文集还论证了国王一直以来都享有对教会的管辖权,以此证明亨利有权决定自己的婚姻,罗马无权干预。[4] 这给处于绝境中的亨利八世看到了新的希

---

[1] D. G. Newcombe, *Henry VIII and the English Reformation*, London: Routledge, 1995, pp. 53-54.

[2] Agmes M. Stewart, *The Life and Letters of Sir Thomas More*, London: Burns & Oates, 1876, p. 142.

[3] [英] G. R. 埃文斯:《剑桥大学新史》,丁振琴等译,商务印书馆2017年版,第174页。

[4] D. G. Newcombe, *Henry VIII and the English Reformation*, London: Routledge, 1995, p. 43.

望，后来的事实也证明了亨利正是通过解除罗马教皇在英国的管辖权这一路径来实现离婚的愿望。

在克莱默的建议下，剑桥大学圣约翰学院的希腊文讲师理查德·克罗克于1530年被派往欧洲大陆，收集国外著名教会法学家的观点。他在威尼斯查阅了大量的古希腊文稿，在博洛尼亚和帕多瓦，咨询了大量的教授和神学家，收集对国王有利的材料。[1] 在他的游说下，法国大学和意大利北部的博洛尼亚大学、帕多瓦等大学都支持国王离婚。[2]

随着新教思想的传播，剑桥大学被分裂成两大对立的阵营，许多信奉新教的教师积极支持国王。当国王的离婚案被提交大学进行表决后，剑桥大学成立了一个委员会，负责对离婚案进行裁决。经过一番辩论后，1530年3月9日，剑桥大学最终以2/3的多数票认定亨利八世与凯瑟琳的婚姻无效。在此过程中，休·拉蒂默起了重要的作用，他积极鼓动一些神学家们支持国王的离婚。[3] 与剑桥大学不同，牛津大学有大量反对亨利八世离婚的有影响集团，因此，亨利八世先后给牛津大学写了三封信，字里行间带着恐吓的语气。亨利八世威胁说："撬起马蜂窝是没有好处的。"[4] 牛津大学同样组建了委员会，负责对离婚案进行表决，在第一轮投票中，全票反对，在第二轮投票中，赞成票和反对票相等，在第三轮投票中，由于让一名投反对票的人缺席，从而最终获得通过。[5] 虽然牛津和剑桥的这种裁决结果并没有改变罗马教皇对离婚案的裁决，因为教皇克莱门七世在1531年宣布禁止亨利八世再婚，但大学的支持无疑给了亨利八世国王以足够的信心，并最终促使他通过议会来解决离婚问题。

另一位对亨利八世产生重要影响并最终促使他走上与教皇决裂道路

---

[1] J. Bass Mullinger, *The University of Cambridge from the Earliest Times to the Royal Injunctions of 1535*, Cambridge: Cambridge University Press, 1873, p. 615.

[2] G. R. Elton, *England under the Tudors*, London: Routledge, 1991, p. 124.

[3] Allan G. Chester, *Hugh Latimer, Apostle to the English*, Philadelphia: University of Pennsylvania Press, 1954, p. 53.

[4] D. R. Leader, *A History of the University of Cambridge*, Vol. 1, Cambridge: Cambridge University Press, 1988, p. 328.

[5] J. Bass Mullinger, *The University of Cambridge from the Earliest Times to the Royal Injunctions of 1535*, Cambridge: Cambridge University Press, 1873, p. 622.

的是托马斯·克伦威尔，他虽出身低微，但胆识过人，见解独特，有强烈的反教权主义倾向。在剑桥大学就读期间，经常出入白马旅店，深受新教思想的影响。1520年，他开始成为沃尔西的幕僚，沃尔西倒台后，继续跟随沃尔西。他的才华与忠心得到了亨利八世的赏识，1529年成为一名议员，逐步进入政坛的核心。在亨利八世离婚案陷入困境时，他主张国王离婚根本不需要得到教皇的批准，而应由议会来解决。① 因此，他建议国王将教皇赶出英国，努力将英国建成一个独立的君主国，以确立英王的最高权威。他认为国王不仅应掌握世俗事务，而且还应该像基督徒皇帝君士坦丁大帝那样掌握宗教事务。② 他的才能和见解得到亨利八世的赏识，1533年被任命为英国的财政大臣。

随后，英国加快了与罗马决裂的进程。1533年4月，议会通过了《禁止上诉法》(*The Act of Restraint of Appeals*)，禁止将法律案件上诉到罗马教廷，直接剥夺了教皇干预英国事务的最重要武器。1533年5月，克莱默宣称国王与凯瑟琳的婚姻无效，6月国王与安·博琳（Anne Boleyn）举行了公开的婚礼，并授予其王后头衔。③ 1534年通过的《继承法》(*The Succession Act*) 规定凡拒绝承认国王与安·博琳婚姻合法性的人以叛国罪论处。④ 这样，国王的离婚案最终按照亨利八世期望的结果得以解决。

近代初期是英国王权发展的重要时期，剑桥大学也几乎在这同一时段里，完成了一次重要的转型。首先，伊拉斯谟通过开设希腊文讲座，积极传播人文主义新知识，为沉闷的中世纪大学带来了一丝清凉的气息，活跃了学术氛围。他以人文主义"新知识"为武器，划破了中世纪神学笼罩下的囚笼，完成了具有划时代意义的破茧行动。其次，剑桥大学改变了中世纪时期在世俗王权与教权之间的中立政策，而走上了依附王权

---

① G. R. Elton ed., *The New Cambridge Modern History*, Vol. 2, Cambridge: Cambridge University Press, 1990, p. 270.
② D. G. Newcombe, *Henry VIII and the English Reformation*, London: Routledge, 1995, p. 46.
③ G. R. Elton ed., *The New Cambridge Modern History*, Vol. 2, Cambridge: Cambridge University Press, 1990, p. 271.
④ D. G. Newcombe, *Henry VIII and the English Reformation*, London: Routledge, 1995, p. 51.

的道路。中世纪时期，剑桥大学既从教皇那里获得特许状，同时又从国王那里获得各种特权，摆脱了所在城市和当地教会对大学事务的干预，获得了较大的自治权。正是在王权与教权的双重庇护下，剑桥大学才逐渐发展起来。国王亨利八世的离婚案出现后，剑桥大学的新教徒表现得特别活跃，他们为国王出谋划策，奔走呼号，争取国内外舆论的支持。正是在他们的鼓励和支持下，亨利八世才最终下定决心，走上了与教皇决裂的道路。1534年，由议会通过的《至尊法案》宣称国王不仅是英国最高的世俗首领，而且是英国教会的最高首领。在离婚案件中，剑桥大学明显地表现出一种偏向王权的政治取向。因为随着都铎王朝的建立，特别是亨利八世继位以来，王权得到进一步加强，教权与王权之间的平衡被打破，在此境况下，转向王权无疑更有利大学今后的发展。

亨利八世不仅妥善地解决了离婚的问题，而且通过颁布《至尊法案》，将罗马教皇的势力赶出了英国，实现了教会的民族化，达到了一箭双雕的目的。在此过程中，剑桥大学立下了汗马功劳。国王也通过这一事件更加深刻地理解了大学对国家的重要意义，为此，政府一方面加强了对大学的资助；另一方面也加强了对大学的管控。

总之，在近代初期，剑桥大学在摆脱了中世纪神学的控制后，完成了一次重大的蜕变，蜕变后的剑桥大学已明显不同于中世纪，它开始更多地受到世俗王权的影响，并随着世俗政权的变化而跌宕起伏。

第二节 都铎王朝时期王室对大学的巡视

宗教改革后，为了削弱罗马教皇和天主教会在大学中的影响，加强对高等教育的控制，自1535年亨利八世派出了以克伦威尔为首的巡视委员会对大学进行首度巡视后，在爱德华六世、玛丽、伊丽莎白一世统治时期，王室也先后派出巡视员对大学进行视察。他们通过颁布法令、法规的方式对大学的课程、教学内容、师生们的宗教信仰等方面进行规训，同时对那些违反指令，不服从王室权威的异端、反叛分子进行严厉的惩罚。大学作为一种学术机构，有其自身的利益诉求，因而不可能只是一味地屈从于政权的压力，王室的规训必然引起大学的反叛。

一　王室巡视的原因

虽然早在 1481 年，约克王朝（1461—1485 年）的爱德华四世（Edward IV，1461—1483 年在位）就曾巡视过牛津大学。1483 年 7 月，国王理查德三世（Richard Ⅲ，1483—1485 年在位）在伯爵和主教的陪同下也来到牛津大学，并聆听了神学和哲学辩论，向大学宣布国王的恩赐。[①] 但与约克王朝不同，都铎王朝自亨利八世之后，历任统治者都派出了巡视员对大学进行视察，王朝的统治者对大学进行如此频繁地巡视，在英国大学发展史中尚属首次。这种现象的出现固然与英国当时特定的历史语境是分不开的。

第一，宗教改革的成功，王权的加强是王室对大学进行频繁巡视的基础。宗教改革前，国王尽管在大学与市民的冲突中总是站在大学的一边，通过授予大学一些特权对大学进行庇护，但原则上，大学并不归属国王管辖，而是直辖于教皇。然而英国王权通过与贵族的多年斗争，到亨利七世统治时期（1485—1509 年），通过改组中央和地方政府，王权得到了加强。到亨利八世统治时期，国王在俗界已确立了牢固的权威。这样，位居其上的罗马教皇和天主教会就成了英王加强统治的最大障碍。由离婚案而引发的宗教改革，使英王亨利八世终于走上了与教皇决裂的道路。

1534 年，议会通过了《至尊法案》，宣布英国国王及其继承人是英国教会的唯一最高首领，一切旧惯例、规定、外国的法律和权威与此法令相抵触者均无效。[②] 法案还宣称国王拥有决定一切宗教事务的权力和权威，可派随员巡视并纠正各种弊端。[③] 为了保证该法令的实施，英国议会于 1534 年秋季通过了《叛逆法》。法案中写道："这一法令对推行国家政策，以及使臣民了解其职责是必要的。禁止对国王、王后及其后嗣攻击、诽谤的任何行为。任何忠诚、善良的臣民都应遵守这个法令。因为国家

[①] 周常明：《牛津大学史》，上海交通大学出版社 2012 年版，第 76 页。

[②] J. R. Tanner, *Tudor Constitutional Documents*: *1485 – 1603*, Cambridge: Cambridge University Press, 1951, pp. 46 – 48.

[③] 阎照祥：《英国史》，人民出版社 2003 年版，第 147 页。

的统一、幸福、安定都依赖于国王。"① 通过宗教改革，英王将罗马教皇和天主教会的势力从国家政权中排挤出去，英王成了教俗两界的实际最高首领，以前那种"神权与王权抗衡的双重社会结构，终于被神权从属于王权的一元社会所代替。英国成为一个真正独立的主权国家，国王的权力和特权充分得到保证"②。

第二，大学的重要作用逐步凸显。"从14世纪开始，最大限度地使社会'世俗化'开始趋于明朗，大学，某种意义上也包括中学，明显地都成了雄心勃勃的世俗统治者们猎取的目标。"③ 中世纪的牛津大学和剑桥大学直辖于教皇，主要目的在于为教会培养神职人员。但随着中央集权国家的建立，政府官僚机构逐步庞大，国王和政府越来越需要那些通晓法律知识，能言善辩，受过高等教育的高级知识分子来为他们服务。这样，一些大学生在毕业后步入了政界，谋得一官半职，成了为王室服务的政务官，甚至还有少数人得到王室的重用，担任了显赫职务，在政界发挥了重要作用。如托马斯·莫尔在牛津大学学习了法律后，进入了伦敦律师界，1523年当选下院议长，1528年任大法官，1529年成为枢密院大臣。毕业于牛津大学的沃尔西既是约克的大主教兼教皇特使，同时还担任了亨利八世统治前期的大法官。

第三，大学里少数持异议分子的存在坚定了王室对大学进行巡视的决心。虽然亨利八世通过颁布《至尊法案》否定了教皇在英国的至高权威，达到了解除与凯瑟琳婚姻关系的目的，但实际上从一开始，就有人支持阿拉岗的凯瑟琳而反对国王的离婚，并且随着1529年国王寻求离婚步伐的加快，人们的反对情绪也随之上升。④ 如前所述，虽然托马斯·莫尔在亨利八世统治前期得到了亨利八世的信任和重用而官运亨通，但在亨利八世的离婚问题和宗教问题上，时任两所大学的高级财务管理员托

---

① David C. Douglas, *English Historical Documents*, *1485–1558*, Vol. V, Routledge: London, 1996, p. 477.
② 阎照祥：《英国史》，人民出版社2003年版，第140页。
③ [英]G. R. 埃尔顿：《新编剑桥世界近代史》（第二卷），中国社会科学院世界历史研究所组译，中国社会科学出版社2003年版，第567页。
④ D. G. Newcombe, *Henry VIII and the English Reformation*, Routledge: London, 1995, p. 53.

马斯·莫尔却坚持异议,与国王持对立态度。早在1527年,亨利八世就指示红衣主教托马斯·沃尔西去征求罗彻斯特主教兼剑桥大学校长约翰·费希尔对国王婚姻的意见。费希尔经过研究得出亨利八世的婚姻具有唯一性的结论,恼怒万分的亨利八世对他们一并进行了处罚。1532年迫使托马斯·莫尔离职,1535年使之入狱并处以死刑。1535年6月17日,以"叛国罪"判处费希尔绞刑。由此可见,1535年王室对大学的首度巡视发生在托马斯·莫尔和费希尔被处决后的秋天绝不是偶然的。

二 王室对大学的巡视

从亨利八世起,历任都铎王朝统治者都派出了王室巡视员对牛津大学和剑桥大学进行巡视,王室对大学的首次巡视是在1535年。亨利八世与教皇决裂后,为了加强对大学的管制,1535年任命首席大臣克伦威尔担任皇家委员会主席,该委员会的任务是对牛津大学和剑桥大学的事务进行审查,要求两所大学不得袒护那些支持教皇的人。在国王看来,那些支持教皇的人即是叛国者。皇家委员会迫使两所大学交出以前从教皇那里获得的特许状以及所有的"教皇契据"、大学地产和其他财产清单,并将两所大学的教师和课程都置于该委员会的直接监督之下。此后不久,国王又下令没收了牛津大学和剑桥大学所有的隐修院财产和房屋。[①]

在课程方面,亨利八世1535年关于文学艺术教学大纲的改革法令规定,主要学习亚里士多德、鲁道尔夫·阿格里科拉(Rudolph Agricola)、米朗施东(Melanchthon)等人的著作,司各脱(Scotus)、伯雷(Burley)、特罗姆贝塔(Trombetta)、布里克特(Bricot)和布鲁里费里乌斯(Bruliferius)等人的著作则被禁止学习,因为他们的著作被看成经院学者们研究那些空洞而烦琐问题的范本。[②]

法令还规定所有的学院每日都要用希腊语和拉丁语举办两场公开讲座。1535年晚些时候,镇压修道院的罪魁祸首托马斯·李(Thomas

---

[①] [美]威尔·杜兰:《世界文明史·宗教改革》(下卷),幼狮文化公司译,东方出版社1999年版,第812页。

[②] Elisabeth Leedham-Green, *A Concise History of the University of Cambridge*, Cambridge: Cambridge University Press, 1996, p. 36.

Leigh),受克伦威尔的委派到剑桥大学视察,其职责就是督办大学开设希腊文和希伯来文讲座。① 王室巡视不久后,剑桥大学开始设立希腊语讲座和希伯来语讲座,如冈维尔学院、基督学院、女王学院和国王学院也设立了希腊语讲座,40 年代初,国王学院又增设了希伯来语讲座。② 牛津大学的新学院、万灵学院、马格达莱恩学院、默顿学院和女王学院也设立了希腊文或拉丁文或两者兼有的公开讲座。③

爱德华六世政府进一步加快了使大学附属于王室的进程。1549 年,王室委员会任命了 10 名视察员分别到牛津大学和剑桥大学进行巡视,他们大多数都是王室官员和教育机构的领导或重要的神职人员。1549 年的王室巡视又一次改变了大学:天主教徒被驱逐,教皇的书籍被丢弃,理查德·考克斯(Richard Cox)还在巡视牛津期间因严格清理大学图书馆而名噪一时,学院带有迷信色彩的小教堂被取消。巡视员制定的法规按照人文主义要求对课程进行了重新安排,希腊语的地位大大提高,相反,拉丁语语法作为一门科目被取消,交由中学去教授,文法学位被停止授予。本科生的学习内容包括数学(算术、几何、天文、宇宙学)、辩证法、修辞学和哲学(主要是拉丁文著作),与哲学、天文学一样,希腊语也是文学硕士课程中重要的科目。委员们在取消教会法研习的同时,由于民法在行政管理和外交事务中的实用性,鼓励学习民法。④ 1549 年的巡视还废黜了用拉丁文而改用英语做弥撒。

玛丽继位后,宣布自亨利八世死后在大学里所采取的改变原来法规的措施均无效,亦即企图废除爱德华六世时期颁布的大学法规,以恢复到 1547 年以前的状况。1556 年,玛丽的巡视主要针对宗教问题而展开。

---

① Elisabeth Leedham-Green, *A Concise History of the University of Cambridge*, Cambridge: Cambridge University Press, 1996, p. 37.

② A. B. Cobban, *The Medieval English Universities: Oxford and Cambridge to c. 1500*, Aldershot: Scolar Press, 1988, p. 253.

③ W. A. Pantin, *Oxford Life in Oxford Archives*, Oxford: Clarendon Press, 1972, p. 37.

④ J. Lawson & H. Silver, *A Social History of Education in England*, London: Methuen & Co. Ltd, 1973, pp. 98 – 99.

巡视期间，异端书籍遭到焚毁。马丁·布策尔①和保罗·布希莱恩·法吉厄斯②的尸体被挖出并被焚烧。为保护天主教信仰的纯洁性，旧的宗教仪式得到了恢复。为去除异教杂质，恢复原有的形式，许多其他法令也都得到了修改。在剑桥的巡视期间，通过颁布法令的形式使天主教的仪式得到恢复，英文《圣经》被收集，并在市场上当众烧毁，其他的异端著作也被从图书馆中清除出去，同时禁止学者们私藏这些书籍。③

1558年玛丽去世，伊丽莎白一世继位。她重新将新教恢复为国教，重申了《至尊法案》，并组织了一个由当时剑桥大学校长威廉·西塞尔（William Cecil）等人组成的专门委员会。该委员会于1559年对两所大学再次进行了巡视，其目的主要在于扭转玛丽统治时期所带来的变化④，重新确立国教在大学中的地位。1559年的王室法令规定，除非经过品格和正统思想的考察，并得到主教颁发的执教许可证，否则任何人都不能从事教学活动。从1563年起，所有的毕业生都要参加至尊宣誓，因为这被看成是服从正统国教的证据。1564年，伊丽莎白女王还亲自到剑桥大学进行视察，并在王家学院住了几天。她还积极地参观各学院，并参与那里的活动，听讲道、演讲和辩论，用拉丁语或希腊语回答问题，用拉丁语与学者们进行交谈。她还观看学院里的戏剧演出。女王的大臣勃格利勋爵担任剑桥大学校长40年，建树颇多。他反对极端的宗教观点，鼓吹新教，并加强了大学的行政和纪律管理。⑤ 16世纪70年代，伊丽莎白女王政府还向两所大学颁布了严格的新章程，试图事无巨细地控制学院生活，管理范围涉及讲座的时间、学位、辩论甚至学生的着装。

---

① 马丁·布策尔（Martin Bucer，1491—1551），德国新教改革家，应大主教克兰默的邀请，于1549年来到英格兰，后赴剑桥执教。

② 保罗·布希莱恩·法吉厄斯（Paul Bu Chlein Fagius，1504—1549），巴伐利亚新教改革家，1549年应邀来到剑桥教授希伯来文。

③ Norman Wood, *The Reformation and English Education*, London: George Routledge & Sons, Ltd, 1931, pp. 114 – 115.

④ J. Lawson & H. Silver, *A Social History of Education in England*, London: Methuen & Co. Ltd, 1973, p. 102.

⑤ 梁丽娟：《剑桥大学》，湖南教育出版社1996年版，第30页。

三　王室对大学的规训

宗教改革后，英国政府为了从教会手中夺取教育的控制权，取得意识形态的霸权地位，通过王室巡视的方式从宗教、课程设置和加强对教师的审查等方面对大学进行规训。

首先，加强对宗教信仰的控制。1535年和1549年王室巡视的首要目的就是削弱教皇在大学中的地位和影响。为此，王室指令要求大学师生对国王及其继承人宣誓效忠，否认教皇的权威。1536年，大学生还被迫要求签署声明，不能以教皇的名字来称呼罗马主教，布道时也只能以"罗马主教"相称，不能为他作祷告。任何拒绝签署此声明的人都将被剥夺奖学金。玛丽上任后，不仅重新恢复了天主教在大学中的主导地位，而且对新教徒进行了残酷迫害。牛津大学专门召开宗教会议审判新教徒，主张宗教改革的剑桥院士拉蒂默、尼古拉斯·里德利和克兰麦等人被判处死刑，并被绑在火刑柱上活活地烧死。剑桥大学校长诺森伯兰公爵也因曾一度支持玛丽女王的政敌简·格雷而被斩首。伊丽莎白政府于1559年促使议会通过了《至尊法案》，确立了圣公会为英国的国教，女王是最高的宗教首脑，强调教会和国家是统一体。

其次，加强对大学课程的控制。法国哲学家阿尔都塞（Althusser）将国家机构分为——镇压的国家机构和意识形态的国家机构两类。其中镇压机构包括政府、行政机关、军队、警察、法庭和监狱，意识形态机构包括教育、家庭、法律、政治、工会、传播工具和文化的功能。他认为教育与国家权力之间有着密切的关系，权力对于教育的渗透集中地体现在课程的设置方面。艾格尔斯顿也指出："决定课程内容的过程是冲突的过程，最终达成一定的妥协、调整和各种稳定程度的平衡……毫无疑问，课程决定主要与权力的运用和分配有关。"[1] 宗教改革前，教会为了控制教育，垄断对《圣经》的解释权，无论是在中等教育的文法学校，还是在高等教育的大学都只教授拉丁文。然而随着宗教改革的推进，"因信称

---

[1] J. Eggleston, *The Sociology of the School Curriculum*, Routledge & Kegan Paul Ltd, 1970, p. 23.

义"教义的传播，希腊文和希伯来文圣经的发现，人们越来越渴望能够阅读原版《圣经》，而掌握希腊文、希伯来文则是实现与上帝"直接对话"的前提。因此，为了打破教会对《圣经》解释权的垄断地位，摆脱信徒在理解《圣经》时对教士的依赖，王室指令特别强调希腊文、希伯来文讲座的开设，并允许学生自行阅读《圣经》。中世纪经院哲学的研究和教会法的研习都被禁止，与此相反，民法由于在行政事务和外交事务方面的实用性而得到了大力推崇。

最后，加强对教师的控制。教师作为思想文化的传播者，其宗教信仰、思想观念和言行等对学生都具有潜移默化的作用。因此，为了保证国家政策在大学里能够得到顺利推行，王室巡视不仅加强了对学生的管制，也加强了对教师的控制。在处死了托马斯·莫尔和费希尔后，亨利八世任命首席国务大臣托马斯·克伦威尔担任剑桥大学校长，任命曾积极游说牛津大学支持国王离婚的林肯主教朗兰继任牛津大学校长。王室通过对大学校长的任命加强了对大学的控制。1549年巡视期间，在牛津大学，巡视员有着广泛的权力，他们有权监督企图反抗他们权威的人，如果有必要的话，他们甚至有权开除教师和研究员，用其他的人来替代他们。[①]"早在1553年玛丽女王就指示伯内主教考察所有的学校教师、传道士和儿童的教师的信仰正统性，如果发现有任何可疑之处，就地解职。四年后，红衣主教波尔明确重申了学校教师要由教区长考察和认可的指示，伊丽莎白在1559年的皇家训谕中保留了这一措施。1562年通过的议会法案规定，"所有的学校教师、儿童的公共和私人教师都要和其他被要求的人一样向王权宣誓效忠，其目的是避免他们保持或维护罗马主教的权威"[②]。

四　大学对王室旨意的反叛

无论是主张新教改革的亨利八世、爱德华六世还是主张回归天主教

[①] Norman Wood, *The Reformation and English Education*, London: George Routledge & Sons, Ltd, 1931, pp. 113 – 114.

[②] [美]劳伦斯·A. 克雷明：《美国教育史（1607—1783）》，周玉军、苑龙、陈少英译，北京师范大学出版社2003年版，第131页。

的玛丽,抑或主张宗教和解的伊丽莎白一世,他们派出巡视员对大学进行巡视,其目的都在于希望通过统一宗教信仰、规范宗教仪式,改革课程等方式来加强对大学的控制,但最终结果并没有如其所愿,因为大学并没有一味地屈从于政府的压力。在整个宗教改革的过程中,牛津大学和剑桥大学始终充满了不同宗教之间的矛盾与对立。大学里一直存在为了自己信仰而甘受惩罚而不愿屈服国教的人,他们主要包括激进的新教徒即清教徒和保守的天主教徒。

早在宗教改革前,在剑桥大学就出现了像克兰默、拉蒂默等一些思想激进的青年学者,他们受人文主义的熏陶以及受德国宗教改革的影响,时常聚焦在白马旅店,讨论路德的宗教思想,这个圈子由于思想激进,倾向新教,他们聚焦的场所白马旅店也因此被称为"小德意志"。在新教思想的传播与发展过程中,虽遭遇过玛丽统治时期对新教徒采取极为残酷的火刑的这种严重打击,但是正如拉蒂默在火刑柱下留下的那句不朽的名言"……今天蒙上帝的恩赐,以我们为照亮英国的蜡烛,我们应感谢。此烛一燃,我相信它是永远不会熄灭的"[1]那样,新教之火在剑桥大学并没有因此而熄灭。剑桥大学在16世纪初和伊丽莎白统治时期都是宗教反叛的中心,虽然伊丽莎白女王在1564年亲自到剑桥大学视察,但1569年托马斯·卡特莱特(Thomas Cartwright)被任命为圣约翰学院的玛格丽特夫人神学讲座教授后,他通过布道与开设讲座的方式对安立甘教进行审议和批判,吸引了所有的剑桥青年大学生。卡特莱特的神学教授职务虽然最后被解除,但清教在剑桥大学的影响并未就此消除,因为除凯斯学院和国王学院外,剑桥大学的几乎每个学院都受其思想的影响。[2] 1559年,尽管天主教徒遭到驱赶,但牛津大学仍充斥着天主教。到17世纪末,牛津大学依然有许多天主教徒。在对国教进行反叛的过程中,英国大学还形成了一个特点:牛津大学成了天主教徒聚集的中心,剑桥大学则成了清教徒聚集的中心。

---

[1] [美]威尔·杜兰:《世界文明史·宗教改革》(下卷),幼狮文化公司译,东方出版社1999年版,第812页。

[2] Norman Wood, *The Reformation and English Education*, London: George Routledge & Sons, Ltd, 1931, p.337.

王室至尊宣誓的指令也无疑遭到了师生们的反抗。在许多学院里，一些研究员拒绝宣誓，一些本科生宁愿选择离开学校也不愿宣誓。那些考取了大学而不拟申请学位的人，更是坚决拒绝执行王室至尊宣誓。据文献记载，1542—1548 年，在牛津大学被授予文学学士的人数只有 173 人，同期的剑桥大学向 191 人被授予了文学学士学位。在玛丽统治时期和伊丽莎白统治的早期，在牛津，每年有 60—70 人申请学位。剑桥在 1549—1553 年间只授予了 90 个文学硕士学位，167 个文学学士学位。1559 年，只有 28 个人获得了文学学士学位。[1]

1535 年训谕虽然取缔了教会法学科并停止教会法学位的颁布，但大量的事实表明，许多毕业于民法学的学生还在继续攻读这一学科，因为教会法依然对教会法庭的诉讼产生影响，并为晋升敞开了大门。[2] 经院哲学家们的著作虽然遭到禁止，但司各脱和经院哲学家们的著作仍然被使用和引述。图书馆里的书籍虽被烧毁，但私家藏书根本无法全部彻底清查。统治者虽可以改革课堂教学内容，但师生们的课外阅读则难以把握和控制，因为随着印刷术在英国的出现，师生们可以轻易地通过各种途径得到各种书籍。在统一着装方面，也同样遭到师生们的抵制，如 1584 年由财政大臣华尔脱·密特梅（Walter Mildmay）建立的伊曼纽尔学院的学生就公开反对穿统一的着装。

都铎王朝统治者虽多次派人对大学进行巡视，但并没有取得满意的结果，其原因是多方面的：第一，一些政策在实践上不具有可操作性。首先很难确认哪些人是国教徒哪些人是非国教徒。其次，试图通过口头宣誓的方式来达到改变人们宗教观念是极其荒唐的。第二，许多政策并没有得到严格执行。例如，对于统治者要求的口头宣誓效忠，人们总可以找到各种办法得以逃脱。另外，在伊丽莎白时期，没有大量地将天主徒教师清除出去，因为如果这样做的话，根本找不到足够的合格教师，学校将不得不暂时停办。大主教帕克（Parker）承认他被迫允许各种各样

---

[1] Craig R. Thompson, *Universities in Tudor England*, Washington: the Folger Shakespear Library, 1979, p. 35.

[2] Elisabeth Leedham-Green, *A Concise History of the University of Cambridge*, Cambridge: Cambridge University Press, 1996, p. 37.

的人担任圣职,而没有过分地考察他们以前接受的教育。① 所以对教师的审查很不全面,有些教师没有许可证,有些是异教徒,或者是清教徒,或者是秘密的罗马教徒。第三,私立学园的创办为那些不愿服从国教的师生们提供了新的选择。严厉的宗教审查促使一些教师离开了大学,他们招收学生,创办私立学园。"私立学园综合了文法学校和大学教育的功能,它们为那些被排斥在牛津和剑桥大学之外的非国教徒提供了接受高等教育的场所。"②

英国宗教改革期间,政权与教权之间关系的变化与互动对牛津大学和剑桥大学带来了极大的影响。宗教改革前,由于政权与教权的相互分离,大学既能得到教会的庇护,又能享受政府给予的特权,大学享有较大的自治权。宗教改革后,由于世俗统治者极力排除罗马教会在英国的影响,从而使大学面临单独由世俗统治者掌控的危险。但大学作为一种学术机构,有其自身的利益诉求,因而不可能只是被动地屈从于政权的压力,这就决定了两者斗争的必然性,政局的动荡则为反叛提供了更大的空间。

第三节 修道院的解散对英国教育的影响

为解决政府面临的财政危机,亨利八世在议会的授权下,先后于1536年和1539年下令解散了年收入不足200英镑的小修道院和年收入超过200英镑的大修道院。修道院的解散除对英国政治、经济、社会产生较大的影响外,对英国教育也带来了深刻的变革。

一 修道院的解散

1535年1月,政府组建了一个以亨利八世首席大臣托马斯·克伦威尔为首的委员会,负责对全国的修道院进行调查,委员会将其调查结果

---

① Norman Wood, *The Reformation and English Education*, London: George Routledge & Sons, Ltd, 1931, pp. 274–275.

② 贺国庆等:《外国高等教育史》,人民教育出版社2006年版,第80页。

编成《教会财产评估》(*Valor Ecclestasticus*)。1536年3月,议会授权亨利八世没收年收入不超过200英镑的小修道院,并组建岁入增收法庭(the Court of Augmentations)。这一机构的职能就是专门处理在没收修道院财产过程中发生的法律诉讼案件,它由一个最高法官、一个财长,两个法官等人员组成。①

修道院的解散,使英王与罗马教皇之间的关系进一步恶化。亨利八世在当时之所以做出这种决定,首要原因在于企图通过没收修道院、夺取教产,来解决政府面临的财政危机。由于大多数修道院位于羊毛贸易线的沿线,修士们通过参与羊毛贸易活动积聚了大量社会财富,包括大量的土地和其他动产,到16世纪初,修道院变得极其富裕。② 在16世纪的英国,大概有1/5—1/3的土地为教会所有。③ 研究结果表明,1535年英国修道院的毛收入为16万英镑,净收入为13.5万英镑。④ 这笔价值不菲的收入对于遭遇严重财源危机的英国政府无疑具有极大的诱惑力。《教会财产评估》以准确的数字记录了教会的全部财富,该数据不仅成为征收首年薪俸(全体新上任的有俸神职人员的首年收入)和什一税(每年对全体神职人员的收入课税十分之一)的依据,而且也成为解散修道院的促进因素。⑤ 其次教会对民众的压榨及教会内部的腐败早已激起了民众的不满,也为政府解散修道院提供了合理的借口。"当时教会收取的苛捐杂税,尤其是什一税,经常引发怨恨。神职人员对举行宗教仪式收取的费用,尤其是葬礼费(送葬费),和由教会法庭收取的税收几世纪以来就经常受到人们的抨击。曾经如此有用的教会法庭此时遭到人们的仇恨,其腐败人所共知,办事拖拉,难以捉摸,不仅如此,它们对私人生活的

---

① Francis Aidan Gasquet, *Henry VIII and English Monasteries*, London: South Counties Press, 1893, p. 9.

② Marek Smoluk, "The Dissolution of the Monasteries and its Impact on Educational in Tudor Times", *Interdisciplinary Political and Cultural Journal*, Vol. 4, No. 1, 2012, p. 109.

③ D. G. Newcombe, *Henry VIII and the English Reformation*, London: Routeledge, 1995, p. 57.

④ 蒋孟引主编:《英国史》,中国社会科学出版社1998年版,第303页。

⑤ [英] G. R. 埃尔顿编:《新编剑桥世界近代史》(第二卷),中国社会科学院世界历史研究所组译,中国社会科学出版社2003年版,第306页。

干涉程度是世俗法庭难以望其项背的。"① 通过委员会的调查，买卖教职、出售赎罪券、诱奸民妇、滥施刑律等，都成了国王攻击修道院的罪证。

对于被解散的小修道院的数量，学界有不同的说法，但一般认为斯通的估计较为准确，约有 376 所修道院被解散，其土地的年价值约为 32000 英镑。其中很大一部分来自约克郡修道院，其土地年价值为 3460 英镑 11 先令 1 便士，林肯郡修道院的土地年价值为 3026 英镑 8 先令 0.5 便士。② 但实际上，每年进入国王手中的收入比估计得要少，因为地产转移到国王手中后，对土地的管理不如以前，产量自然要低。

英国社会史家阿萨·勃里格斯指出："解散修道院也不可避免地引起了社会动乱，因为修道院曾经是财力雄厚的雇主，而且在许多方面发挥着慈善救济的功能，在乡村地区尤其如此。"③ 修道院的解散在不同的地方遇到不同的反应，在一些地方，修道院自动交出财产，而在另一些地方，特别是北方，由于修道院仍保有一定的力量和民众的支持，负责清查教会财产的委员遭到了激烈的反抗，并导致他们对国王各项政策的强烈抵制。④ 1536 年 10 月 1 日，林肯郡的洛斯（Louth）爆发了"求恩巡礼"（the Pilgrimage of Grace）运动。两个星期后，在王室的威逼和苏富尔卡（Suffolk）公爵的武力镇压下，起义失败。但该起义很快传播到约克镇，起义群众在伯罗特·阿斯卡（Robert Aske）的领导下，于 10 月 16 日攻克了约克。起义军瓦解后，阿斯卡于 1537 年 7 月被处以绞刑。据记载，起义失败后被处决的犯人达 216 人。⑤ 由于许多修道院长和修道士也参加了这次"求恩巡礼"运动，从而为王室解散大修道院找到了一个极

---

① ［英］G. R. 埃尔顿编：《新编剑桥世界近代史》（第二卷），中国社会科学院世界历史研究所组译，中国社会科学出版社 2003 年版，第 294 页。

② Francis Aidan Gasquet, *Henry VIII and English Monasteries*, London: South Counties Press, 1893, pp. 23 – 24.

③ ［英］阿萨·勃里格斯：《英国社会史》，陈叔平等译，中国人民大学出版社 1991 年版，第 140 页。

④ D. G. Newcombe, *Henry VIII and the English Reformation*, London: Routeledge, 1995, p. 59.

⑤ J. R. Tanner, *Tudor Constitutional Documents: 1485 – 1603*, Cambridge: Cambridge University Press, 1951, p. 161.

好的借口。1539年春，议会通过了解散大修道院的法案。1540年3月23日，最后一个大修道院沃尔萨姆（Waltham）被没收，标志着所有的修道院全部被解散。①

通过对教产的没收，政府从中获得了巨大的经济利益，"从1536年修道院解散到亨利八世统治结束，他从修道院获得的收入年均约为14.4万英镑，其中从修道院土地出售获得61300英镑，出售修道院的土地和财产获得82300英镑"②。"亨利八世通过封闭修道院使王室固定收入增加了约两倍，但是巨大的军费开支和财政支出，使封闭修道院带来的好处很快消失殆尽。修道院土地并没有长久保留在国王手里，到1547年亨利八世过世时已有1/2—1/3被转让或出售给俗人。"③总体上看，王室出售的教会土地绝大多数转到了社会中间阶层，特别是乡绅阶层的手中。

修道院的解散导致大量人员失业，许多人从此变得无依无靠。"据莫里斯·帕维克估计，被解散的修道院里的修士和修女约有7000，而靠修道院生活的人，包括修道院里的管理者和受雇的仆人约有3万5千多人。"④除了修道院院长可以从岁入增收法庭得到俸禄外，修士或选择还俗或被转到其他的教堂，其他依附于修道院生活的人只能自谋生路。由于当时的修道院大多创办了学校，因而，修道院的解散不可避免地会对英国的教育带来影响。

二 修道院的解散对英国中等教育的影响

肯尼斯·里士满指出，文艺复兴和宗教改革对于人类精神的解放有巨大的推动作用，在某种程度上，他们确实如此，然而他们对普通百姓和公众教育事业的直接影响却是灾难性的。⑤ 尼古拉斯·奥尔姆对修道院

---

① Nicholas Orme, *Medieval Schools: From Roman Britain to Renaissance England*, New Haven & London, Yale University Press, 2006, p. 299.

② 陈曦文：《英国社会转型时期经济发展研究》，首都师范大学出版社2002年版，第312页。

③ 钱乘旦、许洁明：《英国通史》，上海社会科学出版社2003年版，第116页。

④ 马亮：《英国都铎王朝宗教改革研究》，福建师范大学历史系2005年版，第70页。

⑤ W. Kenneth Richmond, *Education in England*, New York, Penguin Books, 1945, p. 44.

的解散给中等学校造成的损失进行了粗略的估算。他认为在16世纪30年代，英格兰总共有840个修道院、托钵修院、女修道院，假定每个修道院平均只有6个孩子，那么，修道院的解散也致使5000名学生失学，而实际的数字比这还要高。① 蒙特摩恩西（Montmorency）也认为，修道院解散后，英国的整个中等教育瘫痪，而与此同时，政府并没有制定任何新的法令来继续为中低等阶层提供教育。② 然而英国学者简·西蒙在其论文《A. F. 利奇论宗教改革：I》中却否认了这种传统看法。她认为英国16世纪对教育的贡献比以前任何世纪都要大，因为王室也从国有化土地中拿出一部分来兴办教育。③ 亨利八世为了弥补解散修道院对教育带来的损失，满足民众对教育的需求，在废除了许多修道院学校后，重新建立了11所由世俗教堂创办的文法学校，出现了英国王室办学的高潮。④ 王室在对被没收的修道院土地进行拍卖时，很多购买了土地的教士、乡绅和市镇当局也纷纷将这些土地、财产用以建立学校，例如1537年伍斯特郡主教休·拉蒂默（Hugh Latimer）就向克伦威尔要求购买被解散的伍斯特修道院土地以捐助伍斯特文法学校。我国学者易红郡也指出，从长远看，关闭修道院对英国教育的发展是一件好事，因为它促使大批赞助人如富商、乡绅、贵族、牧师、市政当局和行会等重建或资助面临消亡的文法学校，他们为学生提供奖学金，资助他们进入大学深造。⑤

如果说对修道院的解散给中等学校教育所带来的整体影响还存有争议的话，那么修道院的解散在以下两方面造成的负面影响则显而易见：第一，对修道院的图书造成了无可挽回的损失。亨利八世虽然预料到修道院的解散会对修道院的藏书造成无法弥补的损失，并注意将一些稀有

---

① Nicholas Orme, *Medieval Schools: From Roman Britain to Renaissance England*, New Haven & London, Yale University Press, 2006, p. 300.

② J. E. G. De Montmorency, *State Intervention in England Education*, Cambridge: Cambridge University Press, 1902, p. 64.

③ Joan Simon, "A. F. Leach on the Reformation: I", *British Journal of Educational Studies*, Vol. 3, No. 2, 1955, pp. 128–143.

④ A. L. Rouse, *The England of Elizabeth*, Basingstoke, Hampshire: Palgrave Macmillan, 1950, p. 556.

⑤ 易红郡：《英国教育的文化阐释》，华东师范大学出版社2009年版，第28页。

的、极其珍贵的图书转移到王室图书馆,从而拯救了 1000 多本图书和手稿,但更多的书则消失得无影无踪。如位于肯特郡的罗伯特斯利奇修道院(Robertsbridge Priory)原有几百本书,但仅有一本幸存。又如约克镇的奥古斯丁托钵修院(Augustinian Friary)原有 650 本书,但仅有 6 本书被保存了下来。诺威奇(Norwich)的一位前加尔默罗会修士(ex-Carmelite friar)悲叹道:"修道院地产的新主人将他们从废弃的图书馆中拾取的图书和手稿用来擦拭烛台和靴子,还有些人将获得的图书拿去卖给商人作包装纸或卖给外国人。"① 第二,对女子教育造成了巨大的打击。除了附属于沃维克郡(Warwickshire)的波尔沃斯修道院(Polesworth Abbey)学校外,几乎所有的女修道院学校都消失了。这对青年妇女的教育来说是一个巨大打击,是解散修道院所带来的最恶劣的影响。因为宗教改革后,虽然建立了一些新的修道院学校或原来的修道院学校得以重建,但他们都只为男童提供教育。② 威尔·杜兰也指出:"亨利八世解散女修道院后,结束了有组织的女性教育。"③

三 修道院的解散对英国大学的影响

在修道院解散的风潮中,牛津大学和剑桥大学也未能幸免其祸,大学里所有修道学院(monastic colleges)的财产和房屋先后被没收。在牛津大学有 12 所修道学院被解散,其数量几乎与剩下的世俗学院一样多。多明我会修(Dominicans)和加尔默罗会修士(Carmelites)被迫离开了大学。在被解散的修道学院中,其中规模较大的有杜尔汉姆学院和坎特伯雷学院。许多修道学院的土地和建筑物都被王室拿去拍卖,如格罗切斯特学院(Gloucester College)被拍卖给牛津的一位新主教,另外一所小修道学院则由牛津市接管,后来这里成了布里德威尔监狱(Bridewell

---

① Michael Van Cleave Alexander, *The Growth of English Education, 1348–1648: A Social and Cultural History*, University Park and London: The Pennsylvania State University Press, 1990, p.126.

② Michael Van Cleave Alexander, *The Growth of English Education, 1348–1648: A Social and Cultural History*, University Park and London: The Pennsylvania State University Press, 1990, p.122.

③ [美]威尔·杜兰:《世界文明史·第七卷 理性开始年代》,幼狮文化公司译,东方出版社 1998 年版,第 37 页。

prison)、施赈所（almshouse）和学校。① 剑桥大学由于修道学院少，相比牛津大学而言损失较小。

大学除失去了一些修道学院外，在校生人数也大为下降。1539 年，牛津大学在写给克伦威尔的一封信中抱怨说，学生人数减少了一半。剑桥大学的冈维尔大厅学堂（Gonville Hall），有超过半数的自费生（pensioners）是来自东部安立甘修道院的修士。② 1545 年，剑桥大学学生向亨利八世请愿要求享有特权，因为他们担心修道院的毁灭会破坏整个教育体系。政府从一开始就预料到了这种后果，所以命令年薪俸在 100 英镑以上的教士，应该在文法学校或两所大学之一至少资助一个穷学生，然而这种法令没有对土地的新主人产生多大的实际效果，毕竟他们不像其前任土地主人那样慷慨。③ 针对当时大学的景况，雷蒂默主教曾哀叹道：学校被停办，学生没有奖学金，很少有人对穷学生提供资助……很遗憾地听到，在剑桥，1530—1550 年间至少有 10000 名学生以及一些教士因时局动荡而错失了在大学中求学的机会。④

伴随着修士走出大学校园的同时，也出现了一些出身于土地贵族的儿子们进入牛津大学和剑桥大学的现象。长期以来，由于担心他们的儿子会被劝说去担任圣职或加入修道院、托钵修会，许多富裕家庭都不愿将其儿子送入大学学习。然而随着修道学院的解散，以及国家行政事务的发展，这种传统的观念逐渐淡化，他们纷纷将其儿子送入大学学习。以至在 16 世纪 40 年代末，剑桥大学的有名学者罗格·阿斯卡姆（Roger Ascham）抱怨大学里出现了过多的家境富裕的大学生。在 1549 年 4 月的一次法庭布道会上，雷蒂默也声称"在学院中，学生都是来自较富裕的

---

① Joan Simon, *Education and Society in Tudor England*, Cambridge：Cambridge University Press, 1966, p.202.
② Joan Simon, "The Reformation and English Education", *Past & Present*, No.11, 1957, p.57.
③ Francis Aidan Gasquet, *Henry VIII and English Monasteries*, London：South Counties Press, 1893, p.519.
④ Francis Aidan Gasquet, *Henry VIII and English Monasteries*, London：South Counties Press, 1893, p.520.

家庭,他们的父亲并不指望他们成为传教士"①。

修道院的解散对大学图书馆同样造成了无法估量的损失。数以千计无法估价、无以补替的书籍和写本被随意毁弃。最初,两所大学图书馆还从已关闭的修道院中得到一些书籍,获益不少。其后两所大学图书馆皆被迫接受检查,许多藏书均被巡查人员没收,并当作废纸出售,被毁殆尽。当然也有部分藏书落入了欧洲大陆的藏书家手中,还有少量的图书被英格兰的热心人士收藏。牛津大学总图书馆后因包德龄爵士的赞助直到1602年才得以重建。②

不过,一些留存下来的世俗学院间接地受益于修道学院的解散,因为受俸牧师的推荐权(advowson)转到了修道院地产的新主人手中。在两所大学里,各有一些学院以象征性的价格从国王那里购得了牧师推荐权。在1541年(或1542年),剑桥大学的卡来尔大厅学堂(Clare Hall)以144英镑的价格买下了伊威顿(Everton)堂区牧师的寓所,并获得了牧师推荐权。亨利八世有时也将牧师推荐权免费赠予他特别偏爱的学院。如在16世纪40年代早期,他将两位牧师推荐权赠予了剑桥大学的王家学院(King's Hall),1546年,他又将40位从没收修道院中获取的牧师推荐权授予了剑桥大学的三一学院。在大多数情况下,一些获得了这种极为宝贵的牧师推荐权的富裕平信徒都会将其保留在自己的手中,但一些人出于宗教或其他因素的考虑,也会将这种权利授予给一些新学院或已有的学院。一个典型的例子就是亨廷顿家族的第三代伯爵亨利·哈斯金斯(Henry Hastings)于1586年将牧师推荐权让与了剑桥大学的伊曼纽尔学院。③

亨利八世也利用从修道院没收来的钱财和土地对大学进行重建或改组。修道院解散后,修道院原先的建筑物被重建并用于学术目的。如

---

① Michael Van Cleave Alexander, *The Growth of English Education, 1348–1648: A Social and Cultural History*, University Park and London: The Pennsylvania State University Press, 1990, p. 124.

② [美] E. D. 约翰逊:《西洋图书馆史》,尹定国译,台北:学生书局1983年版,第147—148页。

③ Michael Van Cleave Alexander, *The Growth of English Education, 1348–1648: A Social and Cultural History*, University Park and London: The Pennsylvania State University Press, 1990, p. 125.

1542年在剑桥大学建立的莫德琳学院，就是利用已经停办的白金汉姆学院的财产建立起来的。国王本人也将从修道院那里没收来的财产捐赠给两所大学。如原先属于西多会修士（Cistercian）的圣伯纳德学院（St. Bernard）被移交给牛津大学的国王学院，另外，在剑桥大学的恳求下，国王将位于剑桥的加尔默罗会托钵修院捐赠给了王后学院。在沃尔西主教去世后，国王把沃尔西1525年创建的红衣主教学院重建为亨利八世国王学院，1546年又将它改为基督教堂学院，学院的院长由在牛津新建的大教堂主教兼任。国王还用没收来的宗教财产资助创办了剑桥大学的三一学院（1546年）。[1] 牛津大学的基督教堂学院和剑桥大学的三一学院后来成了两所大学中最富有的学院，其校长都由王室亲自任命。

在课程方面，亨利八世还捐资增添了一些新讲座。如亨利八世先后于1540年和1546年在剑桥大学和牛津大学设立了神学、民法、医学、希伯来语和希腊语5个钦定教授席位。为此，亨利八世还赢得了皇家最杰出的教育捐赠者之美誉。这些新课程的开设，无疑极大地丰富了大学生的课程，并有助于推动大学的发展。

亨利八世解散修道院的政策在许多方面对英国教育产生了广泛而深刻的影响。在中等教育领域，导致了许多修道院学校的解散，新学校的重建，修道院的图书被毁，给女子教育带来了巨大打击。在大学里，导致了许多修士被迫离开了校园，修道学院被解散，在校生人数大大下降，图书遭到毁灭性打击。与这些变化相伴随的是世俗力量加大了对教育的渗透。1536年，牛津和剑桥、温彻斯特和伊顿，虽然都被永远豁免了由国王对其他修道院征收的"首年薪俸和什一税"的缴纳，但为了对这一恩惠表示感谢，他们每年要为国王、安妮王后和伊丽莎白公主举行两次弥撒，并按照指令中的规定设立讲座。[2] 钦定教授席位在大学里的设立，则更使政府加强了对敏感的学术领域的控制。在修道院学校被解散后，出现了王室成员、贵族官僚、商人、乡绅、约曼农等社会各界人士，纷

---

[1] 徐辉、郑继伟：《英国教育史》，吉林人民出版社1993年版，第71页。

[2] Elisabeth Leedham-Green, *A Concise History of the University of Cambridge*, Cambridge: Cambridge University Press, 1996, p. 48.

纷捐资创办文法学校的办学热。

第四节　歌祷堂的解散对英国教育的影响

1545 年，亨利八世在解散了修道院和许多修道学院后，便将其注意力转向了歌祷堂和其他的宗教会所（religious guild）。到 16 世纪 10 年代为止，英格兰大多数的小型捐赠学校都与歌祷堂相关。这些学校的教师每天依然有做弥撒的义务。甚至在 16 世纪 30 年代和 40 年代，一些新创办的歌祷堂仍然附设了学校，因为 1530 年坎特伯雷宗教会议规定每个教区的神职人员，包括歌祷堂牧师都要承担教育孩童的职责。[①] 歌祷堂学校有些非常小，但规模大的学校，学生人数也达到了 80—160 人。[②] 与宫廷学校相比，歌祷堂学校是一种普通的平民学校，对于普及教育、向平民子弟传播文化知识起到了重要作用。因此，歌祷堂的没收也必然会对英国教育产生影响。

一　新教对"炼狱"观的批判

炼狱（purgatory）一词来自拉丁文 purgare，有"洗涤"之意。按天主教教义，炼狱是指人死后将身上的罪污加以净化，最后进入天堂过程中的一种体验。意大利诗人但丁在著作《神曲》的炼狱篇中描述过炼狱的情形。他说炼狱像一座螺旋形的高山，灵魂在这里忏悔涤罪。炼狱共有七层，分别代表七宗罪，每上升一层就会消除一种罪过，直到山顶就可以升入天堂。1517 年，教皇以修缮圣彼得大教堂为名，下令在天主教世界兜售赎罪券。在德意志发售赎罪券的使者声称"只要购买赎罪券的银币在钱柜里叮当作响，罪人的灵魂就可以立刻从炼狱升到天堂"，炼狱的说教一度成为教会敛财的手段。炼狱观是歌祷堂建立的基础，直到 16 世纪初，炼狱观念在许多英国人心中仍具有重要的意义。到 16 世纪 40 年

[①] Nicholas Orme, *Medieval Schools：From Roman Britain to Renaissance England*, New Haven & London, Yale University Press, 2006, p. 312.

[②] Foster Watson, *The English Grammar Schools to 1600*, Cambridge：Cambridge University Press, 1908, p. 13.

代，英格兰有超过 2182 个代祷机构。①

尽管如此，炼狱观在英国也遭到了少数人的批判。约翰·威克里夫（John Wycliffe）虽然没有公开谴责炼狱的说教，但对教会据此积聚财富表示极为不满，认为建立代祷机构是一种极大的浪费。15 世纪初，一些威克里夫的追随者即罗拉德派否认在天堂和地狱之外还有炼狱。16 世纪初，罗拉德派否认炼狱以及为死者做弥撒的有效性。例如，考文垂的约翰·布罗姆斯通（John Blomstone）认为祷告和向穷人施舍对死者无济于事，因为死后的灵魂要么进天堂，要么下地狱，根本不存在炼狱。② 罗拉德派对"炼狱"观的批判虽不系统，但在英国产生了较大影响。

16 世纪 20 年代，马丁·路德的教义传入英国，"因信称义"宣称人们得到拯救不是因为生前的善功，也不是因为死后在炼狱中经受了煎熬，而是凭借内心对上帝的虔诚信仰。马丁·路德声称无论旧约还是新约都无炼狱之说，炼狱是那些贪婪的教徒在利益的驱使下捏造出来的产物。威廉·廷代尔（William Tyndale）可能直接从路德和他的信徒那里接受了新教教义，宣称教皇权力的根基就是炼狱。托马斯·莫尔也对炼狱进行抨击。约翰·弗里思（John Frith）在 1531 年出版的《炼狱的争论》中指出，只有耶稣的血才能洗涤人的罪，只有上帝才能授予耶稣对人类热爱的品格，只有耶稣才是上帝和人之间的真正中介，对炼狱观进行了系统的抨击。1533 年，他被钉死在火刑柱上。他对炼狱观的批判，间接对歌祷堂的解散产生了重大影响。③ 1531 年，爱德华·克罗姆（Edward Crome）在伦敦传道时攻击天主教的一些传统做法，并对"炼狱"的存在表示谨慎的怀疑，怀疑为死者做祷告的有效性。④

宗教改革期间，人们对于死后灵魂的状态有过激烈的讨论。虔诚的

---

① Alan Kreider, *English Chantries: The Road to Dissolution*, Harvard University Press, 1979, p. 73.

② Alan Kreider, *English Chantries: The Road to Dissolution*, Harvard University Press, 1979, pp. 94–95.

③ Alan Kreider, *English Chantries: The Road to Dissolution*, Harvard University Press, 1979, p. 99.

④ Alan Kreider, *English Chantries: The Road to Dissolution*, Harvard University Press, 1979, p. 101.

信徒死后的灵魂在哪里？在炼狱，准备进入天堂？还是"因信称义"，已进入了天堂？弥撒、祷告、善功有助于减轻他们的痛苦吗？按照新教的观念，这种为死者亡灵做代祷弥撒是毫无价值的，因为假如死者生前作恶多端，代祷弥撒也无济于事，假如死者生前是虔诚的基督徒，无须通过代祷弥撒，罪恶同样能得到赦免。① 新教改革家不仅认为歌祷堂是无用的而且是有害的，主张对所有的歌祷堂进行清除。② 新教对炼狱观的批判为歌祷堂的解散提供了神学基础。

新教的传播在一些地方引起了保守派的反对，但随着国王亨利八世离婚案的出现，新教教义逐渐得到政府的支持。1534年英国与罗马决裂后，首席国务大臣托马斯·克伦威尔以及他的同僚站在宗教改革家一边，保护甚至资助这些新教传教士。1543年《国王书》劝诫英国人不要使用"炼狱"一词，因为那是天主教徒捏造出来的产物。1534年春，大主教托马斯·克莱默发布命令，要求所有的传教士抨击教皇并禁止他们为炼狱辩护。③ 1536年政府颁布了《十条信纲》（The Ten Articles），其中第十条否定天主教对炼狱的解释，否定代祷弥撒的功效。

二 第一歌祷堂法案的出台

第一歌祷堂法案于1545年12月在议会获得通过。议会声称通过该法案的理由是：第一，当时已存在私人未经政府的允许随意侵吞歌祷堂的现象；第二，国王没收歌祷堂，将地产转入国王的手中，能让公众受益，如果掌握在少数私人手中，只能使少数人受益。④ 国王签署第一歌祷堂法案的表面目的在于阻止那些对歌祷堂土地和捐赠的非法掠夺和转让。在法令的序言中，提到了一些歌祷堂的创办者和牧师已将捐赠进行了转移。

---

① Norman Wood, *The Reformation and English Education*, London: George Routledge & Sons, Ltd., 1931, p. 33.

② Nicholas Orme, *Medieval Schools: From Roman Britain to Renaissance England*, New Haven & London, Yale University Press, 2006, pp. 317 – 318.

③ Alan Kreider, *English Chantries: The Road to Dissolution*, Harvard University Press, 1979, pp. 104 – 105.

④ A. F. Leach, *English Schools at the Reformation, 1546 – 1548*, Westminster: Archibald Constable & Co., 1896, p. 61.

事实上,当时在一些地方确实存在这种现象,例如在埃塞克斯,至少有 4 所未经授权被解散的歌祷堂,在苏塞克斯有 4 所,在萨默斯特(Somerset)有 13 所。法令还规定在过去 10 年内非法解散的歌祷堂应转归给国王,法令还提出了一些改革措施,如将原先歌祷堂的地产建成济贫院,或用于其他慈善事业。国王声称此法案的目的在于为整个王国的利益考虑,而并不是为了中饱私囊。①

国王于 1546 年 2 月 14 日任命了一个委员会负责对歌祷堂进行调查,委员会共分成 24 个小组,每个小组负责一个或几个毗邻郡的调查。每个小组由 4—14 个委员组成,由一位主教任首长。为保证任务能顺利完成,委员们或从岁入增收法庭的官员或从政府其他部门官员中挑选,因此,他们都有丰富的从政经验。实际上大部分工作主要由地方接待者和国王土地管理者承担,他们大多是当地的乡绅和骑士,对当地的情况非常熟悉。委员们将指令发送到每个教区的牧师和监护人手中。指令提出的问题包括本教区歌祷堂、慈善医院、附属小教堂(free chapel)、宗教会所、带薪俸牧师的数量、创办者的姓名、创办者的目的和捐赠的使用情况。牧师和监护人还要负责查明捐赠的每年收益和其他金银器皿、珠宝、装饰品等捐赠物的价值。他们要将所有的项目制作成证书,并在规定的时间和地点交到委员们的手中。这一调查的目的在于让各教区完成对当地信息的全面搜集,以使国王能够准确而完整地了解各地情况。

该工作于 1546 年春在各郡广泛地开展,各郡的证明书最后汇集成册,形成了第一批歌祷堂系列证书(the first series of chantry certificates)。此次调查发现了大多数现存的歌祷堂,但也有遗漏。例如,在德沃(Devon),被调查到的只有 90 个捐赠基金,而后来发现至少缺了 20 个。② 1547 年 1 月,亨利八世去世。随着他的去世,委员会的工作也随之停止。实

---

① Nicholas Orme, *Medieval Schools: From Roman Britain to Renaissance England*, New Haven & London, Yale University Press, 2006, p. 314.

② Nicholas Orme, *Medieval Schools: From Roman Britain to Renaissance England*, New Haven & London, Yale University Press, 2006, pp. 315 - 316.

际上，从歌祷堂法令的颁布到亨利八世去世为止，只有几所歌祷堂被取缔。① 唯一一所被解散的歌祷堂学校是阿尔德温科（Aldwinkle）捐赠歌祷堂学校，共有六个孩子在该校学习声乐。国王于1546年12月没收了该学校，并将其赠送给一位首席法官。②

三　第二歌祷堂法案的出台

爱德华六世继位后，由其叔父萨默塞特（Somerest）公爵爱德华·塞缪尔（Edward Seymour）摄政，该政府继续实行亨利八世的宗教政策，并进一步沿着新教的路线对教会进行改革。爱德华六世政府的改革政策在1547年11月4日召开的第一届议会表现得更加明显，议会通过了修改有关弥撒的法令，新法律完全接受新教的主张，对歌祷堂的观念进行攻击，否定通过代祷弥撒能洗涤罪恶的观念。尽管在上院遭到了六位主教的反对，但第二歌祷堂法案仍分别于1547年12月21日和22日在议会两院获得通过。法案规定对现有的歌祷堂和慈善医院进行没收，并将1548年的复活节定为最后期限。与第一歌祷堂法案不同，该法案具有明显的强制性。③

法案在前言中声称，第二歌祷堂法案的目的在于将以前用于迷信的捐赠改用于"公益和虔信事业"（good and godly uses），如创办文法学校以培养青年良好的品德和对上帝的虔诚，进一步扩展大学的规模，为穷人提供更多的资助。④ 第二个歌祷堂法案旨在废除那些过时的宗教机构，将其改用于慈善事业。1548年2月14日，组建了新委员会对歌祷堂进行调查，负责没收所有的歌祷堂，并对文法学校和牧师给予保护，对离职

---

① Michael Van Cleave Alexander, *The Growth of English Education, 1348-1648: A Social and Cultural History*, University Park and London: The Pennsylvania State University Press, 1990, p. 141.

② Nicholas Orme, *Medieval Schools: From Roman Britain to Renaissance England*, New Haven & London, Yale University Press, 2006, p. 316.

③ Michael Van Cleave Alexander, *The Growth of English Education, 1348-1648: A Social and Cultural History*, University Park and London: The Pennsylvania State University Press, 1990, p. 142.

④ Joan Simon, "A. F. Leach on the Reformation: I", *British Journal of Educational Studies*, Vol. 3, No. 2, May, 1955, p. 133.

的歌祷堂牧师提供补贴。①

委员会同样分成 24 个小组，每个小组由 5—13 个成员组成（一般为 8—9 人），负责 1 或 2 个郡的调查。1546 年的委员只有部分被再次委派，大部分新成员也主要来自岁入增收法庭和中央政府其他部门。② 新一轮的调查安排与 1546 年的调查相似，委员们先将调查问卷发放到各个教区，教区的代表然后将问卷答案交给小组。与上次相比，这次考察的信息更加广泛。每个教区的证书上首先是记录在教会领取圣餐的人数。在每个教区的名字之后是一些关于最初创办者的细节信息，如创办的时间，创办的目的，牧师的姓名、年龄、薪俸，有时也包括对他的道德及知识评价，捐赠基金数，物品和装饰物的价值。有些教区还会增加一个备忘录，即对歌祷堂在维护文法学方面的功效进行评价。有时教区居民还主动要求在当地创办一所免费的文法学校，以将歌祷堂的土地转变为"公益和虔信事业"之用。③ 由于委员们对当地的情况非常熟悉，所以他们除了按要求搜集相关信息外，有时也提出一些诸如将小学校合并，哪些地方需要建立新学校等建议。④ 例如，在格罗切斯特郡（Gloucestershire），他们提议在 4 个地方需要兴建学校，在斯坦福特郡（Staffordshire）建议有 6 个地方需要建立新学校。每郡的教区证书和委员们的评论最终都一一制作成册，此即为第二歌祷堂系列证书。

歌祷堂证书长期以来被看作了解这一时期学校和歌祷堂情况的珍贵史料，然而，其包含的信息也并不准确，因为它们是由各教区而不是由委员们编纂的，因而对国王隐藏信息的欲望非常强烈。例如在波维克（Powick），教区居民已经解雇了歌祷堂牧师，因而没有制作歌祷堂证书，但两年后这些学校又重新出现。又如，最古老的歌祷堂文法学校沃顿学

---

① Nicholas Orme, *Medieval Schools: From Roman Britain to Renaissance England*, New Haven & London, Yale University Press, 2006, p. 318.

② Nicholas Orme, *Medieval Schools: From Roman Britain to Renaissance England*, New Haven & London, Yale University Press, 2006, p. 319.

③ Nicholas Orme, *Medieval Schools: From Roman Britain to Renaissance England*, New Haven & London, Yale University Press, 2006, p. 319.

④ Joan Simon, "The Reformation and English Education", *Past & Present*, No. 11, Apr., 1957, p. 58.

校（Wotton-Under-Edge）被故意错报为仅是一所普通文法学校，委员们没有发现事实的真相，故使该所歌祷堂学校得以幸免。奇平·坎普顿（Chipping Campden）和克鲁科恩（Crewkerne）的一些歌祷堂学校也通过类似的伪装得以幸存。在随后的半个世纪里，许多被隐瞒的歌祷堂土地不断被告发，因为国王承诺告发者可以从王国所获取的财产中获得一定份额的奖励。[①] 从中可以看出，当时各地对国王隐瞒信息的现象非常普遍。

即使不是故意弄虚作假，返回的信息有时也是模糊的、不准确的，如一些教区的圣餐领受者只是一些概数。在牛津郡，教区甚至有时都不能准确地提供歌祷堂创办者的信息，因为根据返回的信息来看，同一所歌祷堂却有好几个不同的创办者姓名。当然，委员们对这些荒诞之事并非置若罔闻，他们也派出特别调查员及其助理去核实证明书中的信息，如约翰·迈纳德（John Maynard），一位牛津郡的调查员助理，就在班伯里（Banbury）发现了一所原来没有上报的学校。

委员们完成了信息的采编后，国王本该兑现他在法案中许下的承诺，但在调查尚未完成之前，巨大的战争压力已使国王无法兑现他的慷慨诺言。1547年8月，英格兰与苏格兰之间爆发了一场战争，法国企图干涉，爱尔兰人民起义也在酝酿当中，在政府急需金钱的情况下，歌祷堂的财富成了现有的财源。1548年4月17日，枢密院决定出售年价值为5000英镑的歌祷堂土地，并任命华尔特·米德曼（Walter Mildam）爵士（岁入增收法庭的一个总调查委员之一）和罗伯特·克尔威（Robert Kellway）对土地的出售情况进行监督。[②] 从委员们在调查后提交的证书中得知有2374所歌祷堂被解散，还有100多家慈善医院被没收。但是，根据最近对四个郡情况的考察表明，实际被没收的数目应该更大。

尽管无法确切地知道1548年被没收的歌祷堂数量，但政府承诺会保护好所有由歌祷堂开设的学校。枢密院也裁决：在对所有的歌祷堂进行

---

① Nicholas Orme, *Medieval Schools: From Roman Britain to Renaissance England*, New Haven & London, Yale University Press, 2006, pp. 319–320.

② Nicholas Orme, *Medieval Schools: From Roman Britain to Renaissance England*, New Haven & London, Yale University Press, 2006, p. 320.

没收时，会对那些从事了适当教学工作的歌祷堂学校给予保护，并从岁入增收法庭中支取经费来资助这些学校的发展。该政策通过后，枢密院任命了沃尔特·米尔德曼和罗伯特·克尔威两人对上交的证书进行审查，并对哪些学校需要随同歌祷堂一起解散，哪些学校需要给予保护做出最后的裁决。尽管大量的事实证明：沃尔特·米尔德曼和罗伯特·克尔威竭尽全力对那些较好的歌祷堂学校给予保护，并打算以政府的收入来继续维持他们的存在。如在西南地区，根据学者尼古拉斯·奥尔姆的考察，发现约有80%的歌祷堂学校被允许继续存在，只有20%的学校被解散，但没有一所幸存的学校在上交给国家的歌祷堂证明书中被提及。[1] 因为这样，政府就不会因为没有给学校提供资助而受到批评，可见，国家并不愿意承担维持这些学校的费用。

有些学校由于政府高官的介入而得以幸免，如1548年，威廉·塞西尔（William Cecil）爵士使议会通过了一项法令，从而使其在孩童时曾就读的斯坦福特学校得以保存，并转交给城镇商业公会（the town corporation）管理。爱德华·诺斯爵士让吉姆斯拜（Great Grimsby）市长购买了一所当地歌祷堂的土地，用来重新创办原有的学校。古老的斯托帕特（Stockport）歌祷堂学校也以类似的方式得以挽救。自创办以来就一直附属于歌祷堂的伦敦学校，也很快被城镇当局接管。[2]

许多歌祷堂学校的消失，引起了当时几位较有影响的传教士如休·拉蒂默（Hugh Latimer）和托马斯·里维（Thomas Lever）的极大愤怒。他们在1549年冬，利用为爱德华六世布道的时机，攻击政府的政策对学校造成了严重的破坏。之后，国王在1547年后开始以自身的名誉资助创办了一些学校。枢密院也于1550年承认为大多数教师支付年薪的政策并没有得到满意地执行。[3]

---

[1] Michael Van Cleave Alexander, *The Growth of English Education, 1348–1648: A Social and Cultural History*, University Park and London: The Pennsylvania State University Press, 1990, p. 142.

[2] Michael Van Cleave Alexander, *The Growth of English Education, 1348–1648: A Social and Cultural History*, University Park and London: The Pennsylvania State University Press, 1990, p. 143.

[3] Michael Van Cleave Alexander, *The Growth of English Education, 1348–1648: A Social and Cultural History*, University Park and London: The Pennsylvania State University Press, 1990, p. 143.

1550年岁入增收法庭的官员们被派遣到全国各地监督学校的创办和重建情况,他们立刻收到了来自几十个地方的请愿,请愿要求政府迅速采取行动重建学校。在爱德华于1553年去世前,至少有26所歌祷堂学校得到了重建,或重新获得捐赠,或在获得捐赠的同时得到重建,此外还有25所由当地政府创办的学校。因此在1550—1553年间,因获得了新的捐赠而得以创办的学校共有51所。[1]

四 爱德华六世：学校的创办者抑或破坏者?

解散歌祷堂法案导致了多少所歌祷堂学校的关闭,学界有不同的说法。霍斯特·沃森认为有259所学校在亨利八世和爱德华六世的歌祷堂解散法令的影响下消失了。[2] M. V. C. 亚历山大认为在爱德华时期约有300所歌祷堂学校被关闭。[3]

对爱德华六世在解散歌祷堂的过程中的功过评价,在学界历来是一个有争议的问题。对这一问题最早进行研究的是英国教育史家A. F. 利奇。他在其专著《宗教改革时期的英国学校：1546—1548》中写道："只要去问受过一般教育的人,我们的中等教育体制是谁确立起来的,谁创办的文法学校数量最多,他会毫不犹豫地回答是爱德华六世。"但利奇却指出,"没有谁比英王爱德华六世最轻易但最不值得地获得了学校创办者的称号",实际上爱德华六世是"学校的破坏者"(spoiler of schools),并不是学校的创建者。[4] 因为在利奇看来,歌祷堂在中世纪晚期和都铎时代早期提供了大部分的学校教育。[5] 利奇认为将爱德华六世看成26所新学校的创办者与事实并不相符。他的观点很快得到了R. H. 泰勒(R. H.

---

[1] Michael Van Cleave Alexander, *The Growth of English Education*, *1348 – 1648: A Social and Cultural History*, University Park and London: The Pennsylvania State University Press, 1990, p. 144.

[2] Foster Watson, *the Old Grammar Schools*, Cambridge: Cambridge University Press, 1916, p. 5.

[3] Michael Van Cleave Alexander, *The Growth of English Education*, *1348 – 1648: A Social and Cultural History*, University Park and London: The Pennsylvania State University Press, 1990, p. 140.

[4] A. F. Leach, *English Schools at the Reformation*, *1546 – 1548*, Westminster: Archibald Constable & Co., 1896, p. 1.

[5] Nicholas Orme, *Medieval Schools: From Roman Britain to Renaissance England*, New Haven & London, Yale University Press, 2006, p. 312.

Tawney)的支持,泰勒认为爱德华六世创办的文法学校只不过是那些没有遭到破坏的学校而已。① 肯尼斯·里士满也认为,修道院的解散,1547年歌祷堂法案和学校基金全部被没收对教育造成了沉重打击。尽管到16世纪末,许多学校得到了重建,但资源更少,机会更小,且不久又出现了混乱。②

学者尼古拉斯·奥尔姆提出对歌祷堂的教育重要性不能过于夸大。通过对歌祷堂证书的统计,宗教改革时期约有歌祷堂4000所,但根据A. F. 利奇对歌祷堂证书的梳理,他发现设有学校的歌祷堂只有184所,不过因有4个郡以及其他一些地方并未统计在内,所以估计总数可能超过200所,即使我们估计得高一点,也不可能超过总数的5%,每郡拥有歌祷堂学校的平均数为5—6所,虽然一些郡可能会多些,如兰开郡有9所,埃塞克斯有17所,约克郡(英格兰最大的郡)至少有30所,赫勒福德郡(Herefordshire)有14所,就面积而言,该郡拥有歌祷堂学校的数量最多。英格兰的第三大郡德沃(Devon)虽有110所歌祷堂,但只有3所被提及附有学校。③ 布莱尔·戈登也认为过去那种认为没收歌祷堂财产对英国教育起过灾难性的影响并不属实,因为歌祷堂在被关闭时并没有从事多少教育工作。④ 霍斯特·沃森也指出,假设只有200所歌祷堂学校被取缔,并且即使那26所学校都是爱德华六世创办的,创办的学校也只占被解散学校总数的13%。由此可见,王室人员(包括亨利八世、爱德华六世、伊丽莎白)对文法学校的创办与其对学校的破坏相比,显得微不足道。⑤

尽管如此,但大量的事实表明:大多数新建的文法学校要优于原先的小歌祷堂学校,因为他们进行了一些重大的改革。如最著名的伦敦基

---

① Michael Van Cleave Alexander, *The Growth of English Education*, *1348 – 1648*: *A Social and Cultural History*, University Park and London: The Pennsylvania State University Press, 1990, p. 140.

② W. Kenneth Richmond, *Education in England*, New York: Penguin Books, 1945, p. 45.

③ Nicholas Orme, *Medieval Schools*: *From Roman Britain to Renaissance England*, New Haven & London, Yale University Press, 2006, pp. 312 – 313.

④ Brian Garden, *The Public Schools*: *Historical Survey*, Hamish Hamilton, London, 1973, pp. 41 – 45.

⑤ Foster Watson, "The State and Education during the Commonwealth", *The English Historical Review*, Vol. 15, No. 57, 1900, p. 58.

督医院学校（Christ's Hospital）（1553年由爱德华六世创办）为孩子们聘请了一名语法教师，一位助理教员，一名写作教师，一名音乐教师和两名英语教师。作为赈济贫民新体制的一项措施，它后来成为其他城镇创办学校的榜样。① 又如著名教士托马斯·马格留斯（Thomas Magnus）——既是苏塞（Sessay）的牧师，又是约克郡东里定（East Riding）的副主教——于1551年立下遗嘱，将766英镑作为永久基金捐赠给纽瓦克（Newark）学校。按照当时的利率计算，这笔遗赠有近40英镑的年收入，这一数目是以前歌祷堂学校收入的4倍。在50多所新创办的学校中，最有名的当数位于歇雷斯伯里（Shrewsbury）的"爱德华六世免费文法学校"（the Free Grammar School of Edward VI）。这所学校得以建立是城镇市民两次请愿的结果，其中第二次请愿（1550年）得到了许多人的支持，请愿暗示国王将附近两所被解散学院的财产用来资助创办学校。1552年2月10日，王室为歇雷斯伯里学校颁发了特许状，国王每年慷慨地从两所被解散学院的收入中支出20英镑用以资助该校的发展。②

其实，对这一问题要做笼统的回答是很难的，因为不同的地方受到的损害程度不一样，有些郡遭受了巨大的损失，如在赫勒福德郡，15所学校③中有5所学校消失了。剑桥郡和肯特郡以及威尔士的许多歌祷堂学校也都消失了。④ 相反，有些地方原来没有学校，但在歌祷堂解散后设立了学校，推动了当地教育的发展。

五 歌祷堂解散后英国中等教育的新变化

尽管学界对于爱德华六世在教育史中的地位及对英国教育的总体影响有不同的观点。但无可否认的是，歌祷堂解散后，英国的中等教育明

---

① Joan Simon, "The Reformation and English Education", *Past & Present*, No. 11, Apr., 1957, p. 60.

② Michael Van Cleave Alexander, *The Growth of English Education, 1348 – 1648: A Social and Cultural History*, University Park and London: The Pennsylvania State University Press, 1990, p. 144.

③ 另一说为14所，参见Nicholas Orme, *Medieval Schools: From Roman Britain to Renaissance England*, New Haven & London, Yale University Press, 2006, p. 313.

④ Michael Van Cleave Alexander, *The Growth of English Education, 1348 – 1648: A Social and Cultural History*, University Park and London: The Pennsylvania State University Press, 1990, p. 143.

显地呈现了一些新的变化。

政府加强了对教育的控制，教会对教育的控制进一步遭到削弱。首先，政府加强对新学校课程的控制，注重人文主义的教学内容。与14、15世纪英国政府对教育持冷漠态度不同，自宗教改革后，政府意识到教育在主导人们思想上的巨大作用，因而加强对教师的监督，强调教学内容的一致性。此前的文法课本都是手抄本，尽管有相似性，但许多教师会根据自己的意愿进行删改。1500年之后，由于印刷业的出现，大规模地出版文法课本成为可能。16世纪20年代，出现了几种不同版本的文法课本，主要有约翰·斯坦布利奇（John Stanbridge）、约翰·科利特（John Colet）和伯罗特·惠廷顿（Robert Whittinton）编写的三个不同版本。[1]

为了统一文法学校的教学，1542年亨利八世规定由伊拉斯谟、科利特和里利等人编写的《里利文法》（Lily Grammar）为英格兰文法学校唯一授权的拉丁文课本，明确禁止文法学校使用其他教材，是为了形成统一的语法体系和规则。从此，里利文法取代了中世纪盛行的多纳图斯文法的地位。相比多纳图斯文法而言，里利文法更加复杂，学生需通过死记硬背的方式逐渐掌握。1547年12月2日，爱德华六世国王发布旨令，规定学校只能使用亨利八世国王授权发行的文法课本。1559年伊丽莎白女王颁布旨令要求各学校教师只能教授亨利八世和爱德华六世国王指定的文法。[2] 该教材以修改的版本继续存在了约三个世纪，直到1858年。正如霍斯特·沃森所说："王室统一文法，其本质与教会发布权威的教条是一样的。"[3] 发行统一的文法课本最能体现王室的权威，而且亨利八世国王看到了吸纳伊拉斯谟、科利特、里利等著名教育家观点的重要价值。[4] 除统一文法教材外，政府还规定文法学校教师应讲授按英国国教教

---

[1] Foster Watson, *The English Grammar Schools to 1660*, Cambridge: Cambridge University Press, 1908, p. 255.

[2] Norman Wood, *The Reformation and English Education*, London: George Routledge & Sons, Ltd., 1931, p. 258.

[3] Norman Wood, *The Reformation and English Education*, London: George Routledge & Sons, Ltd., 1931, p. 265.

[4] A. Monroe Stowe, *English Grammar Schools in the Reign of Queen Elizabeth*, New York: Columbia University Press, 1908, p. 18.

义编写的《教义问答》。① 1552 年，新版拉丁文《教义问答》出版。② 政府加强了对教师的控制。1554 年，玛丽女王要求主教审查所有的教师。1556 年，规定凡教师都要由主教颁发教师资格证，这一政策在伊丽莎白统治时期继续沿用。③ 最后，教师的工资直接依赖国家财政的拨款。在一些郡如格罗彻斯特郡（Gloucestershire）和北安普顿郡，老师工资 1554 年被停发，直到伊丽莎白当政后，通过向财政部请愿教师们才重新领到工资。④

其次，办学主体更加多样化。在新建的学校中，最重要的是爱德华六世免费文法学校。应当地民众的要求，国王于 1552 年 2 月 10 日发布王室特许状，从当地被解散的 2 所歌祷堂捐赠中每年拿出 20 英镑资助建立舒兹伯利（Shrewsbury）学校。⑤ 许多城镇在新体制下重建学校，如埃文河畔的特拉特福（Stratford-on-Avon）将以前的行会改造成公司，使学校置于市民的管理之下。⑥ 许多商人纷纷投资办学，如皮革商人安德鲁·贾德（Andrew Judd）于 1553 年创办了汤布利奇学校（Tonbridge School），毛纺织商人彼特·布伦德尔（Peter Blundell）在蒂弗顿（Tiverton）创办了布伦德尔学校（Blundell School）。⑦ 在哈罗（Harrow），富裕的农民约翰·莱昂（John Lyon）在 1572 年创办了一所新学校。多才多艺的巴伦·利奇（Baron Rich）于 1564 年创办了弗里斯特德学校（Flested school）。⑧

---

① 滕大春主编：《外国教育通史》（第二卷），山东教育出版社 1989 年版，第 267 页。

② Joan Simon, *Education and Society in Tudor England*, Cambridge: Cambridge University Press, 1967, pp. 242 – 243.

③ Nicholas Orme, *Education and Society in Medieval and Renaissance England*, London: The Hambledon Press, 1989, p. 20.

④ Nicholas Orme, *English Schools in the Middle Ages*, London: Methuen & Co. Ltd., 1973, p. 285.

⑤ Michael Van Cleave Alexander, *The Growth of English Education*, 1348 – 1648: A Social and Cultural History, University Park and London: The Pennsylvania State University Press, 1990, p. 144.

⑥ Joan Simon, "The Reformation and English Education", *Past & Present*, No. 11, Apr., 1957, pp. 59 – 60.

⑦ Ken Powell & Chris Cook, *English Historical Facts 1485 – 1603*, London. The Macmillan Press Ltd, 1977, p. 137.

⑧ Phillip Lindley, "'Pickpurse' Purgatory, the Dissolution of the Chantries and the Suppression of Intercession for the Dead", *British Archaeological Association*, Vol. 164, 2011, p. 291.

在 1550—1552 年间，托斯特（Towcester）的教区居民重新买回被没收的歌祷堂土地，重建学校。①

最后，教师从宗教事务中解脱了出来，使其能专心致志于教学工作，有利于英国教育的发展。歌祷堂解散后，被没收的歌祷堂被改建成教室，新校舍具有明显的世俗性。学校有系统的管理，低年级的学生从学习英语开始。老师通常有一间独立的房间，奉献毕生的精力从事教学，教学开始真正成为一门职业，对教育实践的发展具有深远的影响。② 简·西蒙指出：第二歌祷堂法案带来的最直接后果是使许多学校的宗教外衣被去除，歌祷堂学校的教师解除了做弥撒的宗教义务，成了专职教师，并直接从国库领取薪俸。③

总之，无论是解散修道院还是解散歌祷堂，其共同结果是使教会力量遭到削弱，从此，世俗力量在更大的程度上取代了教会力量成了教育捐赠的主体。

第五节　近代早期英国的教育捐赠

近代早期，特别是在 16 世纪至 17 世纪上半叶期间，在人文主义、新教和清教教义的影响和推动下，英国的王室成员、贵族官僚、商人、乡绅、约曼农等社会各界人士，为了打破教会对教育的垄断地位，改变人才培养的模式，扩大受教育的对象和范围，纷纷捐资创办文法学校、大学学院，捐赠图书、设立奖学金，增开公开讲座，掀起了一股教育捐赠的热潮。与中世纪主要由教会创建学校不同的是，这一时期教育的创办主体是俗界人士。教育捐赠的结果使文法学校的数量增多，大学的办学条件有了改善，极大地扩大了受教育的对象和范围，以致英国教育史研

---

① Nicholas Orme, *English Schools in the Middle Ages*, London: Methuen & Co. Ltd., 1973, pp. 284 – 285.

② Joan Simon, "The Reformation and English Education", *Past & Present*, No. 11, Apr., 1957, p. 61.

③ Joan Simon, "The Reformation and English Education", *Past & Present*, No. 11, Apr., 1957, pp. 58 – 59.

究专家斯通将 1560—1640 年间英国出现的教育变化称为"教育革命"①。

一　近代早期英国教育捐赠的兴起

中世纪的教育,无论是与修道院、大教堂相关联的教育,还是与世俗神职人员教区制相联系的教育,其显著特征是他们都处于教会的控制之下。② 但从 15 世纪起,由私人或慈善团体捐赠的一种不受教会控制的文法学校开始兴起,到 16、17 世纪,这种捐赠文法学校(Endowed Grammar School)便如雨后春笋般发展起来。

1. 对文法学校的捐赠

根据乔丹的统计,在 1480—1660 年间,英格兰 10 个地区用于文法学校捐赠的资金高达 448899 英镑 8 先令。③ 宗教改革时期的 20 年间,用于资助文法学校的资金高达 29000 英镑。伊丽莎白统治时期的 40 年间,共有 72736 英镑 13 先令的资金用于建立文法学校,远远超过了过去 80 年对学校捐赠的总和。这一时期的教育捐赠在 1620 年达到最高峰,该年用于文法学校捐赠的资金达到近 10 万英镑。④ 在 10 个被调查的地区中,既有伦敦这样的富裕大都市,也有西部较贫穷的萨默赛特郡。由此可以看出,这一时期的教育捐赠不仅数额大,而且波及的面也很广。

由于私人的大量捐赠,英国文法学校的数量迅速增加。"在十六世纪,伦敦创办了三所大规模的文法学校,即圣·保罗文法学校、威斯敏斯特文法学校和泰罗文法学校。"⑤ 到 16 世纪末,几乎每一个城镇都有一所文法学校。⑥ 至 17 世纪 70 年代,克利斯多福·威士的调查报告认为英

---

① Lawrence Stone, "The Education Revolution in England 1560–1640", *Past & Present*, 1964, Vol. 28, p. 70.

② Foster Watson, *The Old Grammar Schools*, Cambridge: Cambridge University Press, 1916, p. 1.

③ W. K. Jordan, *Philanthropy in England 1480–1660*, London: George Allen & Unwin. Ltd., 1959, p. 290.

④ W. K. Jordan, *Philanthropy in England 1480–1660*, London: George Allen & Unwin. Ltd., 1959, p. 288.

⑤ [英]奥尔德里奇:《简明英国教育史》,诸惠芳等译,人民教育出版社 1987 年版,第 105 页。

⑥ D. Cressy, *Education in Tudor and Stuart England*, New York: St Martin's Press, 1976, p. 4.

格兰和威尔士的文法学校统计总数大约为 700 所。① 王室对私人捐赠文法学校给予了大力支持。很多私人捐赠的学校在获得女王的特许状后，纷纷以女王学校命名，在伊丽莎白统治的 40 年间，英国出现了 100 所以女王学校命名的私人捐赠文法学校。②

在文法学校数量得到增加的同时，文法学校的图书馆也由于私人的捐赠而得以建立。这一时期，许多城市里的文法学校都有图书馆，并且有书出售。根现存的资料表明斯雷伯里（Shrewsbury）、佛雷斯德（Felsted）、圣阿拉巴（St Alabn's）、科尔切斯特（Colchester）文法学校都有图书馆，其中有些图书馆是由捐赠建立起来的，如阿巴拉汉姆·科尔弗（Abraham Colfe）为雷维斯汉姆（Lewisham）文法学校的老师捐赠了图书馆和房子。③ 捐赠者为了鼓励学生在上完文法学校后继续深造，通常还在文法学校设立大学奖学金，交由学校董事会或独立的托管会如城镇法人团体负责管理。

2. 对大学的捐赠

尽管与文法学校相比，大学从教育捐赠中获利要少，但由于社会各界人士的捐赠，大学的办学条件在此期间也有了极大的改善。这主要表现为学院和图书数量的增加、校舍的修建和许多新讲座的开设。

首先，由于得到来自社会各个阶层的捐赠，无论是牛津大学还是剑桥大学，学院的数量都有了增加。在 16 世纪期间，牛津大学共有布拉斯诺思学院（1509 年）、基督圣体学院（1517 年）、基督教堂学院（1526 年）、三一学院（1555 年）、圣约翰学院（1555 年）和耶稣学院（1571 年）六所学院因得到捐赠而建立。同期的剑桥大学也有七所学院因得到资助而创办，分别是基督学院（1505 年）、圣约翰学院（1511 年）、莫德琳学院（1542 年）、三一学院（1546 年）、贡维尔与凯斯学院（1557

---

① [英] 奥尔德里奇：《简明英国教育史》，诸惠芳等译，人民教育出版社 1987 年版，第 107 页。

② [美] 威尔·杜兰：《世界文明史·理性开始时代》，幼狮文化公司译，东方出版社 1999 年版，第 65 页。

③ Rosemary O'Day, *Education and Society 1500–1800*, Longman：London and New York, 1982, p. 71.

年)、伊曼纽尔学院（1584年)、西特尼·苏塞克斯学院（1596年)。

其次,大学图书馆也获得了捐赠,图书的数量有了大量增加。在1582年时,剑桥大学图书馆的总藏书只有300卷,写本150卷。16世纪后期,由于获得多批赠书,其中坎特布里城大主教巴克尔（M. Parker)捐赠了100卷,使藏书开始有了缓慢的增长,到1650年,大学藏书约有1000卷,写本400卷。1660年,查理二世复辟后,剑桥大学由于受到皇家的关注,图书馆获得多批的捐献和遗赠。[1] 在世界上享有盛名的英国波德莱图书馆,也是那时人们对高等教育投以极大热情的产物,该图书馆由波德莱（Bodley)捐巨资历时15年才建成,于1598年在牛津大学竣工,波德莱还率先把自己多年积攒的1300件抄本捐给了该图书馆。[2]

为了打破神学在大学里的垄断地位,丰富大学里的授课内容,捐赠者还专门设立基金,资助新讲座的开设,像几何、天文学、道德哲学、古代史、解剖学和音乐等各种公共讲座在大学里都到了开设。捐赠者还为在校大学生、研究生设立奖学金,如1615年外科医生斯蒂文·珀斯在剑桥大学的贡维尔与凯斯学院设立了六个研究生和六个本科生的奖学金。[3] 在得到社会捐赠后,一些学院也注重加强教育设施的改善,如1616年起,埃克塞特学院用社会捐赠的款项,建立了新的宿舍、教堂、礼堂,以及改善厨房等。[4]

在教育领域,除了对文法学校和大学进行捐赠外,慈善事业的捐赠者还在一些诸如考文垂、诺威奇、布里斯托和莱斯特等大城市创建了第一批公共图书馆,以供受过良好教育的人进行阅读。

二 近代早期英国教育捐赠的主要群体

到近代初期,虽然传统的宗教势力依然在投资办学,如1517年,温

---

[1] [美] E. D. 约翰逊：《西洋图书馆史》,尹定国译,台北学生书局1983年版,第148页。

[2] Seymour De Ricci, *English Collectors of Books and Manuscripts*, Cambridge: Cambridge University Press, 1930, p. 22.

[3] 徐辉、郑继伟：《英国教育史》,吉林人民出版社1993年版,第77—78页。

[4] Nicholas Tyacke, *The History of the University of Oxford*, Vol. IV. Oxford: Clarendon Press, 1997, p. 136.

彻斯特主教理查德·霍克斯（Richard Fox）资助创办了牛津大学的基督圣体学院。但他们由于财力有限且捐资并非固定，因此并不构成这一时期教育捐赠的主体。该时期的主要捐赠群体包括王室成员、贵族官僚、商人、乡绅和约曼农等。

在王室成员中，亨利七世的母亲玛格丽特夫人和亨利八世在教育捐赠中都起到了表率作用。玛格丽特夫人于1506年在剑桥大学资助创办了基督学院。1542年，亨利八世提供了800英镑的捐赠在肯特郡的罗彻斯特建立了一所皇家文法学校。① 亨利八世还捐资在剑桥大学创建了神学院，重新组建了牛津大学的基督堂学院。詹姆士一世时期，王室以土地捐赠的形式，建立了六所王室学校，其中一所在1684年发展成为提供高等教育的基尔肯尼学院（Kilkenny College）。②

贵族官员们也积极参与教育捐赠。1555年，岁入增收法庭的前任财长托马斯·波普（Thomas Pope）爵士利用被废弃的牛津大学达勒姆学院的建筑物创办了三一学院。岁入增收法庭的总管华尔特·米尔德曼（Walter Mildmay）于1584年利用被没收的修道院土地创办了剑桥大学伊曼纽尔学院。③学院一建立便成了传播激进宗教思想的神学中心。苏塞斯伯爵夫人于1596年拿出其2/3的遗产资助建立了西特尼·苏塞克斯学院。

在此期间，"教育慈善事业的最大捐赠者是商人阶层，特别是伦敦富裕的企业家和批发商。他们不同于绅士阶层的特点是有较多的流动资金，有为慈善事业捐赠的实际能力"④。例如，1601年，英国德文郡呢绒商彼得·布伦达死后，根据其遗嘱，将其留下的4万英镑财产全部用于发展教育和社会慈善事业。⑤ 大商人托马斯·格勒善在伦敦建立了以他名字命

---

① W. K. Jordan, *Philanthropy in England 1480—1660*, London: George Allen & Unwin. Ltd., 1959, p. 156.

② Helen M. Jwell, *Education in Early Modern England*, London: Macmillan Press Ltd., 1998, p. 172.

③ Joan Simon, "The Reformation and English Education", *Past & Present*, No. 11, Apr., 1957, p. 61.

④ 徐辉、郑继伟：《英国教育史》，吉林人民出版社1993年版，第76页。

⑤ [英] 约翰·克拉潘：《简明不列颠经济史》，范定九、王祖康译，上海译文出版社1980年版，第345页。

名的格勒善学院。一位裁缝商人托马斯·怀特（Thomas White）爵士利用格罗塞斯特修道学院（the monastic Gloucester Hall）的建筑物在牛津大学创办了圣约翰学院[①]，他还建立了成衣商学院。大商人托马斯·萨顿于1611年萨顿去世时，他将自己价值4836英镑年金的地产和超过5万英磅的其他资产全部捐出，用以建立查特豪斯文法学校。[②]

乡绅构成了这一时期仅次于商人的又一主要捐赠群体。乡绅是英国封建社会中晚期出现的新兴资产阶级代表。他们或是在宗教改革期间购买修道院的土地，抑或是在经商致富后在农村购置田产，从而摇身一变，成了新兴土地贵族。他们由于财力雄厚，也往往热心于教育捐赠。1610年，萨默的乡绅为西部农民建立了沃德姆学院。1642年，阿宾登的牧场主和伯克希尔的牧师共同捐赠出一批建筑物，建立了潘布洛克学院。又如著名的塞德利家族在肯特郡的南福利特和兰开斯特郡的沃姆丹姆各创建了一所免费文法学校。[③]

为了使当地的孩子们能够接受教育，逐渐富裕起来的约曼农也纷纷筹集资金创办学校。例如，1511年，肯特郡的约曼农威廉·皮特、理查德·皮特、理查德·布莱克鲍依等人，捐出一份价值100英镑的土地，用以资助塞维诺克文法学校和济贫所。1593年，在剑桥郡的灵哈姆地区，102个居民将筹集到的102英镑7先令8便士的资金，用以创办本地的文法学校。沃里克郡索里哈尔的居民在1615年为当地学校的教师建造了住宅。[④] 约曼农还利用多余的资金在大学里为贫穷的学生设立奖学金。

三 近代早期英国教育捐赠的文化背景

教育捐赠在此时英国的蓬勃兴起，显然与英国近代经济的发展、统

[①] Joan Simon, "The Reformation and English Education", *Past & Present*, No. 11, Apr., 1957, p. 61.

[②] Neal R. Shipley, "Thomas Sutton: Tudor-Stuart Moneylender", *The Business History Review*, Vol. 50, No, 4, 1976, pp. 456–476.

[③] W. K. Jordan, *Social Institutions in Kent 1480–1660*, Ashford, Kent: Headley Brgthers Ltd, 1961, p. 84.

[④] 许洁明：《十七世纪的英国社会》，中国社会科学出版社2004年版，第169页。

治者对教育捐赠的鼓励和支持、社会各阶层对接受教育的渴望日益强烈等因素密切相关。除这些因素外,人文主义与宗教改革在英国的兴起及其带来的深刻思想文化变革,对于推动教育捐赠的兴起也起了不可忽视的作用。

1. 人文主义对英国教育捐赠的影响

人文主义者从批判经院主义出发,提出了以古典人文主义教育作为课程核心内容的主张,强调通过对古希腊罗马文学、音乐、绘画、体育、历史等课程的学习来促成人的身心全面发展。人文主义者重视教育对个人发展的作用,他们认为只有通过教育,个人才能拥有美德,才能获得身心和谐发展。人文主义者认为教育的根本目的在于培养全面发展的、尽善尽美的人为现实社会服务。教育不仅应为上帝服务,也要为国家和个人服务,如埃利奥特(Thomas Elyot)主张教育的目的是培养绅士而非学究。可见,"人文主义教育与中世纪教育最重要的区别之一就是世俗色彩的增强与宗教色彩的减弱"[1]。

为了推动人文主义在英国的传播,英国王室还聘请了人文主义学者赴英国讲学,如亨利八世聘请了西班牙学者维夫斯(Juan Luis Vives)和尼德兰学者伊拉斯谟赴英讲学。15世纪末16世纪初,在欧洲人文主义思潮的影响下,英国也诞生了一批人文主义者,其中著名的有林纳克(Thomas Linacre)、科利特(John Colet)、埃利奥特、托马斯·莫尔等。他们不仅热情地呼吁教育改革,并且身体力行,捐资创办学校,推行教育改革。例如,科利特捐出了他父亲所有的财富来创办圣保罗文法学校,并且聘请其好友里利(William Lily)担任首任校长。科利特注重对老师的训练与新教材的使用,里利编写的《里利文法》后来成了英语世界中流传最广、使用最久的拉丁文法书。科利特声称他建立学校的目的在于既要增进孩子们的知识又要增进他们对上帝和耶稣基督的虔诚,使之成为好的基督徒。[2] 圣保罗文法学校是按照人文主义思想进行教育的典范,后来成了许多文法学校创办的楷模。

---

[1] 张斌贤:《西方教育思想史》,四川教育出版社1994年版,第225页。

[2] Joan Simon, "The Reformation and English Education", *Past & Present*, Apr., 1957, p. 53.

2. 新教对英国教育捐赠的影响

美国著名哲学家亨利·艾伦·莫（Henry Allen Moe）曾就宗教与慈善事业的关系作过精辟的概括："宗教乃慈善之母，不论是从思想上、还是产生过程中，莫不如此。"① 可见，慈善事业受宗教的影响极大。新教的教义包罗万象，牵涉各个领域。在教育领域，新教教义继承和发展了文艺复兴时期的人文主义教育思想，但更强调教育的群众性和普及性。马丁·路德提出了"因信称义"说，认为信徒只要内心虔诚信仰上帝，一切罪过都可以得到赦免，信徒可以通过阅读《圣经》，无须任何中介，便可与上帝进行直接的交流。这就在客观上要求每个人具有阅读《圣经》的能力，强迫信徒接受一定的教育就成为实现这一宗教目的的基本手段。马丁·路德认为："当权者要求其臣民送他们的孩子上学念书，是义不容辞的……他们有权命令臣民中身强力壮的人，在战时拿起步枪和长矛，爬上城墙，或者在危急时刻要求他们做任何事情，那么，他们又是多么有理由应该强迫人民送他们的孩子上学。"②

新教虽然推崇通过《圣经》与上帝直接的交流，但善行对于信徒的救赎仍然是必不可少的。在某种意义上，善行甚至被看作成为上帝的选民、获得上帝拯救的必要条件。在英国，信奉路德教的人数虽不多，但路德的思想和大量的书籍迅速渗入英国的剑桥、伦敦和法律协会，甚至通过安妮·博林和她的亲朋挚友的干预，传到了亨利八世的宫廷。③ 新教教义在英国的传播使很多大商人和乡绅在经济活动中发家致富后，为了祈求"上帝"宽恕自己的某些行为，以求净化灵魂，确保死后灵魂的安宁，很多人都愿意在临死前将大量的财产捐出。约克大主教爱德温·森迪斯（Edwin Sandys）在1580年指出："所有的新教徒都是基于善良和神

---

① Scott Lively, Kevin Abrams, *The Pink Swastika: Homosexuality in the Nazi Party*, Oregon: Founders Publishing Corporation, 1966, p. 8.
② ［美］E. P. 克伯雷编：《外国教育史料》，华东师范大学出版社1991年版，第271页。
③ ［英］肯尼思·O. 摩根主编：《牛津英国通史》，王觉非等译，商务印书馆1993年版，第262—263页。

圣的目的而创办学校的。"①

与马丁·路德不同，加尔文不仅提出了普及教育的主张，而且还要求国家开办公立学校，实行免费教育，即要让所有的儿童都有机会接受教育，学习基督教教义和日常生活所必需的知识与技能。他认为实施普及教育和免费教育，不仅有利于加强信徒的宗教信仰，而且有益于世俗国家。加尔文认为利润是上帝对于那些忠实地从事自己职业的人赐福的证据，劳动和利润不是纯粹为了自己的私利，他只能把供应自己所需的那一份留下来，所有剩余的财富应当用在公用事业上。

16世纪中叶，加尔文主义在英格兰广为传播。信奉加尔文教的英国清教徒并不要求每个人都要上大学，或者掌握拉丁文，但主张每个人都要学习。清教徒不仅想消除贫穷和苦难，而且还主张铲除产生贫困的根源，进行社会变革。他们主张抛弃中世纪教会通过发放救济物对穷人进行救助的传统慈善方式，主张通过建立基金会的方式，来确立起一种持续稳定、高效率的救济。清教伦理强调通过发展教育的方式来帮助穷人是富人不可推卸的责任。伊利主教曼特尔·沃恩（Matthew Wren）指出："除了在大家所熟知的大学学院外，清教徒几乎在国家的每个角落都创办了学校。"② 清教徒对创办学校的狂热精神，以及在具体实践中树立的光辉榜样，都不可避免地会对英国社会各个阶层产生广泛而深远的影响。

人文主义和新教教义在教育领域里的主张虽有不同，但都强调对教育进行变革，两股思潮交相辉映，共同熔铸的一种文化氛围不可避免地会给人们的思想观念带来巨大变化。受人文主义和新教教义的影响，社会各阶层特别是新兴的社会阶层商人和乡绅，他们不仅要求打破教会对教育的垄断地位，改变教会学校的那种人才培养模式，而且要求改变传统的慈善救助方式。在新教教义将劳动视为人生的目的，反对不劳而获的宣传下，一种能够帮助孩童获得知识和技能的学校教育，便成为慈善

---

① John Morgan, *Godly Learning: Puritan Attitudes towards Reason, Learning and Education*, Cambridge: Cambridge University Press, 1986, p. 172.

② John Morgan, *Godly Learning: Puritan Attitudes towards Reason, Learning and Education*, Cambridge: Cambridge University Press, 1986, pp. 172–173.

捐赠的首选。

四 教育捐赠的社会影响

教育捐赠不仅给英国社会带来了巨大变化，而且对英国的历史发展进程也产生了深远的影响，主要表现为：

第一，增加了教育资源，扩大了受教育的对象和范围，提高了英国民众的文化水平。学校的创办增加了教育资源，到17世纪30年代，绝大多数集市城镇都有提供基础教育的文法学校。如在肯特郡以及坎特伯雷大主教辖区，在1600—1640年已有一半的教区和市镇设有文法学校。同期的莱斯特郡，有12个城镇和70多个村庄设有学校。[①] 约克郡在1480—1660年间创建了103所学校，在这个偏远多山、地域广袤的郡，其中1/4的学校建在小乡村。[②] 在教育捐赠的影响下，从16世纪50年代开始，牛津、剑桥两所大学的人数急剧上升，1580年英国大学生的人数共有3000名。1610年以后，大学生的数量又有一次新的扩展。到17世纪30年代，大学生人数达到了顶点，超过了4000人，其规模直至19世纪60年代才被超越。[③]

在英国教育获得整体发展的同时，各个阶层对享受教育的机会是不一样的，并呈现一种随社会阶层的下降而递减的趋势。科尔切斯特（Colchester school）文法学校，在1636—1645年入学的165名男孩中，31%来自绅士家庭，20%来自教士或专业人士家庭，37%来自富有商人家庭，12%的学生来自约曼农家庭，没有一个是来自农夫家庭的孩子。[④] 不管是承担初中等教育的文法学校还是高等教育的大学，能享受教育的都只是男孩，女孩完全被排斥在学校教育之外。尽管如此，但学校数量的增加，受教育对象和范围的扩大，无疑有助于英国大众文化水平的提高。一个

[①] 许洁明：《十七世纪的英国社会》，中国社会科学出版社2004年版，第169页。

[②] W. K. Jordan, *Charities of Rural England, 1480-1660: The Aspirations and the Achievements of the Rural Society*, London: George Allen & Unwin Ltd., 1961, p. 348.

[③] 徐辉、郑继伟：《英国教育史》，吉林人民出版社1993年版，第86页。

[④] David Gressy, "Educational Opportunity in Tudor and Stuart England", *History of Education Quarterly*, 1976, Vol. 16, No. 3, pp. 310-311.

最明显的例子就是，剑桥郡的威灵哈姆通过在当地创办了一所文法学校，经过不到一个世纪的发展，识字人口比例从25%上升到74%。① "随着民众识字人口的增加，即便不识字的人也有更多的机会通过与社会地位相近的有识读能力的人的交往而受到间接书面文化的影响。"②

第二，使一些学而有成者获得了向上层社会升迁的机会，从而增加了社会的流动性。在中世纪，贵族可以凭借其出身的高贵而获得进入政府部门的特权；手工业者和商人往往是通过父亲将技艺和家产传给儿子，来实现子承父业的更替；农民则必须充分依靠全家的劳力，努力从事田间耕作，才能勉强维持温饱。各个不同社会阶层之间的流动性很小。自近代社会后，随着社会事务的日益复杂化，出现了许多新兴的行业和部门，而这些新兴的行业和部门往往要求从业者必须具备一定的文化水平。这时，富裕的商人、乡绅和约曼农纷纷将孩子送入文法学校和大学接受文化教育，为其今后的生计进行智力投资。一些家庭穷困的孩子也可以通过进入免费文法学校的方式接受初等、中等教育，少数学习成绩优异者还可以获得奖学金，进入大学继续深造。另外，大量的贵族子弟涌入大学也为平民子弟进入大学提供了便利，许多平民子弟往往以贵族绅士的仆人或半工半读的减费生（Sizar）的身份获得了进入大学学习的机会。③

这样，无论是在文法学校里学习到的拉丁文、读写算等知识和技能，还是在大学里接受的高等教育，都为他们改变原来的社会地位，实现向上层社会流动和获得更多的职业选择提供了可能。与莎士比亚同时代的理查德·威尔斯（Richard Wills）在谈到自己所受过的教育与所从事的职业关系时说道："我在格洛斯特城（Gloucester）一所免费文法学校学到了我所需要的一切，之后还成为那里的一位教师，教师是我整个职业生涯的一个转折点。大学毕业后，他放弃了教师的职业，先后充任了许多贵

---

① 许洁明：《十七世纪的英国社会》，中国社会科学出版社2004年版，第176页。
② 许洁明：《十七世纪的英国社会》，中国社会科学出版社2004年版，第180页。
③ Rosemary O'Day, *Education and Society 1500-1800*, Longman: London and New York, 1982, p. 139.

族甚至国玺大臣的秘书。"① 许多大学生在毕业后，或加入教会成了教士，或进入法律界成了律师，或进入政府部门成了政府官员。在1563年的英国下议院中，420名议员中有67人在牛津或剑桥学习过，在1584年的议会中，在牛津或剑桥学习过的议员人数增加到145人，而到1583年，增加到161人。在17世纪上半叶的议员中，有一半以上的下院议员受过大学教育。② 不同的社会阶层之间一定的正常流动，不仅使社会的中下层人士获得了上升的机会，有利于其才能的发挥，同时也有利于社会矛盾的减缓。

第三，打破了教会对教育的垄断，世俗力量加强了对教育的渗透。在中世纪，英国的教育深深地打上宗教的烙印，天主教会几乎垄断了一切有组织的教育。教师大多由牧师担任，学校校长由主教任命，学校依附于教堂，各级学校以神学教育为主，培养的学生主要为神学服务，学生毕业以后大多成了教士。随着教育捐赠的蓬勃兴起，天主教会控制教育的局面被打破，世俗人士开始参与到教育体系的建设中来，有利于英国教育朝着世俗化的方向发展。

---

① Helen M. Jwell, *Education in Early Modern England*, London：Macmillan Press Ltd.，1998，p. 135.

② ［英］奥尔德里奇：《简明英国教育史》，诸惠芳等译，人民教育出版社1987年版，第144—145页。

第四章

政府全面干预教育的初步尝试
（1640—1660）

清教革命推翻了斯图亚特王朝的封建专制统治，以清教徒为代表的资产阶级登上了政治舞台，从而为清教徒将其教育改革的主张付诸实践提供了可能。克伦威尔上台后采取了许多措施发展教育，使英国教育呈现了一派新景象。"大空位时期"的教育实践虽然很快由于王政复辟而夭折，但为后来英国教育的发展指引了新的方向。一些受迫害的清教徒逃到北美大陆后，出于培养牧师的需要，大力发展教育，将英国的教育体制移植到新英格兰，推动了殖民地教育的发展，并为建国后美国教育的发展奠定了基础。

第一节 清教徒的教育改革主张

为统一宗教信仰，国王查理一世强迫信仰加尔文教长老会制的苏格兰人民接受英国国教仪式和主教制，激起了苏格兰人民的极大愤慨，并导致1638年起义的爆发。为镇压苏格兰人民起义，查理一世被迫召开停止多年的议会。下院反对派议员清教领袖皮姆、汉普顿等人利用议会与国王展开斗争，他们提出了逮捕和审判查理一世的宠臣斯特拉福德伯爵和大主教劳德的主张，这两人都是查理一世反动政策的追随者，他们大肆迫害清教徒，被囚禁和处死的清教徒不计其数。这样，由宗教问题引发了清教革命。革命带来的动荡时局为各种新思想的萌发和传播提供了土壤。除受马丁·路德和加尔文的影响外，培根哲学思想和夸美纽斯"泛智"教育理论的广泛传播进一步助推了清教徒教育改革计划的出炉。1640年星室法庭被废除，也使人们敢于发表各种言论，许多教育改革的观念通过传单和小册子得到广泛传播。

一 清教徒教育改革主张的萌发

文艺复兴使古典文化知识得以复兴，特别是一些古代科学著作的发现，使人们对自然现象的研究兴趣日益浓厚。自17世纪初伽利略奠定了近代科学基石后，人们对自然科学的探索热情迅速在欧陆各国蔓延。在英国，首先对科学研究感兴趣的是被马克思称为"英国唯物主义和整个现代实验科学的真正始祖"弗朗西斯·培根（Francis Bacon，1561—1626）。英国哲学家罗素指出："培根哲学的全部基础是实用性的，就是借助科学发现与发明能制驭自然力量。他主张哲学应当和神学分离，不可像经院哲学那样与神学紧密糅杂在一起。"[①] 培根强调科学探索，并建议组建一个世俗性科学机构"所罗门宫"（Salomon's Palace）。培根攻击传统的亚里士多德式经院哲学，鼓励人们通过实验和归纳法来认识现实世界，打破了人们对权威和传统的迷信。培根的这种思想不仅有利于科学新发现，而且也迎合了时代需求，有利于人们思想的解放。在詹姆斯一世和查理一世统治时期，由于英国新教政治力量的壮大，大大地扩展了培根学说的影响。"在1640—1660年新教处于上升时代，几乎每个议论教育的英国人都在不同程度上是培根主义者。"[②]

该时期在教育领域起巨大推动作用的是捷克大教育家夸美纽斯（John Amos Comenius，1592—1670），他是当时国际上公认的大教育家、思想家。[③] 夸美纽斯赞成培根关于由国家资助建立研究机构的主张，因为只有这样才能使那些杰出的学者潜心科学研究。夸美纽斯深受培根思想的影

---

① [英]罗素：《西方哲学史》（下卷），商务印书馆2004年版，第62—63页。
② [英]威廉·博伊德、埃德蒙·金：《西方教育史》，任宝祥、吴元训译，人民教育出版社1985年版，第266页。
③ J. Lawson & H. Silver, *A Social History of Education in England*, London: Methuen & Co. ltd, 1973, p. 153.

响,"培根有关教育的思想大部分被夸美纽斯以某种方式表达成为一种实际术语,并在新教的范围内按照他的道德和宗教倾向进行了修改"①。在教育方面,夸美纽斯认为教育的目的在于使人通过理性、感知来认识事物的本质,应通过在各城镇和乡村建立各等级的学校体制,使教育对象扩展到每一个人。夸美纽斯主张社会各阶层的人都有权接受教育,"不仅有钱有势的人的子女应该进学校,而且一切城镇乡村的男女儿童,不分富贵贫贱,同样都应该进学校","如果我们允许一部分人的智性受到培植,而去排斥另外的一部分人,我们就不仅伤害了那些与我们自己具有同一天性的人,而且也伤害了上帝本身"。② 他要求对原来的教学方法进行改革,主张废除引经据典、咬文嚼字的"文字教学"法而采用直观教学,提出"在可能的范围以内,一切事物都应该尽量地放到感官跟前。一切看得见的东西都应该放到视官的跟前,一切听得见的东西都应该是放到听官的跟前。气味应当放到嗅官的跟前,尝得出和触得着的东西应当分别放到味官和触官的跟前"③。他还主张改革旧的教学内容,增设新课程,要求扩大各级学校的教学内容,增设新兴自然科学知识的教学,对学生进行"泛智"教育。1640年后,培根和夸美纽斯的思想在英格兰广泛传播。1641年冬,夸美纽斯应邀访问英格兰,当时下院已经解散,许多牧师遭到驱赶,薪俸被剥夺,教堂的土地被没收。议会授权由夸美纽斯、塞缪尔·哈特里布(Samuel Hartlib)和约翰·杜里(John Dury)三人负责对教育进行改革。④ 尽管夸美纽斯后来因内战的爆发于1642年1月离开了英格兰,但他的思想却深深地影响了哈特里布和杜里。在英格兰,哈特里布成了夸美纽斯思想的主要传播者。

除培根哲学和夸美纽斯的教育理论外,劳伦斯·斯通指出:清教徒在北美新英格兰的成功教育实践是推动这一时期清教徒积极推进教育改

---

① [英]威廉·博伊德、埃德蒙·金:《西方教育史》,任宝祥、吴元训译,人民教育出版社1985年版,第266页。
② [捷]夸美纽斯:《大教学论》,傅任敢译,人民教育出版社1985年版,第52页。
③ [捷]夸美纽斯:《大教学论》,傅任敢译,人民教育出版社1985年版,第156页。
④ Foster Watson, "The State and Education during the Commonwealth", *The English Historical Review*, Vol. 15, No. 57, 1900, p. 61.

革的又一因素。刚到北美的清教徒，由于面临艰难的生存环境，从一开始就注重建立全面的教育体制，第一代移民们就创立了哈佛大学，法令规定家长负有对孩子们和奴仆进行基础教育的职责，规定要利用公共基金，在达到50户人家的村庄里任命一位教师，在达到100户人家的村庄里创办一所文法学校。事实证明，这种教育体制取得了成效。17世纪50年代，90%以上的男户主和40%的女户主能够阅读和签名。即使契约奴没有达到这一标准，但大量事例证明，在新英格兰的清教徒比他们英格兰的同胞更加注重教育。1936年，莫里森（Morison）教授评价道："在新英格兰的1650年代，上大学的人口比例比今天还要大。"①

受以上几方面因素的影响，在1640—1660年间，许多清教徒对英国的教育进行了批评，其中最著名的要数米尔顿（Milton，1608—1674）。米尔顿是一位信仰极深的清教徒，他于1625年进入剑桥大学基督学院学习，对剑桥的古板课程和低劣的教学质量非常不满。② 清教徒提出的教育改革主张被许多人以各种方式加以倡导，他们当中既有像杰拉德·温斯坦利（Gerrard Winstanley）之类的乌托邦空想家，也有极端民主主义者如理查德·奥弗顿（Richard Overton），而且还有哈特里布、杜里以及他们的同僚。此外，还有像伦敦商人亨利·鲁宾逊（Henry Robinson）、剑桥大学凯斯学院（Caius College）的教育学家威廉·德尔（William Dell）、经济学家威廉·佩蒂（William Petty）等一些有影响力的人物。在主张对教育进行改革的群体中，只有哈特里布和他最亲密的伙伴约翰·杜里曾在欧洲大陆受过教育，大多数的教育改革者都是在传统的教育体制中成长起来的，有些人甚至还当过老师，如哈特里布曾在奇彻斯特（Chichester）创办过一所学园，米尔顿也在伦敦办过七年学园。大多数的激进派改革家们几乎都没有接受过正规教育，如温斯坦利以前是一位商人，后来成了掘地派领袖。出身中产阶级家庭的平等派代表如奥弗顿和威廉·

---

① Lawrence Stone, "The Educational Revolution in England, 1560–1640", *Past & Present*, No. 28, Jul., 1964, p. 72.

② 梁丽娟：《剑桥大学》，湖南教育出版社1990年版，第39—40页。

沃尔温（William Walwyn）只接受过学徒教育。①

二 清教徒的教育改革主张

清教徒的教育改革主张，内容非常广泛，归纳起来，主要有以下几点。

第一，主张推行普遍教育。塞缪尔·哈马（Samuel Harmar）在1642年写给议会的建议中提出要在全国每个教区安置教师，为教区的每个孩子提供教育，传授阅读、写作和基本宗教知识。②威廉·佩蒂认为任何人都不能因为贫穷或出身的原因而被剥夺受教育的权利。1654年，德尔提出应在所有的村庄建立初等学校，在稍大的城镇建立文法学校，"在国内每一个大城镇中，如同在伦敦、约克、埃塞克斯、布里斯托尔、埃克塞特、诺威奇等地一样，至少应有一所大学或学院，这样将更有利于全体人民的利益；对国家来说，应该使学院有能力维持那些虔诚的、博学的教师的生计"③。他主张国家应资助大学的建立与发展，以打破牛津大学和剑桥大学对高等教育的垄断地位。这一时期，其他一些激进派甚至指出，解决大学问题最简单的办法就是消灭牛津和剑桥。④

1659年，一本以匿名发表的小册子倡导在每个教区创办学校，为7—14岁的孩子们提供教育。济贫院的孩子们每天也要学习两小时。每个城镇要为10—14岁的孩子们建造一所文法学校，并配备写作和音乐教师，由国家给他们发放固定薪水。⑤1659年，米尔顿倡导在全国创办学校，向所有人传播知识、文明以及神恩。温斯坦利认为如果没有教育体制的改

---

① J. Lawson & H. Silver, *A Social History of Education in England*, London: Methuen & Co. ltd, 1973, p. 154.

② Foster Watson, "The State and Education during the Commonwealth", *The English Historical Review*, Vol. 15, No. 57, 1900, pp. 63 - 64.

③ ［英］奥尔德里奇：《简明英国教育史》，诸惠芳等译，人民教育出版社1987年版，第147页。

④ ［英］奥尔德里奇：《简明英国教育史》，诸惠芳等译，人民教育出版社1987年版，第147页。

⑤ J. Lawson & H. Silver, *A Social History of Education in England*, London: Methuen & Co. ltd, 1973, p. 155.

革，那种没有私有财产，没有竞争，没有压迫的共产主义社会就不可能实现。他认为要通过实施普遍教育的方式，以使青年具备合作、正义、勤劳、理智、忠诚的品格。因此，他建议所有的父亲和政府官员有义务教导和监督孩子们的学习，使他们免于懒散，以致虚度光阴。在温斯坦利看来，要建立一个和谐的共产主义社会，国家就必须推行普遍的和注重实用性的教育计划。①

第二，注重教育的实用性。实用性是当时教育改革家对教育进行改革的标准，他们对教育实用性的强调深受弗朗西斯·培根教育哲学的影响。他们指出教育应更加切合实际和现实生活，而少一些形式主义和学究味。米尔顿在《论教育》（*Of Education*，1644年）一书中对英国的教育陋习进行了严厉抨击，他反对古典主义教育中的西塞罗主义，认为学习古典著作应结合时代要求。他指责学校违反常规，强迫那些头脑中一无所有的孩子们去学习写作、作诗、写演说词。学生花大量时间去学习那些在日常生活中极少用的希腊语和拉丁语，浪费了宝贵的青春。他对大学里那种以经院主义逻辑学和形而上学为主要内容的教学也提出了批评，指责这种教学无法使学生获得有用的知识。② 米尔顿建议在全国各城市兴办学园（academy），兼施中学和大学教育。学园里的课程既包括古典学科，又增添了大量自然学科和应用学科。尽管在米尔顿的教学改革计划中，新课程包括了自然科学，但学者理查德·L.格里夫斯指出，很明显，自然科学并不是他关注的主要对象。米尔顿设计的教学计划是古典知识教育加上少许的科学教育，而且他提到的科学家都是古代的科学家，如塞内卡（Seneca）、普林尼（Pliny）、索尼留斯（Solinus）。作为一个坚定的清教徒，米尔顿无法将宗教与教育割裂开来，虽然他的教育计划没有完全抛弃对实用知识的强调，但与他对古典学科的过分注重相比，

---

① Richard L. Greaves, "Gerrard Winstanley and Educational Reform in Puritan England", *British Journal of Educational Studies*, Vol. 17, No. 2, Jun., 1969, pp. 169–170.

② J. Lawson & H. Silver, *A Social History of Education in England*, London: Methuen & Co. ltd, 1973, p. 154.

则显得微不足道。①

比米尔顿更激进的实用派改革家是温斯坦利,他认为教育要有利于人们在平等、公共和协作的社会中生存,最重要的知识是公民的德育和各行各业的实际训练,而学校和大学里的学术知识,只适宜对少数社会寄生虫如律师、教士进行传授。宗教没有被列入其教学计划中,因为在他看来,上帝的神启独立于人的理性和知识之外。温斯坦利认为有两种知识:实用知识(practical knowledge)和传统知识(traditional knowledge)。他认为只有实用知识才能培养出勤勉、忠诚的公民;而传统知识是通过阅读或由他人传授而习得,自己没有亲身体验,因而他主张将传统知识的教育从教育计划中删除,因为传统知识是一种不切实际并容易使人懒散的知识。② 17 世纪中叶,约翰·韦伯斯特(John Webster, 1610—1682)更是主张将实用性作为选取学术课程的标准。③

第三,主张推行免费的义务教育。威廉·奥弗顿(Wiliam Overton)要求国家建立免费的学校,使大部分或全部具有自由身份的英格兰人在将来都具备读写能力。④ 平等派代表里查德·奥弗顿早在 1647 年就倡导由国家创办足够数量的免费学校,向英格兰自由民提供教育。⑤ 另一位非常著名的商人、唯理主义者亨利·鲁宾逊(Henry Robinson, 1605—1679)也倡导建立国家教育体制,为所有的孩子们包括最穷困的人和女性提供免费教育。⑥ 政治理论家詹姆斯·哈林顿(James Harrington)在《大西洋》(*Oceana*, 1656 年)一书中,也主张推行免费的、普遍的义务教育。

---

① Richard L. Greaves, "Gerrard Winstanley and Educational Reform in Puritan England", *British Journal of Educational Studies*, Vol. 17, No. 2, Jun., 1969, p. 176.

② Richard L. Greaves, "Gerrard Winstanley and Educational Reform in Puritan England", *British Journal of Educational Studies*, Vol. 17, No. 2, Jun., 1969, p. 170.

③ Richard L. Greaves, "Gerrard Winstanley and Educational Reform in Puritan England", *British Journal of Educational Studies*, Vol. 17, No. 2, Jun., 1969, p. 175.

④ Lawrence Stone, "Literacy and Education in England 1640 - 1900", *Past and Present*, No. 42, Feb., 1969, p. 79.

⑤ Richard L. Greaves, "Gerrard Winstanley and Educational Reform in Puritan England", *British Journal of Educational Studies*, Vol. 17, No. 2, Jun., 1969, p. 174.

⑥ Richard L. Greaves, "Gerrard Winstanley and Educational Reform in Puritan England", *British Journal of Educational Studies*, Vol. 17, No. 2, Jun., 1969, p. 175.

他指出建立学校是国家的首要职责，国家应该为孩子们建立足够数量的免费学校，为保证学校得以长久维持，应该派出监察官对学校进行严格审查。国家应该推行义务教育，只有一个儿子的父母，自己承担学费，有两个或两个以上儿子的父母则可以享受免费的教育。[1]

第四，主张对传统的课程进行改革。1654 年，约翰·韦伯斯特就曾对英国的高等教育进行过猛烈攻击。他特别强调科学研究和数学研究，强调实验和归纳法在科学研究中的运用。17 世纪 50 年代曾担任过剑桥大学凯伊斯学院（Caius College）教师的威廉·德尔（William Dell）是强调科学重要性的另一位代表。持类似主张的教育改革家还有乔治·斯塔基（George Starkey）、诺亚·比格斯（Noah Biggs）、托马斯·劳森（Thomas Lawson）和威廉·佩恩（William Peen）等。[2] 对宗教教育在大学课程中的地位，不同的清教徒派别持有不同观点。多数清教徒坚持伊拉斯谟的传统，将大学看成是知识的存储地和培养牧师的摇篮。温和的清教徒则主张对课程进行渐进式改革，以培养有文化的牧师，但主张降低辩证法的地位，提高希伯来语、希腊语、道德哲学以及实验科学的地位。激进的独立派则拒绝让受过大学教育的人担任神职，认为应该使宗教与大学教育决裂开来。该派认为一个人是否具备担任牧师的资格完全来自神启，那些没有知识的人同样可以担任神职，要求打破大学对培养神职人员的垄断地位。激进派代表温斯坦利在教育计划中完全将宗教教育排除在外。他尤其反对在大学里进行宗教教育，因为神启只通过一种神秘的方式来呈现，而无法通过理性的方式获取。虽然在学校课程中，温斯坦利排斥对宗教进行学术性研究，但他认为对自然界的研究是人类发现上帝启示的最好的和唯一的方式。在温斯坦利看来，从事科学研究本身就是一种宗教体验。对于温斯坦利的教育计划，理查德·L. 格里维斯给出了较公允的评价：在某种程度上，温斯坦利禁止在学校进行宗教教育，提出了教育世俗化，然而，他的神秘主义的泛神论使其教育计划比其他清教徒

---

[1] Foster Watson, "The State and Education during the Commonwealth", *The English Historical Review*, Vol. 15, No. 57, 1900, pp. 59–60.

[2] Richard L. Greaves, "Gerrard Winstanley and Educational Reform in Puritan England", *British Journal of Educational Studies*, Vol. 17, No. 2, Jun., 1969, p. 174.

更加具有宗教色彩。①

第五，反对过去那种死记硬背的教学方法。这一时期的教育改革家与伊丽莎白时代的清教徒以及培根、夸美纽斯一样，抱怨教育过于注重文字而忽视知识所代表的实际事物及其价值，他们认为词只是一种符号象征，词所代表的东西才是活生生的现实世界，主张对文法学校和大学里的传统教学方法进行改革。一位教师乔治·斯内尔（George Snell）在献给杜里和哈特里布的书中写道："我们英格兰的学校不应再将学生教成唯名论者（nominalist）和咬文嚼字者，而对必要的事物却一无所知……而要使其成为唯实论者（realist）和实物主义者（materialist），要使其知道事物本身。"温斯坦利指出，书本中的传统知识不是学问，而只是学问的外壳。威廉·德尔和约翰·韦伯斯特也抨击大学教育，鼓励大学应多使用实验——归纳法从事数学和科学研究。② 米尔顿认为学习的最终目标应该是事物而不是语言，学生阅读拉丁文和希腊文不是为了语言本身，而是为了获取古典作家提供的有关战争、农业、科学以及其他一切知识，语言本身并不重要。③ 对儿童的教育，夸美纽斯及其追随者强调感知的重要性，反对死记硬背。赫齐卡亚·伍德沃德（Hezekiah Woodward）在《儿童的命运》一书中就指出，"感知是人获得对外部世界理解的大门"。为推动传统教学方法的革新，夸美纽斯于1658年出版了一本带有插图的儿童启蒙课本《世界图解》。该书对常见事物进行分门别类的介绍，并附有拉丁文和本族语解释，内容包罗万象，堪称百科全书。他还建议小学应利用各种游戏式的视觉教具来辅助阅读教学。

第六，过于严格的学校纪律是夸美纽斯及其追随者批判传统教育的又一靶子。托马斯·格兰瑟姆（Thomas Grantham）在伦敦的洛斯伯里花园（Lothbury Garden）创办了一所私立学校，但他悲叹道："年轻学生们

---

① Richard L. Greaves, "Gerrard Winstanley and Educational Reform in Puritan England", *British Journal of Educational Studies*, Vol. 17, No. 2, Jun., 1969, pp. 172–173.

② J. Lawson & H. Silver, *A Social History of Education in England*, London: Methuen & Co. ltd, 1973, p. 155.

③ [英]威廉·博伊德、埃德蒙·金：《西方教育史》，任宝祥、吴元训译，人民教育出版社1985年版，第269页。

在教室中痛苦呻吟，教师极为严厉，毫不宽容，学校与其说是学习知识的场所，倒不如说是一座监狱。"① 在对学校不仁道现象抱怨的同时，他们对教师提出了更高的要求。1648 年，威廉·佩蒂在向哈特里布的提议中指出：教育不应该像现在这样由一群最差、最无能的人来承办，而应由那些潜心研究学问且最优秀的人来创办。哈特里布在献给约翰·杜里的著作《改革后的学校》（Reformed School）的序言中写道："对一个国家而言，只在一两所学校进行改革，其意义不大，改革应该在更大的范围内进行，而要对学校进行变革，首先就是要对教师进行培训。"②

清教徒的教育改革计划触及英国传统教育的弊端，勾勒了英国未来教育的蓝图，而清教革命的胜利则为他们推行改革提供了可能。

第二节 清教革命时期英国的教育变化

清教革命爆发后，整个英国社会分化为两派即保皇派和议会派。两派之间的斗争带来了时局的动荡，战争无论是对大学还是对学校都产生了深远的影响。

一 清教革命对英国教育的影响

革命后不久，国王于 1642 年冬率领部队从伦敦逃到牛津。在此后的三年半时间里，牛津成了国王查理一世的临时京城，许多学院被占用，学生担任卫队，国王住在基督教堂学院，王后住在默顿学院，军火存储在新学院，各学院的金银器皿都被拿去用以铸币。③ 大学的入学人数在 17 世纪 40 年代只有 17 世纪 30 年代的一半，牛津大学的损失特别严重，1645 年的入学人数只有 10 年前的 1/10。从 1642—1646 年，教学活动实际上已经停止。据安东尼·伍德（Anthony Wood）称，所有 60 岁以下的

---

① J. Lawson & H. Silver, *A Social History of Education in England*, London: Methuen & Co. ltd, 1973, p. 156.

② Foster Watson, "The State and Education during the Commonwealth", *The English Historical Review*, Vol. 15, No. 57, 1900, p. 53.

③ 裘克安：《牛津大学》，湖南教育出版社 1988 年版，第 39 页。

第四章 政府全面干预教育的初步尝试(1640—1660) ◇ 157

人都要服兵役,年轻人背上武器,参与夜间巡逻。1646年牛津大学陷落后,大学里的保皇派遭到议会巡视员无情地驱逐,空缺的职位由来自剑桥的清教徒填补,1648—1649年共设立了200个研究员职位。在沃德汉姆学院(Wadham College),学监(Warden)和9位研究员、9名学生以及11名自费生被开除并被清教徒替代。[①] 相比而言,剑桥大学遭受的损失要小,但同样受到革命的影响。根据克伦威尔的调整大学法令,各学院信奉国教的领导者,几乎都换由清教徒同情者来担任,180多位研究员被开除,被怀疑是保皇派的人受到监视,学生人数锐减,大学难以维持。1643年议会曾一度派军队在剑桥大学驻扎,连辉煌的王家学院教堂也住进了士兵,一些桥梁被毁。1643年议会通过法令毁掉迷信塑像,使一些学院里的塑像和绘画遭到破坏。1644年还禁止用希腊语、拉丁语和希伯来语布道。议会还打算关闭牛津和剑桥两所大学,这一计划后来因为议会被克伦威尔解散而未能实现。[②]

除大学外,各地的学校也深受战争影响。内战爆发后,原先有序的教学秩序被扰乱,尤其是那些受战争影响较严重的地区,如在约克和斯卡伯里(Scarborough)两地,学校校舍几乎全部被毁,在斯卡伯里,学校师生不得不在附近教区教堂寻找住宿。[③] 位于沃克菲尔德(Wakefield)的伊丽莎白女王文法学校,虽然校舍没有遭到破坏,学校没有被士兵占用,同时有罗伯特·道夫德(Robert Doughty)对学校的妥善管理,但仍有10%—15%的资产在内战中丧失了。[④]

战争对学校带来更大的影响是造成了资金短缺,导致这一问题出现的原因是多方面的:第一,由于政局动荡,许多佃农不缴纳租金,学校土地租金遭到保皇党人的扣压,导致基金受托人不愿继续管理。如位于

[①] J. Lawson & H. Silver, *A Social History of Education in England*, London: Methuen & Co. ltd, 1973, p. 159.

[②] 梁丽娟:《剑桥大学》,湖南教育出版社1990年版,第38—39页。

[③] J. Lawson & H. Silver, *A Social History of Education in England*, London: Methuen & Co. ltd, 1973, pp. 157-158.

[④] J. E. Stephens, "Investment and Intervention in Education during the Interregnum", *British Journal of Educational Studies*, Vol. 15, No. 3, Oct., 1967, p. 258.

萨利斯登（Silsden）和斯特顿（Steedon）的一所学校，有 18 年没有收到其首要佃户珍妮家族的租金。到 1663 年，该家族欠学校的租金达 60 英镑。① 第二，由于社会动荡，人们的捐赠热情减退。与 17 世纪前期相比，学校得到的捐赠减少。W. K. 乔丹通过对 1640—1660 年间布里斯托尔（Bristol）、伯金汉郡（Buckinghamshire）、海姆郡（Hampshire）、肯特郡、兰卡郡（Lancashire）、伦敦、诺弗克（Norfolk）、沃切斯特郡（Worcestershire）、约克郡等九个地区慈善捐赠的考察发现：在 17 世纪的前 20 年，社会对学校和大学的慈善捐赠达到了前所未有的规模。1611—1620 年，共有 133092 英镑 16 先令的慈善资金投入教育，1621—1630 年，教育捐赠的数额也大致相当，然而在"大空位时期"（Interregnum）②，捐赠减少到 75749 英镑，比内战前同期减少了近一半。③ 如果考虑到内战后物价上涨的因素，这些捐赠的实际价值则更低。内战期间物价飞涨，小麦的价格在十几年的时间里上涨了近 50%。1620—1644 年，1 夸特（1 夸特等于 12.7 公斤）小麦的价格都在 45 先令以下，1647 年小麦的价格涨到了 52 先令，1649 年上涨到 62 先令 6 便士，在大空位初年，涨到近 68 先令。与小麦价格上涨的同时，农业工资平均也上涨了 20%—25%。比土地劳动者状况更糟糕的是那些无法应对物价上涨的教士、慈善基金会、学校和学院。④ 第三，由于 1646 年主教制的废除，教会管理体制遭到破坏，学校得不到主教的资助和监督管理。

革命扰乱了原有的教学秩序，学校经济状况不断恶化，教师变得日益穷困，许多老师放弃了教师职业，有的参军，有的做了军官职员，有的成了外科医生或军中牧师。一些同情保皇党的教师在 1643 年后被学校

---

① J. E. Stephens, "Investment and Intervention in Education during the Interregnum", *British Journal of Educational Studies*, Vol. 15, No. 3, Oct., 1967, p. 257.

② 查理一世被处死到查理二世上台之间的时期被称为"大空位时期"，即 1649—1660 年，这一时期主要包括共和国时期（1649—1653 年）和护国公统治时期（1653—1658 年）两个阶段。

③ W. K. Jordan, *Philanthropy in England, 1480 - 1660*, London: Allen & Unwin., 1959, p. 375.

④ J. E. Stephens, "Investment and Intervention in Education during the Interregnum", *British Journal of Educational Studies*, Vol. 15, No. 3, Oct., 1967, p. 259.

开除，更多的人在 1649 年后因拒绝承认新成立的共和国被赶出学校，导致一些地方出现了教师严重不足的现象。①

二 "大空位时期"的英国教育

英国内战给学校和大学带来了损害，但内战的结果使以克伦威尔为首的清教徒取得了国家政权，从而为推行清教徒教育改革家如米尔顿、哈特里布、温斯坦利等人提出的改革计划提供了可能。传统的观点认为清教革命对英国教育带来了不利的影响，而 A. F. 利奇则认为在共和国时期，政府并不像过去认为的那样对学校和教育持一种敌视的态度，而是相反。② 文森特在其《1640—1660 年间的国家与学校教育》一书中，也认为战争和随后出现的经济动荡，对学校并没有造成多大的负面影响，相反，学校还得到政府的慷慨资助。③ 大量事实证明：在大空位期间，议会通过了许多法令来加大对教育的投资。1646 年和 1649 年，主教、教长和牧师会的地产先后实现了国有化。④ 同时，议会规定凡在 1641 年 12 月 1 日前指定用于资助学校和学生的财政预算继续执行。议会还下令创办一些新学校。⑤ 这一时期通过的一项最重要法律是 1649 年 6 月 8 日颁布的法令。为了维持一支传教牧师队伍和发展教育事业，政府任命受托人负责管理首年薪俸和什一税（自亨利八世以来国王享有的权利），并授权他们利用这些收益来支付传教牧师和教师的薪水。政府计划凑足 20000 英镑用于发展此项事业，其中 18000 英镑用于提高牧师和教师的薪水，2000 英镑专门用来扩充牛津大学和剑桥大学的师资和提高教师薪水。后来颁

---

① J. Lawson & H. Silver, *A Social History of Education in England*, London: Methuen & Co. ltd, 1973, pp. 157 – 158.

② A. F. Leach, *Educational Charters and Documents 598 – 1909*, Cambridge: Cambridge University Press, 1911, p. 47.

③ W. A. L. Vincent, *The State and School Education, 1640 – 1660*, London: S. P. C. K., 1950, p. 108.

④ J. Lawson & H. Silver, *A Social History of Education in England*, London: Methuen & Co. ltd, 1973, p. 159.

⑤ A. F. Leach, *Educational Charters and Documents 598 – 1909*, Cambridge: Cambridge University Press, 1911, p. 47.

布的法令进一步规定在受托人无法获得 2 万英镑的情况下由财政部给予补贴。① 1650 年，大学改革委员会（the Committee for Reformation of the Universities）规定每年用 200 英镑资助剑桥大学的圣约翰学院和伊曼纽尔学院，提高教授特别是剑桥大学数学教授的薪俸。②

除大学外，文法学校也得到一定的资助，如彻斯特（Chester）文法学校教师每年得到 36 英镑，助教得到 9 英镑的资助。撒利斯伯里文法学校教师和助教分别得到 20 英镑和 10 英镑的资助。③ 为了在威尔士和北方四郡——诺森姆伯兰德（Northumberland）、西摩兰德（Westmorland）、坎伯兰德（Cumberland）、杜尔汉姆④——传播福音，1650 年 2 月 2 日和 3 月 1 日先后通过两个法令，成立专门委员会负责从国王和大主教地产中提取部分收益，用以改善上述两地的教育。之后，大量新学校在威尔士的卡恩（Caren）和杜尔汉姆的山德兰特（Sunderland）建立起来，如在山德兰特建立了一所海事学校，向孩子们教授写字和算术，以适应未来海洋生活的需要。在基督医院学校（Christ's Hospital）内部和罗彻斯特（Rochester）还创办了著名的数学学校。⑤ 从中不难发现，清教徒教育改革家提出的注重教育实用性的主张对现实教育带来的影响。1651 年，大学改革委员会规定每年对威尔兹（Wilts）郡的塞拉姆学校（Sarum School）提供资助，其中资助教师约翰·亨特（John Hunt）20 英镑，助教爱德华·希拉里（Edward Hillary）10 英镑。⑥ 在威尔士的彭布鲁克郡（Pembrokeshire），1652 年 1 月 29 日亨利·威廉斯（Henry Williams）被授

---

① J. E. Stephens, "Investment and Intervention in Education during the Interregnum", *British Journal of Educational Studies*, Vol. 15, No. 3, Oct., 1967, p. 260.

② A. F. Leach, *Educational Charters and Documents 598 – 1909*, Cambridge: Cambridge University Press, 1911, p. 536.

③ J. Lawson & H. Silver, *A Social History of Education in England*, London: Methuen & Co. ltd, 1973, p. 159.

④ J. E. Stephens, "Investment and Intervention in Education during the Interregnum", *British Journal of Educational Studies*, Vol. 15, No. 3, Oct., 1967, p. 260.

⑤ A. F. Leach, *Educational Charters and Documents 598 – 1909*, Cambridge: Cambridge University Press, 1911, p. 47.

⑥ A. F. Leach, *Educational Charters and Documents 598 – 1909*, Cambridge: Cambridge University Press, 1911, pp. 537 – 538.

权在卡恩教区创办一所免费学校,他每年可从该郡财政中获得 20 英镑的年薪,分两次在每年的 1 月 25 日和 12 月 25 日领取。[1] 1655 年 3 月 10 日,弗兰西斯·尼斯索尔(Francis Nethersole)爵士还在沃威克郡(Warwickshire)的波尔沃斯(Polesworth)创办了第一所同时招收男女学生的捐赠学校。不过,学校建筑分两部分,所以还不是真正意义上的男女合校。男孩子们学习读和写,女孩子们则学习阅读和做针线活。[2]

总结这一时期英国教育取得的成就,W. K. 乔丹教授认为,"1660 年的教育机会比过去任何时候都要更加广泛和稳固,这种局面直到 19 世纪很长一段时间才再次出现"[3]。对此,也有史家提出了不同观点。沃森认为大空位期间,尽管有相关法律的规定,但这些资金对学校的实际帮助非常少,据估计,只有 1/20 的拨款被送达到学校和老师手中。[4] 1967 年,J. E. 史蒂芬斯在《大空位期间政府对教育的投资与干预》一文中指出,由于重税政策导致中小地主纷纷破产,使捐赠资金减少;社会秩序混乱,人们的捐赠热情减退;物价上涨;佃户拒交租金;主教制被废除,对教师的监管不严;由于贪污腐败,许多资金并没有分配到位等诸多原因,该时期取得的教育进展并不大。[5] J. 劳森和 H. 史尔威也认为,尽管清教徒进步主义者提出了如此丰富的改革计划,但长期国会和护国公取得的功效却微不足道,因为无论是从社会意义还是从学术意义上讲,学校和大学几乎都没有什么变化。[6] 由此看来,要对该时期英国教育的发展做总体评价确实还需要做进一步研究。但是,英国教育毕竟冲破了传统教育

---

[1] A. F. Leach, *Educational Charters and Documents 598 – 1909*, Cambridge: Cambridge University Press, 1911, p. 538.

[2] A. F. Leach, *Educational Charters and Documents 598 – 1909*, Cambridge: Cambridge University Press, 1911, p. 48.

[3] W. K. Jordan, *Philanthropy in England 1480 – 1660*, London: Allen & Unwin. , 1959, p. 48.

[4] Foster Watson, "The State and Education during the Commonwealth", *The English Historical Review*, Vol. 15, No. 57, 1900, p. 71.

[5] J. E. Stephens, "Investment and Intervention in Education during the Interregnum", *British Journal of Educational Studies*, Vol. 15, No. 3, Oct. , 1967, pp. 253 – 262.

[6] J. Lawson & H. Silver, *A Social History of Education in England*, London: Methuen & Co. ltd, 1973, p. 161.

的樊篱，出现了一些新特征，为以后英国教育的发展提供了新方向。

这一时期英国教育还有一个值得注意的现象是科学研究在大学里悄然兴起。在护国公统治时期，牛津大学很快恢复了生机，其入学人数每年增加到约350人，达到了17世纪20年代的水平。两所大学的录取人数达到了16世纪90年代的水平。安东尼·伍德证实，在牛津大学，一些老师开始对数学和科学研究产生了兴趣。在克伦威尔担任牛津大学校长期间（1650—1657年），大学在各个知识领域都结出了丰硕成果。对此，后来的保皇派历史学家克拉伦登（Clarendon）也不得不给予承认。[1] 牛津实验哲学俱乐部（the Oxford Experimental Philosophy Club）的成员每周在沃德汉姆学院聚会，该俱乐部杰出的成员有沃德海姆学院的学监约翰·威尔金斯（John Wilkins）、默顿学院的学监乔纳森·戈达森（Jonathan Goddard）、塞维里（Savilian）几何学教授约翰·沃利斯（John Wallis）、塞尔德勒（Seldleian）讲师乔舒亚·克罗斯（Joshua Crosse）、物理学助教威廉·佩蒂（William Petty）和塞维里天文学教授塞希·沃德（Seth Ward）。17世纪50年代，罗伯特·鲍伊尔（Robert Boyle）和罗伯特·胡克（Robert Hooke）也加入了这一群体。[2] 后来，约翰·威尔金斯、约翰·沃利斯、乔纳森·戈达森还成了皇家学会（the Royal Society）的创始人。据此，皇家学会史的作者托马斯·史普拉特（Thomas Spratt）将沃德汉姆聚会看成皇家学会的前身。[3] 牛津实验哲学俱乐部以其研究的全面性，偏重实用性，关注新理论和新发现以及团结协作精神而著称，俱乐部的成员对农业技术的改进饶有兴趣，威尔金斯发明了一种改进的犁，佩蒂发明了播种机。俱乐部成员还建造了化学实验室、天文台，从事光学、物理学和医学研究。1651—1660年，由查尔斯·韦伯斯特主持的医学科考试表明他们对世界各国的实验医学和临床医学都有广泛了解。在

---

[1] J. Lawson & H. Silver, *A Social History of Education in England*, London: Methuen & Co. ltd, 1973, pp. 160 – 161.

[2] Rosemay O'Day, *Education and Society 1500 – 1800*, London and New York: Longman Group Limited, 1982, p. 263.

[3] Helen M. Jwell, *Education in Early Modern England*, London: Macmillan Press Ltd., 1998, p. 35.

教学中，他们鼓励对现有理论和方法提出挑战。几乎在每门学科的前沿领域，在牛津都有人从事研究。

在剑桥，科学活动主要以一些柏拉图主义者为中心，该群体成员对科学的形而上学问题倍感兴趣，他们期望通过对自然史的研究来证明上帝创世的智慧。这一群体的知名成员主要有约翰·雷（John Ray）、亨利·鲍尔（Henry Power）和弗朗西斯·威洛比（Francis Willonghby）。剑桥大学对医学研究非常重视，有人已开始从事解剖实验。格利森（Glisson）培养了两个才华横溢的学生马修·罗宾逊（Matthew Robinson）和亨利·鲍尔，他们都来自约克郡，对植物学、化学、生理学和胚胎学有着浓厚的兴趣。[1]

尽管这一时期大学出现了一些新气象，诞生了一些对科学感兴趣的学者，但是这一现象的出现主要依赖于学者的个人兴趣。大学作为一个机构，并不是这场运动的发起者。政府没有设立新的教授席位和讲师席位。本科生没受多大影响，艺学科在大学课程中依然占主导地位。大学图书馆虽然存放了一些关于科学、数学、哲学书籍，一些导师也注重培养学生更广泛的兴趣，但新科学并没有在本科生中起正式和机制化的作用。大学里的保守势力非常强大，即使是那些对科学感兴趣的学者也极力维护艺学科在大学课程中的地位，认为这些课程对于培养教士和绅士是必不可少的。至于那些社会改革家提出的为贫穷但聪颖的男童建立特殊学院，通过教授非经院哲学课程将其培养成牧师的建议，更是被拒之门外，因为大学对这些改革怀有敌意。[2]

为打破牛津、剑桥的垄断地位，改变北方各郡教育落后，没有大学的状况，人们在1641年就向议会提出议案，申请在曼彻斯特和约克为北方诸郡建立大学，但这一提案如同早年建议在里本（Ripon）建立大学的提议一样，没有得到回应。在各地建立地方学院，将格莱莎姆学院（Gresham College）和几所其他专业学院合并组建成伦敦大学以扩大高等

---

[1] Rosemay O'Day, *Education and Society 1500 – 1800*, London and New York: Longman Group Limited, 1982, pp. 263 – 264.

[2] Rosemay O'Day, *Education and Society 1500 – 1800*, London and New York: Longman Group Limited, 1982, p. 264.

教育范围等其他建议,也没有得到采纳。1651 年,杜尔海姆市民和一些北方乡绅再次向议会请愿,要求在被驱赶的教士住宅上组建一所学院。克伦威尔认为这一计划有利于推动那些贫穷、野蛮、愚昧地区的教育和培育当地民众对上帝的虔诚,同意了这一请愿。在他的推动下,学院于 1657 年建立,并从解散的大教堂中获得基金资助。但由于学院一直存在经费短缺、规模小、没有学位授予权等问题,加上牛津大学因担心出现太多小学院会威胁到宗教和教育也反对创办新学院。1660 年查理二世复辟后,由于反动势力重新抬头,学院被迫关闭。① 这样,由于保守势力的阻挠,扩展高等教育的计划虽在共和国时期得到短暂推行,但也只是昙花一现。

三 王政复辟与英国教育的变化

清教革命胜利后,克伦威尔通过一系列措施加大了对教育的投资,使清教徒的教育改革计划得到部分实现。但就当时条件而言,清教徒的教育改革目标显然过于宏大,因而带有明显的理想主义色彩。改革进程很快因王政复辟而中断。"1660 年的王政复辟,意味着上院、主教和英国国教重新回到历史舞台。由贵族绅士组成的保皇党议会对清教徒和共和党人进行了报复,他们制定了一系列法令,试图将所有清教徒清除出教会和政府。"②王政复辟后,国王查理二世(1660—1685 年在位)先后颁布了一系列法规,要求大学遵从国教,加强了对牧师和教师的控制,使清教徒的教育改革计划遭到彻底失败。1662 年的《统一法案》(Act of Uniformity) 规定所有牧师、大学教师、学校教师都要签字声明遵奉英国国教礼拜仪式,同时规定教师须有主教颁发的许可证才能任教,否则要被处以罚款或监禁。法案还规定"不信奉国教者"(Dissenters)不得担任教师,禁止在大学获得学位。受此法案的影响,约有 2000 名牧师(包括大

---

① J. Lawson & H. Silver, *A Social History of Education in England*, London: Methuen & Co. ltd, 1973, p. 161.

② 贺国庆、王保星:《外国高等教育史》,人民教育出版社 2003 年版,第 105 页。

学里的教师)被作为异教徒而遭到驱逐,非国教徒学生也被大学拒之门外。① 1665 年,政府又通过了《五英里法》(The Five Miles Act),该法令规定任何不信奉国教的牧师不能待在离城市、城镇,以及那些有资格向议会派出代表的自治市 5 英里以内的地方,并禁止他们向任何群众非法传教。②

"在王权与宗教的控制下,非国教者被排除在大学的圈子之外,共和时期大学展现的些许生机重又被保守的氛围所笼罩,在激烈的社会变革面前,大学抱守残缺,未能扮演创新的角色。"③ 之后,大学的人数减少,牛津和剑桥进入了长达一个半世纪的停滞期。尽管如此,但清教徒有关加强对实用科学的重视,倡导国家资助教育,推行普遍的、免费的教育等思想及其实践为英国教育留下了丰硕的遗产,甚至在某种程度上可以说,它是 19 世纪中叶英国教育大变革的预演。

第三节　英国教育在新英格兰的移植和变异

17 世纪初,英国国内宗教斗争非常激烈,英王查理一世继承其父亲詹姆斯一世的反动政策,在大主教劳德的协助下,疯狂迫害清教徒。由于清教徒不愿意抛弃自己的信仰,又无法与国教会抗衡,因此许多人纷纷逃往国外。为躲避英国圣公会的迫害,一些清教分离主义者于 1607—1608 年逃到荷兰。为了避免最终被荷兰人同化,正如威廉·布莱德福若干年后细述迁移到新大陆的原因时所写的,"更不幸的是,在所有的悲伤中最让人难以承受的是,他们的许多孩子,由于这些原因和那个国家青年的极度放纵,以及那个地方的无数诱惑,被邪恶的榜样引上了奢侈和

---

①　Michael Sanderson, *Education, Economic Change and Society in England 1780 – 1870*, Cambridge: Cambridge University Press, 1995, p. 20.

②　James Bow, *A History of Western Education*, Vol. 3, London: Methuen & Co. ltd, Vol. 3, 1981, p. 133.

③　贺国庆、王保星:《外国高等教育史》,人民教育出版社 2003 年版,第 105 页。

危险的歧途,变得放荡不羁,与父辈分道扬镳"①。1620 年,102 名英国清教徒乘着一艘"五月花号"轮船来到了詹姆士顿以北 600 公里处的普利茅斯(Plymouth),建立了普利茅斯殖民地。1630 年,又一批清教徒为寻求宗教自由和政治自由,在约翰·温斯罗普(John Winthrop)的率领下来到马萨诸塞。1630—1640 年间,又有约 2 万名清教徒陆续移居马萨诸塞。这些清教徒具有一种强烈的清教使命感,即认为自己离开欧洲只是一种战略上的撤退,是为了在新大陆建立清教典范,以昭示后人。

1643 年,马萨诸塞、普利茅斯、康涅狄格和纽黑文组成新英格兰联合殖民地,或称新英格兰联盟(以下简称新英格兰)。新英格兰是清教徒最集中的地方,也是美国殖民地时期教育最发达的地方。美国学者 S. E. 佛罗斯特曾指出,"新英格兰的舞台,几乎从一开始就是学校和教会的舞台,也是教育和宗教的舞台"②。之所以如此,这与清教徒移民企图在北美大陆实现其宗教理想是分不开的。他们决心在北美土地上建立一个模范的能体现清教精神的社会,就像温思罗普在其"基督仁慈的典范"的结尾中所说:"我们就像山巅的城市,所有人的目光都在注视着我们。"③他们希望在新大陆建立一个神圣而有序的基督徒社会。为了实现这一目标,"在荒原边境,在创建家园及寻衣觅食的艰苦劳动中,这些定居者们仍挤出时间和财力创办初级和中级学校"④。

一 初等学校——主妇学校、读写学校、城镇学校

清教徒到达殖民地后,由于担心在自己这一代传教士之后,教会将落入不学无术的牧师手中,因此他们每到一处就兴建教堂和学校,传播宗教。正如美国历史学家福克斯在《观念的变迁》一文中所说,"上帝已

---

① [美]劳伦斯·A. 克雷明:《美国教育史(1607—1783)》,周玉军、苑龙、陈少英译,北京师范大学出版社 2003 年版,第 11 页。

② [美]S. E. 佛罗斯特:《西方教育的历史和哲学基础》,吴元训等译,华夏出版社 1987 年版,第 298 页。

③ [美]劳伦斯·A. 克雷明:《美国教育史(1607—1783)》,周玉军、苑龙、陈少英译,北京师范大学出版社 2003 年版,第 1 页。

④ Stow Parsons, *American Minds: A History of Ideas*, New York: Robert E. Krieger Publishing Company, 1975, p. 20.

经把我们安全地带到新英格兰,我们已经修建住房,为我们的生活准备必需品,就近建立礼拜堂,设置民事管理机构。我们渴望和关切的即将要办的事情之一是推动学习,传之后世,永远地传下去,当我们现在的牧师与世长辞时,不给教会留下一批无知的牧师"①。

在早期移民中英国人最多,他们来到美洲大陆后,按照英国传统在各殖民地建立各种学校,其中初等学校主要包括主妇学校、读写学校、城镇学校、慈善学校或贫民学校(Pauper school),其中前三种是新英格兰的主要学校类型,后两种是中南部殖民地常见的学校类型。下文仅就新英格兰几种学校类型进行介绍。

主妇学校(Dame School)是殖民地时期最典型的一种初等学校。一些略有文化的移民妇女来到美洲后,在家务之余,招收一些邻里孩童进行最基本的读写教育,有时也在沙地上教授一些简单的算术。主妇学校是当时女孩接受初等教育的唯一机构,在主妇学校学习时间较长的女孩则可以学习读、写、算、缝纫和教义问答等知识。② 这种学校的教学水平参差不齐,教学内容常依据主妇的学识而定。主妇有的在居室,有的在厨房从事教学,这种学校设备简陋,水平极低。与其称为学校,不如称为识字班更确切。③ 一些主妇只会教字母,为了鼓励孩子们学习,对年龄最小的孩童,她们用煎饼做成字母的形状,孩子若能辨认出,就将煎饼作为奖品赏给他。这种主妇学校通常由父母支付学费,有些城镇也为这种学校提供一定的资助。④ 新英格兰由于工商业发达,因而要求从业者需具备一定的书写和计算能力,但由于主妇学校只教授一些基本的读写知识,只有极少数主妇学校才教授算术,为此,有些教师开办了读写学校,以满足社会对知识的需求。

---

① [美] E. P. 克伯雷选编:《外国教育史料》,华中师范大学出版社1990年版,第322页。

② Edwin E. Slosson, *The American Spirit in Education*, New Haven: Yale University Press, 1921, p. 18.

③ 滕大春:《美国教育史》,人民教育出版社1994年版,第53页。

④ Edwin E. Slosson, *The American Spirit in Education*, New Haven: Yale University Press, 1921, p. 19.

读写学校（Writing School）是初等教育机构中的第二种类型。读写学校主要向儿童教授读、写、算等知识。清教徒认为能读懂《圣经》、听懂传教士的布道、能写会算、具有一定的谋生手段是每一个严肃、勤劳、虔诚清教徒的本分。学校里最早和最简便的课本是一种用带手柄的小木板制作而成的角贴书（hornbook）。小木板上贴有一层纸，纸上覆盖了一层透明角质膜，以防止沾污和撕裂，纸的上端写有字母、音节、主的祷文，下面附有拉丁数字。高水平的学生则学习新英格兰初级读本（the New England Primer）。[1]《新英格兰初级读本》约问世于 1660 年，这是英属北美殖民地出版的第一本教科书。《新英格兰初级读本》包括字母表、音节表、单词，然后是带有插图的对字母进行讲解的押韵诗，如对字母 A 的解释为：

由于亚当的堕落（In Adam's Fall）
我们都有了原罪（We sinned all）

接着是"乖孩子的承诺"（the Dutiful Child's Promises），随后是主的祷文、使徒信条、十戒律，之后是有关神的打油诗，最后是旧约圣经、新约圣经和简短的教义问答。[2] "这本书贯穿了加尔文主义和宗教的说教，几乎每页都强调人的邪恶。人有被永久地打入地狱的危险，以及对上帝和人类的职责。"[3] 可见，《新英格兰初级读本》全书充满了浓厚的宗教色彩。美国教育史家就曾指出，那时初等学校教授的并非通常所说的 3R（Reading Writing Figuring）而是 4R，即在读、写、算之上，更强调宗教（Religion），宗教信仰是各学科的灵魂。[4] 这本教科书沿用了一个半世纪。

---

[1] Edwin E. Slosson, *The American Spirit in Education*, New Haven: Yale University Press, 1921, p.14.

[2] Loss L. Finney, *A Brief History of the American Public School*, New York: Macmillan Company, 1927, pp.13–16.

[3] [美] S. E. 佛罗斯特:《西方教育的历史和哲学基础》，吴元训等译，华夏出版社 1987 年版，第 304 页。

[4] 滕大春:《美国教育史》，人民教育出版社 1994 年版，第 72 页。

据一家出版公司记载，七年内共出售了 3.7 万册。① 校舍是用木头制作而成的单间小屋，学生坐在没有刷过油漆的长凳上。教室里只有一张教师课桌，学生没有分班级。学生被传唤时，则走到讲台前进行背诵，如果学生的表现不佳，老师常以鞭打给予处罚。②

初等学校的第三种类型是城镇学校（Town School）。与主妇学校、读写学校属于私立性质的学校不同，城镇学校是一种由城镇筹款创办的具有地方公立性质的学校。城镇学校的学生也交学费，但比私立学校低，因而学生人数较多。城镇学校是新英格兰地区最主要的一种初等教育机构。例如，"新英格兰殖民区的马萨诸塞州就是以城镇学校为主要类型；同时也有主妇学校、书写学校"③。捐赠、学费和税收是殖民地学校经费的主要来源。父母要根据上学孩子的比例交税。地方税虽然是新阿姆斯特丹提出来的，但地方税（local taxes）在新英格兰才真正得到落实和延续。新英格兰城镇有许多这种例子，如 1651 年新哈温镇规定：为鼓励詹姆斯先生的教学，法院规定从他开始教学的当年起，从城镇收入中向他支付 10 英镑的薪水，剩下的四分之一薪俸由学生家长支付。又如 1683 年波士顿规定：每个城镇每年要为每所学校支出 25 英镑，那些有孩子上学的家长要向老师缴纳一定的实物，以奖励老师的工作。由于城镇学校面临与收费的私立学校的竞争，因此，城镇学校渐逐渐免收学费。④

二 中等学校——拉丁文法学校

殖民地时期建立的中等学校主要是拉丁文法学校。殖民地最早创办的文法学校是波士顿拉丁文法学校（the Boston Latin Grammar School）。1635 年，波士顿全体居民达成一致协议，创办了该校。同年波士顿城镇会

---

① Edwin E. Slosson, *The American Spirit in Education*, New Haven: Yale University Press, 1921, pp. 14–15.

② Edwin E. Slosson, *The American Spirit in Education*, New Haven: Yale University Press, 1921, pp. 16–17.

③ 滕大春：《美国教育史》，人民教育出版社 1994 年版，第 51 页。

④ Loss L. Finney, *A Brief History of the American Public School*, New York: Macmillan Company, 1927, p. 7.

议任命费勒蒙·伯蒙特（Philemon Purmont）为教师，承担对孩童的教学和培育，并规定教师的薪水。据记载，新英格兰各地如多彻斯特（Dorchester，1640年）、伊波斯维奇（Ipswich，1641年）、萨莱姆（Salem，1641年）、剑桥（1642年）、威茅斯（Weymouth，1643年）、诺克斯伯里（Roxbury，1645年）和普利茅斯（Plymouth，1650年）也都建立了文法学校。①

这种早期由民众和城镇自发兴办教育的状况，显然无法实现清教徒的宗教理想。事实也证明在当时艰难的条件下，许多父母疏于其职责，上学的孩子并不多。为此，一些清教徒领袖请求州政府责令孩童父母和监护人履行其职责，于是马萨诸塞殖民地通过了著名的1642年法令，这是北美殖民地最早的一项关于强制教育的法令。该法令要求"每个城镇挑选并委派一些人员去管理这样一件意义深远的事业"，"如果这些要求被家长和师傅所拒绝，他们将被处以罚款"，"为了更好地履行对他们的信托，他们可以把整个市镇划分成若干区，每区指派一个挑选来的居民，对一定数目的家庭予以特别监督……为了帮助他们开办这种必要的有益的职业，如果他们遇到了靠他们自己的力量不能克服的困难和遭到了反对，他们可以要求某些地方官员求援"。② 该法令的意义非常重大，它是英语国家中通过的第一个有关强制教育的法令。

由于并不是每个城镇都认真执行了该法令，所以法令并没有达到预期的效果。1647年11月11日，马萨诸塞殖民地又通过了"祛魔法令"（the Old Deluder Satan Act）。法令在"前言"中声称："作为老魔鬼撒旦的一个主要阴谋，就是不让人们懂得《圣经》。从前它不让人们懂得《圣经》的语言，以后又劝人们不要运用这种语言，至少《圣经》原文的真意，可能被那些貌似圣人的骗子们的注解弄得朦胧不清了。"因此，法令规定：

---

① Loss L. Finney, *A Brief History of the American Public School*, New York: Macmillan Company, 1927, p.4.

② [美] E. P. 克伯雷选编：《外国教育史料》，华中师范大学出版社1990年版，第331—332页。

在辖区内的每个城镇，凡上帝给我们增加住户达到 50 户人家的，就相应地在这个城镇里任命一位教师，教那些向他求教的孩子们写字和读书。教师的酬金由这些孩子的家长或主人来支付……不得强迫那些送孩子上学的人所交学费超过让孩子到其他城镇上学所付的学费；此外还进一步规定，凡镇里的家庭或住户达到 100 户的要建立一所文法学校，该校的教师要能够教青年使之尽可能符合上大学的要求，兹规定，如果任何城镇忽视这些规定达一年以上，它就得付给新办学校 5 镑，直到他们履行该规定为止。①

从法令的"前言"中，我们可以明显地看出清教徒创办学校的宗教意图。

专门研究马萨诸塞州公共教育体制的历史学家马丁（Martin）对该两项法令的政治意义给予了评价："让孩子们接受教育，并不是为了迎合他们个人的兴趣，而是因为如果他们不接受教育的话，政府将受其害；政府创办学校并不是为了减轻家长们的负担，也不是因为学校能把孩子们教育得更好，而是因为它能更好地实现政府的意愿。"② 不过，除了政治意义外，这两个法令在美国历史上还具有深远的教育意义，正如学者爱尔伍德·P. 卡伯莱指出：1642 年和 1647 年马萨诸塞法令，不仅代表了新的教育观念，而且也为美国公共教育体制奠定了基石。③ 爱德温·E. 史罗森也认为 1647 年法令的重要意义在于它为后来的美国教育确立了三个原则：第一，每个城镇，不论大小，都有创办公共教育的义务；第二，对学校事务的管理权不在遥远的行政当局而在学校归属地的地方当局手中；第三，初级教育不同于为学院和大学做准备的中等教育。④ 不过，爱

---

① ［美］E. P. 克伯雷选编：《外国教育史料》，华中师范大学出版社 1990 年版，第 332—333 页。

② Ellwood P. Cubberley, *Public Education in the United States*, Boston, New York: Houghton Mifflin Company, 1919, p. 19.

③ Ellwood P. Cubberley, *Public Education in the United States*, Boston, New York: Houghton Mifflin Company, 1919, p. 18.

④ Edwin E. Slosson, *The American Spirit in Education*, New Haven: Yale University Press, 1921, pp. 5 – 6.

德温·E. 史罗森也指出,对此法令的实际效果不能估计的过高,因为该法令并没有立刻带来教育的持续发展和繁荣。原因主要有:首先,一些城镇发现缴纳罚款比聘请教师创办学校更合算;其次,后来来到马萨诸塞的移民不如第一批移民那样重视教育;再次,农夫和商人不太看重拉丁文的实际效用;最后,外部还受到印第安人的袭击,缺乏一个稳定的社会环境。① 事实确实如此,1668 年 3 月 2 日,州议会还专门向没有严格执行该法令的托普斯菲尔德市镇行政管理委员会下达了相关命令,要求"如果由于家长的原因忽视这一规定,经劝告后仍置若罔闻,该镇当局必须在两个地方法官或该地区下一级法庭的协助下,从那样的家长那里领走他们的孩子或学徒,强制安置他们受到更严格的看管"②。由此可以看出,与殖民地中部地区教育由教会创办,南部主要由家庭创办不同,在新英格兰地区,政府较早地承担了管理和资助教育的职责。

殖民地的拉丁文法学校除获得公共资金的资助外,其他方面与英格兰的文法学校极为相似。在教学目标上,文法学校主要是为学生进入哈佛学院做准备。文法学校的教学目的从哈佛大学的入学要求可以看得更清楚。1642 年的哈佛大学入学法规规定:"只有那些能正确地理解古典拉丁文作品,并且能以纯正的拉丁文作诗和写散文,精通希腊语名词、动词的格位变化的学生,才可以被收入本学院。若不具备此种资格,任何人不得入学。"③ 在课程设置上主要以古典课程为主,特别强调对拉丁文、希腊文的读、说能力的培养。文法学校最著名的教材是殖民地早期一位著名教师伊泽科尔·切维尔(Ezekiel Cheever, 1614—1708)在新哈温(New Haven)于 1641—1650 年间编写的《切维尔入门手册》(*Cheever's Accidence*)。该教材在新英格兰沿用了一个多世纪,其他殖民地的文法学

---

① Edwin E. Slosson, *The American Spirit in Education*, New Haven: Yale University Press, 1921, p. 6.
② [美] E. P. 克伯雷选编:《外国教育史料》,华中师范大学出版社 1990 年版,第 333 页。
③ Ellwood P. Cubberley, *Public Education in the United States*, Boston, New York: Houghton Mifflin Company, 1919, p. 28.

校也广泛采用这本书作为教材。① 文法学校的学制通常为七年，入学年龄一般为七八岁。在学校里，学生每天要接受几个小时的拉丁文训练，在教室里，学生甚至只能讲拉丁语。有些学校也教授一些希伯来语。殖民地时期，文法学校和初等学校都只招收男生，不招收女生。

拉丁文法学校在选择教师时，不仅重视其学术造诣，而且重视对教师的宗教信仰和道德品质的考核。文法学校的许多教师同时也是牧师，但不管是教士还是俗人，担任老师的前提是信仰虔诚、头脑清醒、善于言谈。② "马萨诸塞州法院于1654年曾提请学院管理人员和市镇管学人员注意，不要聘用信仰不笃、行为不检和违反教规的人来承担学院教师职务和教导青少年的任务。遇有不适合上述要求的教学人员，应予解聘"③。

文法学校多系私人举办，学费昂贵，因此，"在殖民地时期，拉丁文法学校是富家子弟享受中等教育的场所。它跟贫苦子弟所享受的初等学校不相通联，乃是高等教育准备阶段，实际上是高等学校的附庸"④。

三 高等学府——哈佛学院

在对英国教育模式与学校类型的移植过程中，高等学校的移植表现得最为典型和突出。为了传播宗教和驯服印第安人，1619年，弗吉尼亚殖民地曾打算在亨利克（Henrico）建立一所学院，并从英国国教会、伦敦公司等处获得了近两千英镑的经费以及一万多英亩土地的资助，但该计划因1622年印第安人叛乱而破灭。⑤ 哈佛学院是英属北美13个殖民地中的第一所高等教育机构。创办哈佛学院的最早动议来自1633年剑桥大

---

① Ellwood P. Cubberley, *Public Education in the United States*, Boston, New York: Houghton Mifflin Company, 1919, pp. 33 – 34.

② Edwin E. Slosson, *The American Spirit in Education*, New Haven: Yale University Press, 1921, p. 11.

③ 滕大春：《美国教育史》，人民教育出版社1994年版，第63页。

④ 滕大春：《美国教育史》，人民教育出版社1994年版，第61页。

⑤ 腾大春主编：《外国教育通史》（第三卷），山东教育出版社1990年版，第342页。

学毕业生约翰·埃利奥特（John Eliot）的一项提案。埃利奥特致函马萨诸塞当局，阐明在马萨诸塞创办一所高等学校的意义，引起了时人的关注。在清教徒的积极推动下，1636年10月28日，马萨诸塞湾总法院和该殖民地总监约翰·温斯罗普（John Winthrop，剑桥大学毕业生）同意划拨400英镑——当年税收的1/4——建立一所学院。1637年11月15日，学院的地点设在新城（Newetowne），第二年5月更名为剑桥。1637年11月20日设立了一个校监委员会，负责学院的筹建工作，校监委员会由6名治安法官和6位长老组成，其中7人为剑桥毕业生，1人为牛津毕业生，其余4人为剑桥毕业生的父亲或兄弟。[①] 因参与学院创办的100人中有70人都是英国剑桥大学的毕业生，故将该校命名为剑桥学院，以示继承剑桥大学的传统。1638年，学院的创办人之一约翰·哈佛（John Harvard，1607—1638）传教士病逝，临终前他立下遗嘱将其一半家产即779英镑17先令2便士和400册藏书捐给刚成立不久的学院。为纪念约翰·哈佛捐资助学的慷慨义举，马萨诸塞议会于1639年3月13日将"剑桥学院"正式更名为"哈佛学院"（1780年改称哈佛大学）。

在当时的移民中，牧师的数量极为有限，因此，哈佛学院创办的首要目的是培养殖民地急需的牧师。哈佛学院在建校之初即明确宣称其目的在于："为社会造就适合的人力，主要是培养教会人士。"[②] 学院主要以宗教教育为中心，以培养牧师为目标。毕业生的就业去向更能清楚地表明学院创办的宗旨。

从表4.1我们可以看出，在1642—1689年间，哈佛学院的近半数毕业生选择了牧师职业。值得注意的是，毕业生的去向也呈现了多样化特征，其中担任公职人员的人数仅次于选择牧师行业的人数。

---

① ［美］劳伦斯·A. 克雷明：《美国教育史（1607—1783）》，周玉军、苑龙、陈少英译，北京师范大学出版社2003年版，第166页。

② 滕大春：《美国教育史》，人民教育出版社1994年版，第71页。

表 4.1　　　　　　　1642—1689 年哈佛毕业生的职业

	1642—1658	1659—1677	1678—1689	总计
神职人员	76	62	42	180
医生	12	11	4	27
公职人员	13	17	12	42
教师	1	8	4	13
商人	3	6	1	10
乡村绅士	4	5	2	11
士兵、海员	0	1	4	5
跨行业者	2	3	0	5
早逝者	11	5	11	27
职业不明者*	27	35	6	68
合计	149	153	86	388

* 大多数是 1663 年以前的未毕业生，他们的职业从未被调查过，有些甚至身份也难以确认。

资料来源：［美］劳伦斯·A. 克雷明：《美国教育史（1607—1783）》，周玉军、苑龙、陈少英译，北京师范大学出版社 2003 年版，第 174 页。

哈佛学院的课程仿照牛津大学伊曼纽尔学院来设置，神学在其中占主导地位。每个学生每天要诵读圣经两次，"每个学生应于上午 7 时到达他导师的房间里，打铃后立即开始祈祷和读圣经，下午 5 时也是如此"[①]。学院的课程虽以宗教神学为主，但也不拒绝世俗的人文知识，只是强调要在虔诚的环境中接纳这些知识。课程主要包括逻辑、几何、算术、文法、修辞、伦理学、古代史、希伯来语、希腊语等。1642—1646 年学院制定了一系列校规，其中第 13 条禁止学生说母语；第 18 条规定要获得学士学位，必须具备直接阅读拉丁文《圣经》和从逻辑上理解《圣经》的能力；第 19 条规定要获得硕士学位，申请人必须提交一份包含逻辑、自然哲学、道德哲学、算术、几何学、天文学等 6 门学科知识在内的总结

---

① ［美］E. P. 克伯雷选编：《外国教育史料》，华中师范大学出版社 1990 年版，第 325 页。

报告，并能为自己的观点辩护。①

由于殖民地的条件与英国和欧洲不同，在客观上使哈佛学院无法完全照搬英国和西欧的大学模式。第一，由于殖民地地广人稀，因而不可能像英国那样建成包含多所学院的大学。第二，受殖民地经济条件的限制，学院大多处于草创时期，人力物力不足，学院的发展只能因地制宜，因陋就简。这种特殊的环境使哈佛学院在发展过程中呈现出以下几个新特征。

首先，在学位的授予权方面不同于英格兰大学。尽管1650年的特许状并没有提及哈佛学院的学位授予权，但哈佛学院早在1642年就授予了9个毕业生以学士学位。哈佛学院授予学位没有经过任何机构的认定，而只经校监委员们的同意就将学位授予学生的做法，与英格兰由大学垄断学位授予权的传统显然不同。哈佛学院既是授课的学府，又是颁发学位的机构。"哈佛创立后不久便破例未经任何大学的批准，自己独断给它的毕业生以学士学位，这一决定在当时的确是一个勇敢的创举。"②

其次，在管理体制上不同于英格兰大学。哈佛学院立校之初，即由校外12名非教育行业人士组成校监委员会以决定学校事务，这12名校监委员分别是马萨诸塞殖民地总监、副总监、财政大臣、3名地方官员及6位教会牧师。1650年，哈佛学院又制定规章，规定由院长、5名教师和经费审计员组成院务委员会，负责管理学院的经费和处理学院事务，但院务委员会的决定须经校监委员会的批准方才有效。从此，学院具有两套管理机构：一是由地方官员和教会牧师组成的校监委员会；二是由学院人员组成的院务委员会。院务委员会虽拥有管理学院的所有必要权力，但须接受校监委员会的监督，而且新校长的委任权也掌握在校监委员会手中。这种体制安排的结果使得学校教学工作者不能完全参与院政，而不负责教学工作的社会士绅却是学院方针大计的主持者。这种校外人士决定学院重大事务的体制，有助于高等院校朝着世俗化的方向发展。

再次，在经费的来源方面，哈佛学院有异于英格兰大学。哈佛学院

---

① James Bowen, *A History of Western Education*, Vol. 3, London: Methuen & Co. Ltd., 1981, p. 276.

② 陈学飞:《美国高等教育发展史》，四川大学出版社1989年版，第11页。

常常须依赖政府的资助才能维持正常的运转。政府资助的形式多种多样，除直接财政拨款外，殖民地政府还往往把来自摆渡税、过桥税、皮革税、烟草税、银行税的收入用来资助学院的发展。除政府的支持外，私人捐赠和学费也是学院经济来源的一部分。从1669年到1682年，哈佛学院年收入的52.7%来自政府拨款，12.1%来自私人捐助，9.4%来自学费。①

最后，哈佛学院在招生范围上有所扩大。与宗主国相比，由于北美缺乏欧洲的封建传统，因而不像英国大学那样具有鲜明的阶级性。宗教改革后，英国大学的招生对象虽有所扩大，大学除招收贵族富家子弟外，也招收中产或中产以下家庭的子弟，但哈佛学院更进一步，除招收越来越多的工匠、技师和商贾子弟外，还招收少数农家子弟和个别契约奴之子。② 哈佛学院在招收印第安人方面也有所突破。1650年，哈佛学院在规章中规定要对英国青年和印第安青年一并实施教育，并于1654年在新英格兰基督教福音协会的建议下，组建了印第安人学院，后因缺乏合格的学生遂停办。③ 有证据显示，在印第安学院创立之前的1653年，有一位叫约翰·撒撒蒙的印第安青年在哈佛学习了一两个学期。到1689年为止，在哈佛学习过的印第安青年可能不超过4人，只有迦迦比·切撒托马克完成了学士学位。④

---

① ［美］劳伦斯·A. 克雷明：《美国教育史（1607—1783）》，周玉军、苑龙、陈少英译，北京师范大学出版社2003年版，第175页。
② 滕大春：《美国教育史》，人民教育出版社1994年版，第41—42页。
③ 滕大春：《美国教育史》，人民教育出版社1994年版，第668页。
④ ［美］劳伦斯·A. 克雷明：《美国教育史（1607—1783）》，周玉军、苑龙、陈少英译，北京师范大学出版社2003年版，第176页。

第 五 章

英国教育现代化的艰难起步
（1660—1900）

王政复辟后，在教会的积极推动下，建立了许多慈善学校、主日学校和导生制学校，英国的初等教育获得了一定的发展。此间，无论是中等教育还是高等教育，在英国国教会的严密监视下，仍固守传统的古典教育，以培养牧师和国家官吏为目标，漠视工业革命带来的时代需求，陷入了长达一个半世纪的衰退之中。在英国整体教育呈现衰退之际，一些被排挤出大学的"不信奉国教者"为了维持生计，创办学园，招揽学生。他们革新教学内容和教学方法，注重实用学科知识的传授，冲破了以宗教神学为中心的传统知识体系，为停滞中的英国教育带来了生机。19世纪中叶，英国政府由于面临国内外双重压力，改变了以前对教育机构只实行宗教审查的做法，加大对教育领域的投资，并设立专门的政府机构对初等、中等教育实施统一管理，由此全面介入教育，取代了教会在教育中所扮演的传统角色。

第一节　传统教育机构的变迁

1662年，国会明确宣布英国国教对初等教育享有法制管理权。在国教会的推动下，英国出现了兴办慈善学校的高潮。后来，随着工业革命的出现，为了提高劳动者的素质，培养他们服从的品格，又兴办了主日学校和导生制学校。这一时期，除宗教慈善机构开设的这些初等学校外，还有其他私人开办的初等学校如主妇学校、普通私立学校等。这些学校的创办在客观上推动了英国初等教育的发展。然而，与初等教育获得一定发展的境况不同，中等学校和大学在这一时期都陷入了严重衰退之中。

一 初等教育

亨利八世和爱德华六世解散修道院和歌祷堂后，只剩下极少数初等学校，其捐赠要么被挪用，要么被转入中等学校，初等教育受到严重打击。早在英国资产阶级革命时期，就有人呼吁要对初等教育给予重视，如教育家哈特里布1650年就向国会递交了《扩大伦敦的慈善事业》，呼吁准许贫苦儿童接受教育，但该计划并没有得到实施。尽管16、17世纪有大量的教育慈善捐赠，但我们不能忽视一个事实即英格兰此时并没有为广大劳动阶层提供广泛的教育。当时的文法学校、学园以及大学所能提供的教育机会与人口相比，只占极小比例。与此同时，一般的中产阶级也认为教育不应该被广泛扩展，因为这样会破坏现有的社会秩序。[①] 17世纪后期，随着社会经济的发展，社会贫富分化加剧，上层阶级逐渐改变了对教育的传统观念。他们认为贫困是滋生邪恶和制造混乱的温床，为了提高他们的道德水平，有必要让他们掌握一些基本知识。因此，在英国，从17世纪中后期开始，为穷人提供基本读写能力的捐赠学校开始大量出现。

1. 慈善学校

1680年，英国第一所慈善学校（Charity School）在伦敦怀特查帕尔区建立，慈善学校免费招收贫苦儿童入学，为其提供书本，甚至供应伙食、衣服，并安排住宿。1685年后，在伦敦各教区出现了许多既有非国教徒又有国教徒创办的慈善学校。1698年，"基督教知识促进会"（Society of Promoting Christian Knowledge，SPCK）成立后，进一步推动了慈善学校的建立。基督教知识促进会由一位神学博士托马斯·布雷（Thomas Bray，1656—1730）和4位神职人员以及一些慈善家共同创办，基督教知

[①] James Bow, *A History of Western Education*, London, Methuen & Co. Ltd., Vol.3, 1981, p.140.

识促进会在成立大会上决定"追求并敦促在伦敦及附近地区每一教区建立教义问答学校"。这个计划主要是帮助那些希望自己的孩子接受基督教和有用知识的教育而又无力负担的父母们。① 促进会是一个传播福音和国教精神的组织，它所开展的一切教育活动都以宗教为目的。该会在敦促各教区开设学校方面取得了较大成功，并很快将活动范围扩展到伦敦以外地区。

慈善学校通常是由当地民众筹款建立并进行管理，促进会对慈善学校进行监督，并在地方财政出现困难时给予资助，教会也通过定期布道的方式为学校筹集资金。促进会经常对慈善学校进行视察，为办学提供指导和建议，并以极低的价格向学校提供《圣经》《祈祷书》和教义问答等书籍。慈善学校对教师的挑选有严格要求，他们不仅要接受宗教知识、道德和教学能力的检测，而且必须是25岁以上的国教徒，教师由当地牧师任命。慈善学校以宗教教育为主，重在培养学生对上帝的虔诚信仰和形成良好的行为习惯。教师以讲授《圣经》及教义问答为主，也教授一些初步的读、写、算知识。一些学校还提供多种手工艺教育，男孩学习园艺、航海及算术，女孩学习纺织、缝纫和家务等。

由于基督教知识促进会的努力，英格兰和威尔士的慈善学校数量猛增。仅在基督教知识促进会成立后的三年时间里，兴办的慈善学校就达了几十所。到1708年，在以伦敦为中心，10英里为半径的范围内有88所慈善学校，其中男生2181名，女生1221名，获得捐赠近4200英镑，后来还有1000个男孩子和400多个女学生被送去当学徒。在英格兰的其他地方还有250所慈善学校，威尔士有25所。② 1710—1730年是慈善学校捐赠的高峰期，其中在切郡（Cheshire）有23所捐赠学校，迪尔拜郡（Derbyshire）有36所，兰卡郡（Lancashire）有32所。③ 到1718年，慈善学校增加到1200所，就读的学生达到27000人。18世纪中叶，英格兰

---

① 王承绪：《英国教育》，吉林教育出版社2000年版，第277页。

② Prank Pierrepont Graves, *A history of Education in Modern Times*, New York, The Macmillan Company, 1917, pp. 39–40.

③ Michael Sanderson, *Education, Economic Change and Society in England 1780–1870*, Cambridge: Cambridge University Press, 1995, p. 2.

和威尔士的慈善学校总数达到近 2000 所，就读的男女学生数量达到 5 万人。①

对慈善学校的创办动机，国外学界有诸多不同的看法。在塞缪尔·H. 比希普（Samuel H. Bishop）看来，慈善举动完全是宗教情感的产物。因为基督教制定了两条定律：第一，全心全意爱上帝；第二，像爱自己一样爱邻人。比希普认为，慈善事业既不是为了慈善受益者，也不是为了解决贫困的根源，而是为了慈善家自身的利益即履行一种宗教义务。② 但有些学者认为，英格兰建立慈善学校的目的是社会中上层人物企图在穷人中确立起一种秩序，以使他们能各安其分。如琼斯（Jones）认为这种慈善学校运动并不是为了改变英国社会的阶级结构，相反，教师不断地向学生灌输卑下和服从的思想。在当时，赞助慈善事业是一种比勤奋和诚实更高的德行。③ 奥尔德里奇认为，慈善教育使给予者和领受者双方受益，慈善学校可以将这些孩子培养成好的基督徒、忠诚的市民和勤勉的劳动者，可以使贫穷阶层的孩子远离街道和农场，其他人的财产也就因此得到了保护。④

不管创办者出于何种动机建立慈善学校，但慈善学校的创办无疑为广大下层民众接受教育提供了更多机会，受教育机会的增加使民众的文化水平有了很大的提高。据劳伦斯·斯通估算，英格兰和威尔士男性公民识字率在 1700 年至 1775 年间从 50% 以下上升到 56%。⑤ 由此可见，基督教知识促进会在督促国教会承担创办国民学校体制方面发挥了巨大作用。促进会对英国教育发展的另一贡献在于确立了一种影响以后教育的传统，即建立一个鼓励地方办教育的中央组织。这个传统后来为国教会

---

① Prank Pierrepont Graves, *A History of Education in Modern Times*, New York, The Macmillan Company, 1917, p. 40.

② Samuel H. Bishop, "The Church and Charity", *American Journal of Sociology*, Vol. 18, No. 3, Nov., 1912, p. 370.

③ M. G. Jones, *The Charity School Movement*, Cambridge: Cambridge University Press, 1938.

④ [英]奥尔德里奇：《简明英国教育史》，诸惠芳等译，人民教育出版社 1987 年版，第 71 页。

⑤ Lawrence Stone, "Literacy and Education in England 1640-1900", *Past and Present*, Feb., 1969, Vol. 42, pp. 120-121.

的全国贫民教育促进会（National Society for Promoting the Education of the Poor）所继承，并最终导致国家对教育的干预。①

18世纪中期，人们对慈善捐赠的热情减退，捐赠的数量开始减少，学校数量不再增加。到19世纪初，慈善学校逐渐衰弱下去，并最终为主日学校和导生制学校所代替。

2. 主日学校

18世纪60年代，英国率先进行了工业革命，工业革命使成千上万的成人和儿童走进了工厂、矿井和车间，从事长时间的劳动，从而使日间慈善学校受到冷落。为此，慈善家开始创办一种使儿童在不影响工作的前提下，在星期日接受宗教教育和基本知识教育的"主日学校"（Sunday School或Sabbath School）。主日学校主要是指宗教慈善机构在星期日为贫困儿童提供免费教育的一种教学组织。

英国第一所主日学校由热心于贫民教育的慈善家格洛斯特郡的印刷商兼杂志社主编罗伯特·瑞克斯（Robert Rakes）于1780年创办，学校主要招收贫苦儿童。罗伯特·瑞克斯创办主日学校的起因纯属偶然。一次，他因商务来到市郊，看到了一群衣衫褴褛，肮脏不堪的孩子在街头玩耍时，十分震惊和忧虑。在向当地妇女打听到"……全街都挤满了这些小无赖，礼拜天他们不干活自由了，于是就放肆无忌，打架斗殴地混过这一天……他们的父母，也完全地放纵他们，从来就没有想过要在他们的头脑里灌输对父母自己来说也是完全新奇的什么原则道理之类"情况后，他立刻萌发了在安息日为这些穷孩子进行教育的念头。②

自1783年罗伯特·瑞克斯将其在街上遇到孩童玩耍的经历在杂志上发表后，福音主义者和教会便四处奔走，积极推动主日学校的创办。主日学校的目的在于教孩子们阅读《圣经》，用汉那·莫尔③（Hannah More，1735—1811）的话来说，即是"使下层群众养成勤劳和虔诚的习

---

① 徐辉、郑继伟：《英国教育史》，吉林人民出版社1993年版，第113页。
② [美] E. P. 克伯雷选编：《外国教育史料》，任钟印等译，华中师范大学出版社1991年版，第573—574页。
③ 主日学校的积极推动者，正是在他的推动下，主日学校运动扩展到彻达尔（Cheddar），然后扩展到英格兰的西北部和西部。

惯",但他反对穷人掌握书写能力,他的观点在当时被广泛接受。① 星期日学校最初仅教授《圣经》的阅读,后来也传授写和算等初步知识。主日学校还是孩子们的主要社交和娱乐中心,其中有图书馆、晚会、音乐、乐队、周年纪念活动、足球俱乐部、缝纫班等。②"许多主日学校是在教堂和小教堂的基础上建立起来的,由牧师、牧师的妻子和女儿负责组织,并仍然把宗教和道德教育置于首位。"③

1785 年,伦敦商人威廉·福克斯(William Fox)在英格兰成立了主日学校协会,开启了广泛推广创办主日学校的运动,它要求每个教区至少要创办一所主日学校。一些工厂主也在工厂开办主日学校。英国社会大规模兴办主日学校主要在 1780—1850 年间,到 1795 年全英已有 1012 所星期日学校。无法确知主日学校和学生的总数,但在 1831 年,英格兰有 100 多万人就读主日学校,1851 年超过了 200 万人,分别占总人口的 8.4% 和 12.5%,在劳动阶级 5—15 岁的孩子中分别占 49.6% 和 75.4%。④ 1858 年 9 月,当英国维多利亚女王访问利兹(Leeds)时,超过 3.2 万个主日学校的孩子们到伍德豪斯旷野(Woodhouse Moor)欢迎她的到来。⑤ 一些发展较好的主日学校还将学习时间扩展到工作日晚间。1870 年教育法案颁布后,义务教育得到普及,主日学校运动逐渐衰弱下去。

对主日学校的社会功能,有的学者从阶级规训的角度来进行评价,认为创办主日学校是中产阶级对工人阶级施行控制的一种手段。如 E. P. 汤普森认为主日学校的功能就是要在贫民子女中培养"勤劳、节俭和虔

---

① J. Lawson & H. Silver, *A Social History of Education in England*, London: Methuen & Co. ltd, 1973, pp. 239 - 240.

② K. D. M. Snell, "The Sunday-School Movement in England and Wales: Child Labour, Denominational Control and Working-Class Culture", *Past & Present*, No. 164, 1999, p. 130.

③ [英]奥尔德里奇:《简明英国教育史》,诸惠芳等译,人民教育出版社 1987 年版,第 74 页。

④ [英]奥尔德里奇:《简明英国教育史》,诸惠芳等译,人民教育出版社 1987 年版,第 74 页。

⑤ K. D. M. Snell, "The Sunday-School Movement in England and Wales: Child Labour, Denominational Control and Working-Class Culture", *Past & Present*, No. 164, 1999, p. 126.

诚的精神",将主日学校视为上层社会对工人阶级进行道德训诫的主要工具之一。① 巴西尔·威廉斯（Basil Williams）也认为"捐赠者的慈善举动潜藏着一种固定动机即维护严格的阶级体制，使穷人各安其分"②。后来的历史学家 T. W. 莱昆认为，主日学校连同它们的教师、它们的世俗教学、户外活动、周年纪念和奖励，都应被看作大众文化的一种新体现，而不应简单地将其看成由外部强加给人们的。③

应该说，早期主日学校运动的发起者的真实意图确实是为了抑制和改善底层民众恶习。但实际上，主日学校作为一种教育机构，在被迫接受统治阶级意志的同时，也为工人阶级从事社会文化活动提供了场所，他们在共同的生活和学习过程中，逐渐产生了共同的宗教信仰、政治取向和价值观念。因此，单纯从阶级规训的角度来看待主日学校的功能是十分片面的。我国学者许志强指出："主日学校运动的出现，在一定程度上弥补了政府责任的缺失和民间教育机构的不足，在普及初等教育、促进知识传播、教化道德行为方面发挥了重要作用。"④ 法兰克·史密斯（Franck Smith）也强调："主日学校的成功具有重大的意义，它不仅是给予穷人人性化生活的主要机构，而且也是向新兴工人阶级传授世俗知识的主要方式。"⑤ 主日学校的创办还直接对英国政府承办教育提供了重要的参考。

3. 导生制学校

推动英格兰初等教育发展的又一重要动力是18世纪末期和19世纪上半叶兴起的导生制学校（Monitorial School）。导生制也称互教互学制，是由教师选择一些年级较高或年龄较大，成绩优秀的学生充任"导生"

---

① [英] E. P. 汤普森：《英国工人阶级的形成》（上），钱乘旦等译，译林出版社2000年版，第469—470页。

② W. Kenneth Richmond, *Education in England*, New York: Penguin Books, 1945, p. 64.

③ [英] 奥尔德里奇：《简明英国教育史》，诸惠芳等译，人民教育出版社1987年版，第75页。

④ 许志强：《英国主日学校运动的背景、发展与影响》，载《历史教学》2011年第14期，第52页。

⑤ K. D. M. Snell, "The Sunday-School Movement in England and Wales: Child Labour, Denominational Control and Working-Class Culture", *Past & Present*, No. 164, 1999, pp. 123–124.

(Monitor),作为助手,先让他们掌握教学内容,再由他们转教其他学生的一种教学制度。导生制的发明者是圣公会牧师安德鲁·贝尔(Andrew Bell)和公谊会(Quaker)教徒约瑟夫·兰喀斯特(Joseph Lancaster),故导生制又称"贝尔——兰喀斯特制"(Bell-Lancaster System)。

贝尔在印度马德拉斯(Madras)的爱格莫尔(Egmore)担任一所士兵孤儿院(Male Military Academy)的校长期间,发明了一种新的教学方法——导生制。在离开印度前,贝尔将其在孤儿院的工作经历写成一份报告,取名为《教育实验》(An Experiment in Education)。该书于1797年正式出版,全面介绍了贝尔在孤儿院推行导生制的情况。1798年,一位贵格派(Quaker)教徒兰喀斯特在伦敦南沃克(Southwark)的伯纳弗路(Borough Road)开办了一所学校,也采用导生制进行教学。不过,在此之前,两人未曾谋面,兰喀斯特看到《教育实验》一书是在1800年。[1] 因此,在推行导生制从事教学方面,两人可以说是不谋而合。

兰喀斯特在其20岁时即1798年,开办了南沃克日间学校(Southwark day-school),谁都没料想到此举会成为一项具有开创性的创举。"任何想送其孩子上学的家长,只要在他家门上签名,就可以使其孩子获得免费教育。"那些想付学费的父母,给出的费用也非常低,所以刚开始时收到的学费很少,但六年后达到了800多英镑。在取得首次成功后,兰喀斯特声称,每年只要花200英镑,就可以为1000个孩子提供适当的教育。每人每周只要一便士,如此低廉的学费立即引起了广泛的关注。[2] 学校刚建立时,只有90—120名学生,1803年扩展到300名;1804年约有1000名,其中包括约800名男生和约200名女生。兰喀斯特还为女生提供住宿,并安排他的两位姐姐负责监管。[3]

导生制学校的经费主要来自社会各界的捐赠。兰喀斯特刚开始的办学经费主要来自伊丽莎白·弗雷(Elizabeth Fry)、贝德福特(Bedford)

---

[1] James Bowen, *A History of Western Education*, Vol. 3, London: Methuen & Co. Ltd., 1986, p. 292.

[2] W. Kenneth Richmond, *Education in England*, New York: Penguin Books, 1945, p. 65.

[3] James Bowen, *A History of Western Education*, Vol. 3, London: Methuen & Co. Ltd., 1986, p. 292.

公爵和萨默维尔（Somerville）贵族的资助。在办学的前五年时间里，兰喀斯特的经费主要来自50位捐赠者的资助，其中有五人是国会议员。此外，也获得了一些小额资金的赞助。1805年，国王乔治三世参观了该校，对该校留下了深刻的印象，并为该校捐赠了100英镑，女王捐赠了50英镑，公主每人捐赠了25英镑。[①]

导生制学校通常是在一间大教室里开展教学活动，一个导生通常负责十名学生的教学。学生主要学习《圣经》及其他宗教知识。导生内部也有分工，分为导生、助理导生和互助导生，他们负责学校的日常管理工作。一些发展较好的学校还给导生发放津贴，导生的年龄一般在10岁或11岁，与学生的年纪相仿。

1803年，兰喀斯特出版了《教育的改进》（全称《与社区产业阶级有关的教育的改革》）一书。"在序言中，作者呼吁全国都来关心儿童教育，不要囿于教派的影响。他的一个重要观点是，教育不应该用来帮助宣传任何教派的信仰，而应该在不侵涉私人宗教信仰的前提下，教导学生崇拜上帝和圣经。"[②] 为解决资金困难，推进兰喀斯特的工作，1808年，英国资产阶级、新贵族及非国教派教士资助兰喀斯特组成"皇家兰开斯特协会"（the Royal Lancaster Society），1814年更名为"不列颠及海外教育协会"（the British and Foreign Schools Society）。[③] 该协会规定：所有由该协会提供师资的学校都应向所有教派的儿童开放；学校应开设读、写、算和缝纫课；阅读课应包括《圣经》要义；不允许进行带有教派色彩的宗教教育；儿童在星期日要参加宗教礼拜。

导生制学校起初遭到国教会的反对，因为它违背了教会对教育的垄断原则。但当导生制学校取得蓬勃发展时，为抵制非国教徒影响，英国贵族和国教派教士赞助贝尔，于1811年成立了"全国贫民教育促进会"（The National Society for Promoting the Education of the Poor in the Principles

---

① James Bowen, *A History of Western Education*, Vol. 3, London: Methuen & Co. Ltd., 1986, p. 295.

② 徐辉、郑继伟：《英国教育史》，吉林人民出版社1993年版，第203页。

③ J. Lawson & H. Silver, *A Social History of Education in England*, London: Methuen & Co. Ltd, 1973, p. 241.

of the Established Church），由坎特伯雷大主教任会长，约克、伦敦和其他主教任副会长，学校专门招收国教派贫苦儿童。之后，两派展开办校竞赛，推动了英国初等学校的发展。因国教派势力更为强大，在竞争中逐渐占了上风。到19世纪30年代初，"国教贫民教育全国协会"开办的学校已达3500所左右，学生达30多万人。[①]

尽管两个协会都信心百倍地坚信他们的努力能够满足不断增长的教育需求，否认他们的工作会被时代所淘汰[②]，但导生制在英国活跃了三十年后，终究还是被历史所抛弃。因为导生制存在一种明显的缺陷，即导生没有得到特殊训练，也没有经过教学能力的检测，因而影响了教学质量。据一位曾在伯明翰郡导生制学校就读的男孩后来回忆："在学校里学到的知识很少，一些具备中等阅读能力的学生被任命为导生，向年纪更小或低年级的学生传授知识。我也被任命为导生，很少有时间来学习写作和算术，更没有时间学习语法和地理。我们的老师约翰先生是一位牧师助理，他还要负责每周三和每周五的祷告钟声，后来我被他指派去负责此事。"[③] 另外，导生制也遭到家长们的反对，因为他们希望其子女在学校得到成年教师的教育。19世纪40年代后出现了正规的师范学校，导生制便失去了存在基础。

二 中等教育

王政复辟后，英国的中等学校进入了为期一个半世纪的衰退期。它们仍以培养国教会牧师和基督教绅士为宗旨，顽固的保守性使其背离了时代要求。

1. 文法学校

文法学校的衰退不仅表现为学生数的减少，而且很少创办新的文法学校。已有的文法学校规模也不大，多数学校只有一名教师或一名教师

[①] 王承绪：《英国教育》，吉林教育出版社2000年版，第284页。
[②] W. Kenneth Richmond, *Education in England*, New York: Penguin Books, 1945, p. 66.
[③] J. Lawson & H. Silver, *A Social History of Education in England*, London: Methuen & Co. ltd, 1973, pp. 243–246.

加一名助教，一间房子，平均在校生为 30—40 人。① 人数的减少恶化了学校经济状况，穷困潦倒的教师为生活四处奔波，导致教学质量下降。文法学校的教学尽管遭到洛克及其他一些教育理论家的批评，但保守主义传统仍使文法学校（特别是那些与大学有着密切关系的学校）固守古典学科教育。希腊文和拉丁文仍是主要教学内容，学术成就越高的学校，对古典学科的教学越重视。随着工商业的不断发展，对作为推动经济和技术进步的基本工具——数学的忽视，使文法学校落伍于时代要求。②

18 世纪下半叶出现的工业革命给英国社会带来了巨大变化：首先，18 世纪 60 年代至 1815 年间出现了通货膨胀，一些靠固定捐赠维持的学校无法继续生存下去，不得不寻找经济来源，自谋生路。其次，富裕商人阶层的兴起为学校获取财源提供了可能。在此背景下，文法学校采取措施进行改革：第一，调整教学课程。学校要么将商业科目纳入教学中，要么用商业科目取代古典科目。根据 R. S. 汤普生（R. S. Tompson）对 18 世纪 334 所文法学校的抽样调查表明，在 18 世纪上半个世纪里，总共有 41 所学校进行了改革，但到 18 世纪的最后几十年，进行改革的学校数量增多，18 世纪 70 年代有 21 所学校，80 年代有 28 所，90 年代有 29 所。第二，向学生收取一定的学费。在汤普生对 334 所学校的调查中，在 1750 年之前只有 36 所学校收学费，到 1837 年，有 223 所学校收学费，收学费的学校占总量的 2/3。这种转变带来的最大后果是使穷人失去了在文法学校里接受中等教育的机会。第三，部分文法学校开始推行寄宿制。在汤普生的调查案例中，到 1837 年，有 138 所学校实行了寄宿制，这种转变大多发生在 1800 年到 1837 年间。总之，自 1780 年后，文法学校不再是为社会各阶层的男女孩童提供中等教育和古典学科教育的慈善机构，而日益变成了接纳中产阶级的收费中等教育机构。他们既教授古典知识

---

① J. Lawson & H. Silver, *A Social History of Education in England*, London: Methuen & Co. ltd, 1973, p. 195.

② J. Lawson & H. Silver, *A Social History of Education in England*, London: Methuen & Co. ltd, 1973, p. 196.

为学生上大学作准备,也教授一些商业科目。① 1770年,伍得彻尔文法学校的教师在招生广告上保证:除教古典语外,还教算术、簿记、对数、几何学、测定法、量计、三角学、力学、测量术、水准测量、航海术、地理学、自然哲学、天文学和地球仪的使用法。② 一些获捐赠较丰厚的学校如1751年的伯明翰学校和1764年的彼得福德(Bedford)学校,其受托人还将一些捐赠资金用来创办独立的写作学校和英语学校,既招收男孩,也招收女孩。③ 以上情况表明,一些文法学校为顺应时代的发展也进行了相应变革,但总体来看,这种学校数量少,且影响不大。

2. 公学与托马斯·阿诺德改革

公学实际上是从文法学校中分化出来的一种更高级的文法学校。"公学"(public school)的一层意思是指这种学校与赢利性质的私立或家庭教育不同,它带有慈善性质;另一层意思是指它向全国各地开放,而不像大多数捐赠文法学校那样只招收本地学生。公学最初由国王设立,后来由私人或公众团体集资兴办,并得到教会支持。公学主要进行古典文科教学,教学中重视宗教课程和集体的宗教仪式活动。到19世纪初,英格兰有九大著名公学:温彻斯特(Winchester,1384年)、伊顿(Eton,1440年)、圣保罗(St. Paul's,1510年)、希鲁斯伯里(Shrewsburg,1552年)、威斯敏斯特(Westminster,1560年)、商人泰勒(Merchant Taylor's,1561年)、拉格比(Rugby,1567年)、哈罗(Harrow,1571年)、查特豪斯(Charterhouse,1612年)。除圣保罗公学和商人泰勒学校是走读学校外,其他学校都实行寄宿制。

公学的教学设备良好,师资力量雄厚,学费极为昂贵,学生以升入牛津大学和剑桥大学为目的。公学的目的在于培养罗马共和国勇士那样英勇果断的绅士。古典学科的确保住了在公学中的首要地位和优势,但

---

① Michael Sanderson, *Education, Economic Change and Society in England 1780 – 1870*, Cambridge: Cambridge University Press, 1995, pp. 31 – 32.

② [英]奥尔德里奇:《简明英国教育史》,诸惠芳等译,人民教育出版社1987年版,第109页。

③ J. Lawson & H. Silver, *A Social History of Education in England*, London: Methuen & Co. ltd, 1973, p. 197.

其他学科的推广,却受到诸多因素的制约。因为古典著作的学习授予上层社会阶级以共同的、深奥的文化,使他们与中下层阶级区别开来。① 公学主要招收上层社会子弟,尤其是贵族后代。公学和文法学校与当时的初等学校互不衔接,它们的学生在十二三岁入学前,主要在家庭教师的指导下或者在预备学校中完成学业,做好入学准备。

工业革命的出现给英国社会带来了巨大变化,伴随工商业的发展,出现了一些新兴中产阶级,他们对教育提出了新的要求,但传统的公学教学仍固守古典学科,轻视自然学科。在学校里,学生学习古代语言只流于语法和句法的机械训练,不注重从古希腊、古罗马的生活、思想中汲取营养。18世纪最著名的公学是伊顿公学和威斯敏斯特公学,这两所公学得到许多政府大臣的资助。古典学科在这两所学校里处于最重要的地位,像法语、数学、绘画和舞剑等这样的科目只被看成是附属学科而进行少量学习,男孩们在这里也学习一些零碎的自然和社会常识,但孜孜不倦地从事古典学科的教学是其办学质量的标志。②

公学以其较高的教学质量为英国中等教育做出了积极贡献,但却因积重难返的古典主义和经院主义而未能适应英国资本主义经济发展的需要。公学的这种局面遭到了社会各界人士的批评。科学界的代表人物指责它们囿于狭隘的古典教育,不重视科学教育;教会指责他们道德风气败坏和缺乏基督教精神;新兴的工商业中产阶级对他们低下的效率和忽视工商业社会发展的需要感到不满;富裕的工厂制造商则希望公学能为提高他们的地位服务。③ 1809年,《爱丁堡评论》(*Edinburg Review*) 率先对公学发起了攻击。批评者指出,当时学校最大的弱点是拘泥于拉丁文和希腊文,排斥现代学科。批评者认为,当时公学只培养显赫人物,学校培养出来的学生不是暴君就是奴才。④ 19世纪初期,英国功利主义的政

---

① [英]奥尔德里奇:《简明英国教育史》,诸惠芳等译,人民教育出版社1987年版,第110—111页。

② [英]奥尔德里奇:《简明英国教育史》,诸惠芳等译,人民教育出版社1987年版,第108页。

③ 徐辉、郑继伟:《英国教育史》,吉林人民出版社1993年版,第154页。

④ 王承绪:《英国教育》,吉林教育出版社2000年版,第153页。

治学家、经济学家和教育学家们纷纷提出关于人的价值观念的理论，呼吁以谋求最大多数人的最大幸福为新社会的原则，极力提倡改革教育（详见第五章第二节）。在此背景下，公学的改革势在必行。在公学改革中，当数托马斯·阿诺德（Thomas Arnold，1795—1842）在拉格比的改革影响最大。

在阿诺德就任校长前，拉格比在公学中的地位并不高，课程设置落后；教师许可证由国教会颁发，绝大多数教师思想保守、作风刻薄、教学方法机械；学生学风败坏，常有酗酒、嫖赌和行凶斗殴事件的发生；师生之间的关系极不融洽，校长滥用体罚。阿诺德就任校长（1828—1842年在位）后，对拉格比公学进行了多方面的改革。

首先，对校风进行整顿。他认为教育的目的是培养基督教绅士，因此，他将学校教堂的宗教活动和古典人文学科的学习放在中心地位。1831年他亲自担任学校的牧师，并主持布道，将基督教义作为一切教育的基础。他使学校的礼拜堂成为公学的精神堡垒，使整个校园充满了浓厚的宗教气氛。

其次，对课程进行改革，提高了历史、唱诗和有组织的游戏等教学地位。他还把拉丁语、希腊语、古典文学、历史、哲学、政治学和地理学结合在一起进行教学。他呼吁学习古人的著作要与英国历史、政治和哲学的学习结合起来。他的改革使古典语言的教学摆脱了原来僵化机械的困境，使古典语言重新获得了活力。阿诺德虽然表达了对科学知识价值的欣赏，但没有将科学列入学校课程，因为在当时许多人看来，科学仅具有功利价值，而没有性格训练的价值。

最后，加强学校内部管理的改革。例如缩小学生的宿舍规模，改善师生关系等。在办学方针政策方面，他摒弃教派偏见，大胆地吸收非国教徒优秀子弟来校学习。[1]

阿诺德改革使拉格比公学的面貌焕然一新，并成了其他公学和文法学校竞相效仿的榜样。改革通过加强古典人文主义与宗教教育，净化了校园风气，革除了传统教学的弊端，恢复了古典学科的活力。改革虽在

---

[1] 滕大春主编：《外国近代教育史》，人民教育出版社1989年版，第266页。

短期内迅速扭转了公学校风败坏的局面，但由于改革是为了培养"基督教绅士"，因而使改革后的公学更加充满了贵族气息。另外，改革没有将科学纳入学校课程体系。以上局限表明公学无法顺应时代要求进行根本性的变革。

三　高等教育

王政复辟后，大学在安立甘教的统辖下变得死气沉沉，进入了长达一个半世纪的衰退期。大学的衰退首先表现为入学人数的减少。以牛津大学为例，17世纪60年代，进入大学的平均人数为460人；90年代为310人；18世纪50年代不到200人；1800年不到250人。[①] 牛津大学最大的学院基督学院在1750年只有83名本科生，一些较小的学院每年入学人数只有4—6人。1781年，剑桥大学只有三所学院的学生人数超过50人，七所超过40人。[②] 据斯通估计，在17世纪20年代，每年获得文学学士学位的人数为230人，从1660年到18世纪20年代为150人，1750年至18世纪70年代为100人。[③] 造成大学人数下降的原因主要有：第一，宗教审查制度将不信奉国教的天主教徒和清教徒排除在外；第二，实用主义的传播使注重古典传统文化知识的大学丧失了吸引力。大学的衰退不仅表现为入学人数的下降，而且表现为学生对学习热情的减退。在大学里，贵族子弟不学无术，只将上大学看成显示自己身份的一种象征。本科生只要背诵往届生传递下来的固定问答套路就能轻易获得文学学士学位。[④] 另外，还有许多学生没有完成学业就中途退学，如剑桥大学

[①] Rosemay O'Day, *Education and Society 1500－1800*, London and New York：Longman Group Limited, 1982, p. 186.

[②] J. Lawson & H. Silver, *A Social History of Education in England*, London：Methuen & Co. ltd, 1973, p. 217.

[③] Helen M. Jwell, *Education in Early Modern England*, London：Macmillan Press Ltd., 1998, p. 65.

[④] Irene Parker, *Dissenting Academies in England：Their Rise and Progress and Their Place among the Educational Systems of This Country*, Cambridge：Cambridge University Press, 1914, pp. 130－131.

在 1760—1780 年间，约有 1/3 的学生辍学。①

17—18 世纪，牛津和剑桥的学生大多数来自乡绅和牧师家庭，在牛津大学，其比例要大于剑桥大学，其他学生主要来自农场主、商人、医生和律师家庭。大部分是自费生（pensioner），穷学生则以减费生（sizar）的身份进入大学，他们或在学院做工或在学院的小教堂里供职而获得部分学费的减免，部分学生可能得到原文法学校的资助，或得到生员地提供的奖学金资助。剑桥大学的减费生与自费生人数相当，而牛津大学的减费生比自费生少得多，而且两者的阶级差别非常明显。在学院中起主导作用的是那些贵族和绅士，他们是享有特权能在高桌旁就餐的少数群体，他们为仆人租赁阁楼，享有免于接受学院检查和免做练习的特权，他们只要在大学作短暂的居留就可以获得荣誉文学学士学位。这些特权生无意为学位而读书，他们虚度光阴，以玩枪、遛狗、骑马、打猎、赌博，或逛妓院取乐。在新学院（New College），所有的学生都有奖学金。一位本科生伍德福德（Woodforde）很少学习，从书商那里借来的书都是当时的流行读物，他有舞蹈课，他租用古钢琴，但谈论最多的是吃、喝、抽烟、玩牌，以及其他的消遣如弹子球、保龄球、划船和板球。酒后的胡闹以及破坏性行为时有发生，常常迫使地方当局不得不进行干预，对学生的惩罚主要有罚做作业，不准出门和罚款。

与此相反的是，那些减费生往往是用功读书的群体。他们中的许多人还成了大学里的知名学者和重要神职人员。如牛津大学的历史学家托马斯·尔恩（Thomas Hearne），出身于威尔特郡（Whiltshire）的教区牧师家庭，因得到当地大地主的资助而以减费生的身份进入大学。又如约翰·莫尔（John Moore）出身于牧场主家庭，早年曾担任过马尔伯罗夫（Marlborough）公爵的家庭教师，后来成了坎特伯雷大主教。但这些人毕竟只占少数，到 18 世纪末，随着大学费用的进一步增长，许多穷学生被排挤出大学。②

---

① J. Lawson & H. Silver, *A Social History of Education in England*, London: Methuen & Co. ltd, 1973, p. 217.

② J. Lawson & H. Silver, *A Social History of Education in England*, London: Methuen & Co. ltd, 1973, pp. 215 – 217.

在牛津大学，1577—1579 年间，约 55% 的新生是平民，1637—1639 年间，平民比例为 37%，1711 年为 27%，1760 年为 17%，而在 1810 年仅为 1%。[1] 在 1752—1886 年间，两所大学有 80% 的学生主要来自三个群体：乡绅、牧师和军人家庭。当然，这些群体在两所大学的比例也有较大差距，如在牛津 39% 的学生来自军人家庭，而在剑桥只有 6%，在剑桥大学，来自医生和律师家庭背景的学生占 11%，而在牛津则占 3%。来自商人家庭的学生在剑桥占 9%，在牛津占 1%。来自商人、职业阶层、平民家庭的学生在剑桥占 29%，而在牛津则只占 6%。很明显，剑桥大学的学生来源更加广泛。在 1762—1829 年，牛津大学的学生来自军人家庭的比例从 25% 上升到 50%。然而，两所大学的毕业生大多没有进入新兴职业和商业领域，近 3/4 的大学毕业生成了牧师（其父亲是牧师的只占 1/4），因为许多来自军人和乡绅家庭的儿子毕业后也选择了牧师职业。与 17 世纪相比，18 世纪的大学更像神学院，教会在 1670—1809 年间从牛津大学吸纳了 57%—72% 的毕业生，从剑桥大学吸纳了 38%—76% 的毕业生。[2]

18 世纪期间，教授职位的数量有了大量增加，新增设的讲座有诗歌、盎格鲁-撒克逊语、阿拉伯语、化学、天文学、植物学、地质学。国王乔治一世出于培养国家公务员的需要，1724 年在两所大学设立了现代史钦定教授席位。但由于传统课程体系非常顽固，以致这些新开设的讲座根本找不到空教室。即使一些教授开设了讲座，也很快就因没有听众而无法继续维系。剑桥大学的前两位伍德瓦尔德（Woodwardian）地质学教授都只是在作了就职演说后就一直没有举办过讲座。对教授的推选并无学术和能力上的要求，得到足够的支持是成为教授的主要条件，因此，在竞聘教授的过程中，徇私舞弊的现象屡有发生。结果，一些不学无术的人也被推举为教授。一位牛津讽刺作家嘲讽道："我认识一位不学无术者被推选为道德哲学教授，此外，我还认识一位一生中从来没有抬头认

---

[1] Rosemay O'Day, *Education and Society 1500 - 1800*, London and New York: Longman Group Limited, 1982, p. 187.

[2] Rosemay O'Day, *Education and Society 1500 - 1800*, London and New York: Longman Group Limited, 1982, p. 269.

真看过星星的人却成了天文学教授。"① 理查德·沃森（Richard Watson）是当时一位进步的启蒙者，1771年用剑桥大学化学教授席位与兰达弗（Llandaff）主教交换钦定神学教授席位，并占据了此席位长达34年之久，但他既不住在兰达弗，也不住在剑桥，而住在他的私人庄园温德米尔（Windermere）。② 一位导师向索西（Southey）坦白道："如果你愿意学习，你最好自学，因为你不可能从我的讲座中获得任何知识。"③ 大学教学水平的下降，还可以从学生的回忆中得到印证。著名历史学家爱德华·吉本在其自传中对18世纪中叶的牛津大学进行了生动的描述："我在莫德琳学院（Magdalen College）度过了14个月的时光，那是我一生中最无聊且一无所获的时光。吉本声称为了摆脱这种闲散的生活，他离开了牛津大学。"④

综合上述分析可知，两所大学对时代的变化都表现出一种漠不关心的姿态，学生虚度光阴，教师不学无术、课程陈旧，保守主义的风气弥漫整个校园，大学无力扮演推动社会进步的角色。"大学对18世纪的工业和商业的发展毫无贡献。技术进步主要是由没有文化的工人创造的。"⑤ 尼古拉斯·汉斯（Nicholas Hans）通过对18世纪494位杰出科学家的考察，发现他们当中在牛津大学或剑桥大学接受教育的人数还不到34%。⑥

近年来，许多学者对过去认为17、18世纪的英国大学处于一片死气沉沉的观点提出了质疑。他们认为，在此期间，大学也显露了新的生机，如牛津大学于1704年开设了化学讲座，第一任化学讲师约翰·弗里德（John Friend）在阿什摩里（Ashmolean）博物馆里向大量的听众讲课。18

---

① J. Lawson & H. Silver, *A Social History of Education in England*, London: Methuen & Co. ltd, 1973, p. 212.

② J. Lawson & H. Silver, *A Social History of Education in England*, London: Methuen & Co. ltd, 1973, p. 213.

③ Irene Parker, *Dissenting Academies in England: Their Rise and Progress and Their Place among the Educational Systems of This Country*, Cambridge: Cambridge University Press, 1914, p. 130.

④ M. D. Stephens, G. W. Roderick, "Education and the Dissenting Academies", *History Today*, Vol. 27, No. 1, 1977, p. 47.

⑤ 徐辉、郑继伟：《英国教育史》，吉林人民出版社1993年版，第136页。

⑥ Rosemay O'Day, *Education and Society 1500 – 1800*, London and New York: Longman Group Limited, 1982, p. 271.

世纪 30 年代末，荷兰化学家纳萨尼尔·阿尔科（Nathaniel Alcock）在牛津大学耶稣学院私下开设了化学讲座。约翰·凯尔（John Keill）在哈特大厅（Hart Hall）举办自然哲学讲座，讲授实验法，并于 1712 年获得了塞维尔（Savilian）天文学教授职位。詹姆士·布拉德里（James Bradley）既是塞维尔天文学教授（1721—1729 年）又是实验哲学讲师（1729—1760 年），每年同时开设两门讲座，尽管他要向学生收取额外费用，但参加讲座的人数平均都有 57 人。早在 17 世纪中叶，植物学的研究在大学里就很受欢迎。1728 年，歇纳达（Sheradian）植物学教授席位的设立，进一步推动了牛津大学植物学研究，该职位在 1734—1747 年间一直由杰出的瑞典植物学家约翰·迪兰尼斯（John Dillenius）把持。

在剑桥大学，一些杰出学者也对天文学和数学研究表现出极大的热情，并推动大学开设了新讲座，如 1704 年设立了普拉米（Plunian）天文学讲座，1705—1716 年间一直由罗杰·科特斯（Roger Cotes）担任讲师。1707 年科特斯与一位数学教授威廉·威斯顿（William Whiston）在三一学院天文台开设了流体静力学（hydrostatic）和气体力学（pneumatics）课程。化学讲座也于 1703 年设立。在早期的化学讲师中，约翰·哈克雷伯里（John Hicklebury）和约翰·哈德里（John Hadley）定期开设了讲座。解剖学（1707 年）、植物学（1724 年）、地质学（1728 年）教授席位也先后设立，只不过后两个讲座只是徒有虚名。[1] 有证据表明，即使不是全部也有为数不少的非讲座教授（non-lecturing professors），不仅积极投身于自己的科研，而且也在感兴趣的同行和学生团体中进行非正式的教学。[2]

以上情况表明，大学并没有完全忽视科学研究，只不过出席这些讲座对于获得文学学士学位的意义并不大，因此参加的人不多，如 1728 年，

---

[1] Rosemay O'Day, *Education and Society 1500 – 1800*, London and New York：Longman Group Limited，1982，pp. 271 – 272.

[2] Elizabeth Leedham-Green, *A Concise History of the University of Cambridge*, Cambridge：Cambridge University Press，1996，p. 113.

只有28人出席了哈克雷伯里化学讲座。① 可见，牛津大学和剑桥大学虽然设立了一些自然科学讲座，但科学研究的范围仅局限于少数群体。直至19世纪中期，英国大学始终未能摆脱古典教育价值观的束缚，因而无法走出宗教的阴影。

第二节 新式教育机构的诞生

随着社会的发展和工业革命的不断推进，宗教对社会的影响日益减弱，科学的地位逐渐上升，但英国传统的教育机构无视时代的发展和变化，依然固守古典人文主义教育传统，排斥科学教育。当传统教育机构因故步自封而停滞不前时，在传统教育机构之外，出现了一些新式教育机构如各种私立学园、新大学、城市学院等。这些新式教育机构为顺应形势的发展，在课程设置和教学方法上进行了巨大的变革。"教育发展的历史表明，如果一种教育形式或者一类学校停滞不前和不能适应社会的需要，那么社会会创造出另一种教育形式或者另一些学校来适应特定的教育需求。"②

一 现代私立学园、古典私立学校与职业学园

在英国，早在15世纪就有私人教师开办的学校，只不过由于其活动范围在王室之外，因而其重要性遭到忽视，有关这些私立学校的情况留存下来的档案很少。这些教育机构之所以被称为"私立"学校，主要是与多数靠捐款设立的"公立"文法学校（endowed grammar schools）相区别。1951年，尼古拉斯·汉斯（Nicholas Hans）将18世纪的优等私立学校分为两大类——现代私立学园（private academy）与古典私立学校（classical private school）。现代私立学园强调数学和职业技术教育，教师大多数是那些未获得学位的世俗人士。古典私立学校很少使用"学园"

---

① Rosemay O'Day, *Education and Society 1500–1800*, London and New York: Longman Group Limited, 1982, p. 272.

② 徐辉、郑继伟：《英国教育史》，吉林人民出版社1993年版，第120页。

这一名称，教师几乎都是国教牧师。

1. 现代私立学园

学园用来指代一种教育机构，起源于古代雅典的柏拉图学园，通常是指从事一种高等学术知识的传授场所。15、16世纪的柏拉图学园指的是一种科学研究机构。到16世纪末和17世纪，学园这一名称通常是指一种为贵族进行教育的职业学校。那些所谓的"宫廷学园"（courtly academies）与大学不同，其目的在于将青年贵族培训成廷臣（courtier）和士兵，教授的科目有军事、数学、体能和才艺训练。这种宫廷学园最早兴起于德国和法国，后来受到英国宫廷的青睐，并对英格兰现代私立学园的兴起产生了直接影响。另外，1662年创办的皇家学会注重实验科学和科学仪器的发明，也在课程和教学法等方面对现代私立学园产生了影响。

到18世纪中叶，私立学园已确立了自己的传统并接受了实验方法，教授的科目范围非常广泛，几乎包含了当时所有的知识和技能，归纳起来，可以分为四大类：第一类是以培养读写能力为目的的相关科目；第二类为数学和科学；第三类为职业和技术；第四类为才艺和体能训练。其中第一类包括的科目有英语、拉丁语、希腊语、法语以及其他语种，另外还有历史和哲学。第二类包括的科目有算术、代数、几何、三角学、微积分、天文学、地理学和自然哲学（主要是物理学）；第三类包括的科目有航海、军事科学、工程学、造船、建筑、簿记等商业学科、农业；第四类包括的科目有素描、绘画、音乐、舞蹈、击剑、体操、骑马、体育。显然，任何单个学生都无法完成以上所有科目的学习，因此，学生分为五组：想进入大学深造的学生；想进入海军的学生；想加入陆军的学生；想进入商业和法律界的学生；想学习技术职业的学生。在此基础上，学园开设相应类型的学校：

第一类：文法学校——学习拉丁语、希腊语、哲学；

第二类：海军学校——学习航海、天文学、数学；

第三类：军事学校——学习防御工事、射击术、数学、自然哲学；

第四类：商业学校——学习商人账目、速记、商业算术、通信以及法律；

第五类：技术学校——学习数学、自然哲学、测量、建筑、造船等。

但不管哪组学生，都要学习英语、算术、地理学、几何学、历史，大多数学生还要学习法语、素描，所有的学生都要参加体育训练。另外，每组学生还可以从其他组任意选择课程。这些学园类似综合性的中等学校，当然并不是所有的私立学园都含有这五类学校，如塔街学园（Tower Street）和依斯灵顿学园（Islington）有五类，索霍（Soho）、约克（York）、兰卡郡（Lancashire）、比斯托尔（Bristol）、沃瓶（Wapping）五所学园只有四类，大多数学园一般只开设了三类学校。还有一些学园则是专门的海军或陆军学校。不过，这些学园并不是一种纯职业教育，而是在技术训练的基础之上提供一种通识教育。① 如切尔西（Chelsea）海军学园教授的科目有英语、法语、历史、地理、自然哲学、舞蹈、素描、数学和军事等。

私立学园的大多数教师都声称其目标在于培养有广博知识的商人。索霍学园教师马丁·卡莱尔（Martin Clare）认为商人需要通识教育作为其职业基础。依斯灵顿学园教师约翰·鲁尔（John Rule）声称其学园旨在将学生培养为绅士、学者和商人。古典语言的教学仍是通识教育的一部分，但学园摒弃了文法学校那种死记硬背的传统教学方法，注重培养学生的实际操作能力和动手能力，为社会培养了大批有用人才。

私立学园主要招收年龄在12—18岁的学生，有时也招收一些只学习技术科目的成年人。不同的学园在建筑规模和设备上差别很大，一些学园有较大的实验室，昂贵的实验仪器、图书馆、运动场等，而一些较小的学园则只有少量的实验器材，大多数学园都实行寄宿制。② 就社会阶层而言，与文法学校相比，学园的学生更加具有广泛性。除哈克尼学园（Hackney Academy）是为贵族和中上层富裕阶层服务外，大多数学园主要招收中低等阶层（教师、艺术家、手工匠、商人、农场主）的子女。

---

① Nicholas Hans, *New Trends in Education in the Eighteenth Century*, London: Routledge and Kegan Paul Ltd., 1951, pp. 63 – 65.

② Nicholas Hans, *New Trends in Education in the Eighteenth Century*, London: Routledge and Kegan Paul Ltd., 1951, pp. 66 – 69.

学费较为适中,而且还为家庭贫穷的聪明孩子提供免费教育。①

有关学园存在的时间不是很准确,许多年代只是概数。在18世纪早期创办的学园中,保留了相关信息的只有11所。其余的学园都创办于18世纪五六十年代甚至更晚。到80、90年代,学园的数量迅速增加到200所左右,其中约2/3的知名学园都分布在伦敦及其周边地区,其余的学园则分布在全国各地。哈克尼学园是18世纪所有私立学园中最古老、规模最大、最受欢迎的一所学园,它在同一地点持续地维持了135年(1685—1820年)之久。然而可惜的是,该学园留存下来的资料很少,因而只能通过一些零星的资料来获得对它的了解。哈克尼学园于1685年由本杰明·摩兰德(Benjamin Morland)创办,自1721年摩兰德被任命为圣保罗学校校长后,哈克尼学园由纽康敏家族(Newcome)接管。该学园的学生大多是来自上等社会的子弟,学生的入学年龄通常为7—12岁,那些选择参加陆军或海军的学生在14岁离校,那些想进入大学继续深造的学生则要学习到16岁或17岁。②许多学生在学完六个学年的课程(包括古典语、现代语、数学、自然科学、体育和图画、舞蹈、音乐等)后,直接办手续转入大学。③

许多学园还成了著名的科学教育中心,例如皇家学会的八位研究员曾在伦敦的摩尔费尔德(Moorfields)学园、霍克斯顿(Hoxton)学园和霍默顿(Homerton)学园,以及兰卡郡(Lancashire)的曼彻斯特(Manchester)学园、沃灵顿(Warrington)学园任教。约瑟夫·普里斯特里(Joseph Priestley)正是由于在沃灵顿学园的突出成就而获得了皇家学会会员的资格。牛顿也与摩尔费尔德和霍克斯顿学园有密切的往来。牛津和剑桥大学的导师也在伦敦纽灵顿·格林(Newington Green)学园、希罗普郡(Shropshire)的希鲁斯伯里(Shrewsbury)学园、谢里夫海尔斯

---

① Nicholas Hans, *New Trends in Education in the Eighteenth Century*, London: Routledge and Kegan Paul Ltd., 1951, p. 69.

② Nicholas Hans, *New Trends in Education in the Eighteenth Century*, London: Routledge and Kegan Paul Ltd., 1951, p. 72.

③ [英]奥尔德里奇:《简明英国教育史》,诸惠芳等译,人民教育出版社1987年版,第103页。

(Sheriffhales）学园和约克郡西雷丁（the West Riding）的拉斯美尔（Rathmell）学园传授科学知识。来自苏格兰的教师也在肯代尔（Kendal）、沃灵顿和比斯拉尔·格林（Bethnal Green）学园教授科学。[1] 学园之所以对科学有着特殊的兴趣，是因为他们企图通过对自然规律的探讨，来揭示宇宙是理性设置的结果，并以此来证明伟大的造物者——上帝的存在。从一些学园使用的课本名称如约翰·雷（John Ray）编著的《上帝在创世中显现的智慧》（*Wisdom of God Manifest in the Works of Creation*，1691年），可以很明显地看出这一点。[2]

2. 私立古典学校

在18世纪，与私立学园同时并存，由私人开设的另一种学校为私立古典学校（private classical schools），这两种学校虽然都是作为文法学校旧式教育机构的对立物而出现的，但他们对文法学校的批判角度不同。现代私立学园在原则上反对狭窄的古典知识教育，倡导以数学和科学作为现代教育的基础；而私立古典学校并不反对古典教育，相反，他们将古典知识教育看作是通识教育的一部分，他们反对的是文法学校里过于呆板的教学方法和普遍存在的恐吓、腐败作风。私立古典学校是一种规模较小的寄宿学校，老师与学生同住，与学生之间的关系融洽，充满了家庭般的温馨。为此，学校不仅赢得了许多贵族、乡绅和牧师的高度评价，许多农场主、手工匠更是乐意将其儿子送入由当地牧师创办的离家近且收费低的私立学校。这些私立学校的首要目的在于为牛津和剑桥输送人才，由于严格的宗教审查制度，教师都是国教会牧师。这些学校的教师可分为两类：第一类是优秀学者和职业教师。他们有圣职，但通常不住在本教区，他们全身心地投入教学。第二类为住地牧师，他们开办寄宿学校以增加微薄的收入。当然两者之间的界限并不十分明显，一些职业教师在晚年辞职后，往往也成了住地牧师，另外，一些住地牧师由于办学的成功，学生数量增多，而变成了职业教师。第一种类型的学校

---

[1] Michael Sanderson, *Education, Economic Change and Society in England 1780 – 1870*, Cambridge: Cambridge University Press, 1995, p. 21.

[2] Michael Sanderson, *Education, Economic Change and Society in England 1780 – 1870*, Cambridge: Cambridge University Press, 1995, p. 20.

规模通常更大,存在的时间更长;第二种类型的学校规模小,并常随牧师的去世而关闭。① 据尼古拉斯·汉斯估计,私立古典学校共有1000多所,假如每所学校平均存在的时间为20年,即意味着在18世纪的任何时期平均至少有200所私立学校。② 尼古拉斯·汉斯通过对剑桥大学六所学院学生入学登记册的调查发现,20%的大学生来自私立古典学校。如果加上家庭教师培养的学生,比例可达40%,亦即表明大学从公共文法学校获得的学生,比例不超过60%。③

3. 职业学园

除了现代私立学园和私立古典学校外,由私人创办的另一种学校是专门的职业学园。其中著名的职业学园有切尔西(Chelsea)海军学园(创办于1782年),学园的创办者是曾在皇家海军中服役了七年的约翰·比特斯沃斯(John Bettesworth)。学园教授的科目除海运课程以及船上的实践外,还有语言、历史、政治、绘画、舞蹈、击剑。不过,在其计划中,比特斯沃斯也声称要将学园办成一种提供通识教育的机构。学园的时间表为:12个小时为学习和实践操作时间,4个小时为用餐和娱乐时间,8个小时为睡眠时间。学园在操场上摆放着一艘"卡姆伯兰德"号军舰,并配备了船帆与索具,学园立刻引起了人们的关注,许多父母将其儿子送来接受海军训练。该学园的还有实验室,绳索房以及炮台等教学设备。④

二 "不信奉国教者学园"

"不信奉国教者学园"(dissenting academy)⑤ 在英格兰的兴起最初只

---

① Nicholas Hans, *New Trends in Education in the Eighteenth Century*, London: Routledge and Kegan Paul Ltd., 1951, pp. 117 – 118.

② Nicholas Hans, *New Trends in Education in the Eighteenth Century*, London: Routledge and Kegan Paul Ltd., 1951, p. 119.

③ Nicholas Hans, *New Trends in Education in the Eighteenth Century*, London: Routledge and Kegan Paul Ltd., 1951, p. 118.

④ Nicholas Hans, *New Trends in Education in the Eighteenth Century*, London: Routledge and Kegan Paul Ltd., 1951, pp. 101 – 103.

⑤ 国内学者对这一术语有多种不同的翻译,其中主要的几种有"高等专门学院""持异议教派学园""不信奉国教者学园"等。

是被赶出大学校园的"不信奉国教者"（dissenter，指观点较激进的清教徒）用以谋生的一种权宜之计，但未曾料想的是，学园（为表述的方便，该节下文中出现的"学园"皆指"不信奉国教者学园"）在英格兰的发展却持续了近两个世纪之久。学园将米尔顿、洛克等教育改革家的理论付诸实践，推行课程改革，以适应现代商业社会发展的需要，对英格兰教育走向现代化起了重要的推动作用。

1. "不信奉国教者学园"在英格兰的兴起与发展

除米尔顿、洛克等人提出的教育改革理论为"不信奉国教者学园"奠定了思想基础外，王政复辟后，国王查理二世颁布的《统一法案》和《五英里法》，使"不信奉国教者"无法进入大学接受教育。为了培养本教派的牧师，被赶出校园的"不信奉国教者"教师不得不创办自己教育机构——"不信奉国教者学园"。最早对这一问题进行研究的学者是伊莱恩·帕克（Irene Parker），他将 1800 年之前"不信奉国教者学园"的发展分为三个时期：第一时期为 1662—1690 年；第二时期为 1690—1750 年；第三时期为 1750—1800 年。[1] 后来的学者曼苏尔·墨希尔（Matthew Mercer）在《"不信奉国教者学园"与俗人的教育：1750—1850》一文中对 1750 年至 1850 年间的学园情况作了进一步探讨。[2] 综合两位学者的研究，笔者将"不信奉国教者学园"的发展分为以下三个时期：

第一阶段：古典时期（1662—1690 年）。早期学园都是由被驱赶出来的大学教师创办的，他们在家中为自己和友人的孩子进行教学。这种学园最简单的形式就是以一间房屋为教室，另一间房屋作为寝室和食堂。大一点的学园才会有几间专用的房间。[3] 学园的学制通常为四年，学生在入学园时须具备一定的古典知识基础。有关第一阶段"不信奉国教者学园"的课程教学情况，我们可以从查尔斯·默顿（Charles Morton）于

---

[1] Irene Parker, *Dissenting Academies in England：Their Rise and Progress and Their Place among the Educational Systems of This Country*, Cambridge：Cambridge University Press, 1914.

[2] Matthew Mercer, "Dissenting Academies and the Education of the Laity, 1750 – 1850", *History of Education*, Vol. 30, No. 1, 2001.

[3] James Bowen, *A History of Western Education*, Vol. 3, London：Methuen & Co. ltd, 1981, p. 136.

1677 年在伦敦创办的纽英顿·格林（Newington Green）学园获得一些了解。默顿是牛津大学德尔汉姆学院的文学硕士，对数学也非常精通，他主持该学园长达 20 年之久。丹尼尔·笛福（Daniel Defoe）曾在该学园学习过，在一篇评论中，笛福谈到他精通五门语言，他还学习了数学、自然哲学、逻辑学、地理学、历史和政治学。[①] 谢里夫海尔学园（the Sheriffhales Academy，1663—1697 年）为学生开设的核心课程有逻辑学、解剖学、数学、物理学、伦理学、修辞学。只有修完了所有这些课程后的学生才能继续主修神学、法律和医学。[②]

在此期间，英格兰北部著名的一所"不信奉国教者学园"是理查德·弗朗克兰德（Richard Frankland）于约克郡的一个小村庄拉斯美尔（Rathmell）创办的学园——弗朗克兰德学园（Frankland's Academy）。弗朗克兰德毕业于剑桥大学基督学院，获文学硕士学位。他创办该学园近 30 年之久。1698 年弗朗克兰德去世后，学园由于一度找不到合适的继承人而被迫解散。约翰·科利格（John Clegg）在《约翰·阿什传》（The Life of Rev. John Ashe）一书中，提到了该学园的时间表及学习课程：

该阶段的学园与文法学校相类似，但一些较好的学园已开始按照大学标准进行教学。毫无疑问，在此期间古典学科首先在课程中仍占主要地位；其次才是逻辑学、修辞学、数学、神学以及法律。拉丁语是学园的主要用语，不仅所有的讲座都使用拉丁语，而且学生在晚祷前都必须讲拉丁语，写作和辩论也都要求使用拉丁语。[③] 当然，也有少数学园例外，如在丹尼尔·笛福就读的纽英顿·格林学园，所有的讲座都使用英语。

[①] Irene Parker, *Dissenting Academies in England：Their Rise and Progress and their Place among the Educational Systems of this Country*, Cambridge：Cambridge University Press, 1914, pp. 58 – 60.

[②] Rosemay O'Day, *Education and Society 1500 – 1800*, London and New York：Longman Group Limited, 1982, p. 213.

[③] Irene Parker, *Dissenting Academies in England：Their Rise and Progress and Their Place among the Educational Systems of This Country*, Cambridge：Cambridge University Press, 1914, p. 58.

表 5.1　　　　　　　　　弗朗克兰德学园的时间表

早晨七点	祷告
	早餐
上午九点（?）至十二点（?）（讲座时间）	逻辑学
	辩证法
	躯体学（Somatology）
	圣灵说（Pneumatology）
	自然哲学
中午十二点（?）	中餐
	自由阅读、娱乐
晚上六点	祷告
	晚餐
	学生在房间里自由讨论

说明：在每周星期四，学生要在导师的指导下举行公开辩论，在每周星期六晚祷前的5—6点钟，要对赞美诗或《圣经》中的韵文进行分析并发表评论性的讲演。

资料来源：Irene Parker, *Dissenting Academies in England: Their Rise and Progress and Their Place among the Educational Systems of This Country*, Cambridge: Cambridge University Press, 1914, p. 68.

第二阶段：从古典向现代的过渡（1690—1750 年）。通过"光荣革命"，荷兰执政官威廉取得了英格兰王位。上台后，他对清教徒做出了让步，于1689 年颁布了《宽容法令》（*The Toleration Act*）。法令规定如果非国教教徒（nonconformists）（天主教徒除外）承认君主为国教会的最高首领，对国王宣誓效忠，并签署《三十九条信纲》，就可以免于处罚。[①]《宽容法令》的颁布，推动了新学园的创办，使学园的发展进入了高峰期。

与第一阶段学园相比，第二阶段的学园更加具有公众性。这种特性主要表现为：第一，学园的学生不仅有非国教徒，也吸引了一些安立甘教徒，因为学园在当时被认为是英格兰最好的教育机构；第二，学园不再为创办者所私有，在早期创办者去世以后，大多数学园都是由推选出

[①] James Bowen, *A History of Western Education*, Vol. 3, London: Methuen & Co. ltd, 1981, p. 135.

来的少数牧师实行共管；第三，一些学园得到了宗派基金会（denominational fund）如长老基金会（The Presbyterian Fund, 1689 年）、公理会基金会（Congregational Fund Board, 1695 年）和考瓦德基金会（Coward Trust, 1738 年）的支持。他们为学园提供资金以资助牧师的培养，如 1741 年霍克斯顿学园（Hoxton Academy）就从考瓦德基金会获得约 50 英镑的捐赠用以购置图书，1707 年考瓦德基金会受托人捐赠了 5 几尼（Guinea，英国的一种旧金币，值一镑一先令）给达温奇（Daventry）学园用以改善设施，1771 年捐赠了 15 英镑资助该学园创办实验室。①

该时期最重要的一所"不信奉国教者学园"是北安普顿学园（Northampton Academy）。该学园在菲利普·多德利奇（Philip Doddridge）神学博士的主持下成了英格兰最著名的学园之一。英国著名教育史研究专家奥尔德里奇在其《简明英国教育史》中考察了该学园的课程表：

表 5.2　　　　　　　从上午 10:00 至下午 2:00 的课程表

第一年	第二年	第三年	第四年
逻辑	三角学	博物学	罗马法
修辞学	圆锥曲线	国内历史	神话学和象形文字
地理学	天体力学	解剖学	英国史
形而上学	自然和实验哲学	犹太人古代风俗习惯	新教史
几何学	神学	神学	神学
代数学	演说	演说	布道
			牧师事务等

资料来源：[英] 奥尔德里奇：《简明英国教育史》，诸惠芳等译，人民教育出版社 1987 年版，第 156 页。

学园的课程表表明学园在坚持以神学为中心的同时，也引入了一些自然科学如天体力学、解剖学、自然和实验哲学以及现代实用学科如罗马法、几何学、地理学等。罗斯玛丽·奥黛就形象地将学园说成是一所

---

① Helen M. Jwell, *Education in Early Modern England*, London: Macmillan Press Ltd., 1998, p. 116.

提供现代教育的神学院。① 在这一时期，古典学科尽管依然重要，但拉丁文只在规定的时间和地点使用。到该阶段的末期，所有的讲座都使用英语作为教学用语。

第三阶段：现代化时期（1750—1850 年）。此时期学园最主要的特点是学科教育的重心已转向了科学和商业等现代学科。另外，该时期所有的讲座都使用现代语——英语。该阶段新建立的学园不多，在帕克的著作中，提到的学园仅有三所，即埃克塞特学园（1760—1786 年）、伦敦学园（1760—?）和沃灵顿学园（1757—1783 年）。曼苏尔·墨希尔提到的学园有达温奇学园、曼彻斯特（Manchester）学园、哈克尼新学园（Hackney New College）等。

约翰·塞登（John Seddon）创办的沃灵顿学园（Warrington Academy）是这一时期最典型的学园代表。该学园在教会和大商人的支持下，从曼彻斯特获得 94 英镑 10 先令，从利物浦获得 46 英镑 4 先令，从伯明翰获得 44 英镑 12 先令 6 便士，从沃灵顿获得 31 英镑 15 先令 6 便士的捐款。② 沃灵顿学园在 1757—1783 年间，共培养了 393 名学生，其中法律专业学生 22 人，医学专业 24 人；神学专业 52 人；商业专业 98 人；情况不明的人数为 197 人。③ 如果不计专业情况不明的学生，学习商业的学生人数恰好占总数的一半。由此可见，商人捐赠对学园的培养目标产生了重要影响。

为了适应商业社会的需要，学园对课程作了相应的调整。如沃灵顿学园就专门为那些想经商的学生推出了一个三年特别计划。第一年学习算术、代数、几何、法语、语法、修辞；第二年学习数学（主要是三角学）、自然哲学、天文学、法语；第三年学习自然哲学、化学等。④ 在此

---

① Rosemay O'Day, *Education and Society 1500 – 1800*, London and New York: Longman Group Limited, 1982, p. 214.

② Irene Parker, *Dissenting Academies in England: Their Rise and Progress and Their Place among the Educational Systems of This Country*, Cambridge: Cambridge University Press, 1914, p. 105.

③ Irene Parker, *Dissenting Academies in England: Their Rise and Progress and Their Place among the Educational Systems of This Country*, Cambridge: Cambridge University Press, 1914, p. 107.

④ M. D. Stephens, G. W. Roderick, "Education and the Dissenting Academies", *History Today*, 1977, Jan. 27: 1, p. 51.

特殊计划中,实用学科被提到了非常突出的地位。在该学园的所有导师中,以约翰·艾肯(John Aikin)和约瑟夫·普里斯特里(Joseph Priestley)最为突出。约翰·艾肯是位神学博士,他学识广博,不仅精通道德、政治、形而上学,而且懂得希伯来语、法语、希腊语、拉丁语。他于1758—1761年开设了古典学讲座,后来又开设了神学讲座,并在1761—1780年间成了该学园的负责人。

对课程走向现代化起重要推动作用的是约瑟夫·普里斯特里,他在《论通识教育的课程——为了文明和积极的生活》("Essay on a Course of Liberal Education for Civil and Active Life",1765)一文中明确提出教育要为商业发展服务。他还为学生编写了一本《英语语法入门初步》(Rudiments of English Grammar)教材,在"前言"中,他写道:"将英语语法纳入学校无须辩驳,熟练地掌握英语在各行各业中都非常有用,对所有接受通识教育的人来说都是必要的。"① 普里斯特里不仅倡导课程改革,而且身体力行,作为语言和文学(Belles Lettres)讲师,他还教授化学、解剖学、历史、地理等课程。他倡导观察——实验法是探求真理的唯一途径。② 他在沃灵顿学园工作的时间虽然很短(1761—1767年),但其思想主张及其教育实践对推动英国教育朝着现代化方向发展发挥了重要作用。

阿什里·史密斯(J. W. Ashley Smith)声称,从广泛的意义上说,学园对学科的发展特别是自然科学的发展作出了三大贡献:第一,在英格兰,学园最早运用实验的方法对科学进行教学;第二,在课程方面,调整和确立了新的教学大纲;第三,教师及时追踪自然科学的发展动态,并及时更新教学内容。③ 不过,"不信奉国教者学园"强调科学知识的传授,并非完全基于工业实用目的,而主要与清教的神学观有关。因为在

---

① Irene Parker, *Dissenting Academies in England: Their Rise and Progress and Their Place among the Educational Systems of This Country*, Cambridge: Cambridge University Press, 1914, pp. 113 – 115.

② M. D. Stephens, G. W. Roderick, "Education and the Dissenting Academies", *History Today*, Vol. 27, No. 1, 1977, p. 49.

③ M. D. Stephens, G. W. Roderick, "Education and the Dissenting Academies", *History Today*, Vol. 27, No. 1, 1977, pp. 53 – 54.

加尔文主义者看来，地球与宇宙的其他天体都是上帝创造的产物，因此，对它们的研究本身就是虔信的表现。

2. "不信奉国教者学园"的总体特征

尽管在各个不同发展阶段，学园显现了不同特色，但学园仍具有以下共同特征：

第一，课程内容极为广泛。为顺应时代发展的要求，学园敢于打破陈规，大胆创新。除了传统的古典拉丁文和神学外，学园还增设了自然科学和商业实用课程。即使是培养牧师，学园也并不局限于古典知识的教学，而提供了内容更加广泛的课程。例如，为了培养合格的教区牧师，学园里教授的科目有演讲、修辞、布道、语言哲学、语法、逻辑、道德和政治哲学、历史、文学、生物学和速记等。在整个18世纪期间，学园还涉入了一些新领域以及一些正在发展的新学科如算术、代数、三角学、对数学、天文学、测量学、气象学、地质学、植物学、动物学、化学和解剖学。[①] 一些与现代商业相关的现代语言如英语、法语、德语、意大利语和西班牙语等也在学园里教授。一些学园还开设专业化课程如商业、测量、航海和军事等。当牛津和剑桥在课程方面因固守传统而背离了时代要求之际，学园则因拥有较高的知识水平和现代化课程而成了英格兰教育改革的先驱者。

第二，规模小、迁徙频繁、维持时间短。与大学相比，学园的规模较小。在1699年之前，每年进入学园的人数不到50人，1670—1689年间约为100人，1690—1699年间约为150人。[②] 菲利普·多德利奇刚开始创办北安普敦学园时，只有3名学生，[③] 到1730年有40名，1743年有63名，1747年有29名。[④] 沃灵顿学园在其存在的25年时间里，共培养了学

[①] James Bowen, *A History of Western Education*, Vol. 3, London: Methuen & Co. Ltd, 1981, p. 137.

[②] Lawrence Stone, "The Educational Revolution in England, 1560 – 1640", *Past & Present*, No. 28, Jul., 1964, p. 56.

[③] [英] 奥尔德里奇：《简明英国教育史》，诸惠芳等译，人民教育出版社1987年版，第155—156页。

[④] Irene Parker, *Dissenting Academies in England: Their Rise and Progress and Their Place among the Educational Systems of This Country*, Cambridge: Cambridge University Press, 1914, p. 82.

生393名，每年平均招收16名学生。学园极不稳定，常随导师的迁徙而搬迁，导师去世后学园也随之关闭。如由理查德·弗朗克兰德于1670年创办的学园，在弗朗克兰德于1698年去世前，先后搬迁了七次。[①] 又如由约翰·詹妮斯（John Jennings）于1715年在雷彻斯特郡创办的基布沃斯（Kibworth）学园，1722年迁到亨科利（Hinckley），1723年詹妮斯去世后被迫关闭。[②]

  第三，采取自由研讨的方式进行教学。学园虽然也开设有关《圣经》神学课程，但类似大学那种建立在标准教材基础上的讲座是不存在的。在学园里，师生之间可以进行公开的辩论，与大学那种呆板的教学风格形成了鲜明对照。在弗朗克兰德学园，自由讨论式的教学由创办者弗朗克兰德首倡，并在该学园自始至终得到贯彻。[③] 北安普顿学园是推行自由研讨式教学的最典型代表。据艾肯的一位学生记载，艾肯在讲座结束后习惯让学生提问，他还经常与少部分学生一起喝茶、聊天、讨论各种问题。[④] 普里斯特里曾根据他在北安普顿学园的求学经历写道：在学园里，师生们一心追求学问，学生分组针对一些有关自由、必然性、灵魂，以及各种神学正统思想、异端思想进行辩论。导师的观点也各不相同，如阿什沃斯博士（Ashworth）极力维护正统观点的权威，而副导师（sub-tutor）克来卡（Clark）则为异端思想作辩护，我们的讲座充满了友好气氛。我们可以自由提问和发表评论，可以广泛阅读各种著作。可见，该学园的导师不是一味地向学生灌输知识，而重在引导学生独立思考和培养他们的语言表达能力。[⑤] 18世纪，该风气的盛行致使学园时常成为外界

[①] Helen M. Jwell, *Education in Early Modern England*, London: Macmillan Press Ltd., 1998, p. 115.

[②] M. D. Stephens, G. W. Roderick, "Education and the Dissenting Academies", *History Today*, Vol. 27, No. 1, 1977, p. 50.

[③] Kathleen W. MacArthur, "Theological Education among the Dissenters", *The Journal of Religion*, Vol. 21, No. 3, Jul., 1941, p. 277.

[④] Irene Parker, *Dissenting Academies in England: Their Rise and Progress and Their Place among the Educational Systems of This Country*, Cambridge: Cambridge University Press, 1914, pp. 110–112.

[⑤] Irene Parker, *Dissenting Academies in England: Their Rise and Progress and Their Place among the Educational Systems of This Country*, Cambridge: Cambridge University Press, 1914, p. 103.

攻击的对象,因为学园被看成是导致政治分裂、宗教纷争和革命的温床。①

第四,向所有的人开放且学费低廉。与大学对学生在宗教信仰方面有严格的要求不同,学园不要求学生作任何宗教宣誓。除非国教徒学员外,学园也招收国教徒学生。除宗教因素外,学费低廉是学园吸引部分国教徒学生的又一原因。在 1729—1751 年间,北安普顿学园的寄宿生每年要支付 4 英镑学费、16 英镑生活费和 1 几尼住宿费。约同期的肯德尔(Kendal)学园只收取 8 几尼食宿费和 4 几尼学费。② 相比而言,大学的收费要高得多。迈克尔·山德森(Michael Sanderson)和劳伦斯·斯通都曾指出,19 世纪初,在牛津大学修习一门课程的年花费就超过 300 英镑。③

"不信奉国教者"虽然在当时并没有意识到学园的重要性,也无意建立一种新的教育体制与大学相抗衡④,但正是这种新式教育机构的出现使英格兰教育焕发了生机和活力,与当时英格兰大学死气沉沉的景象形成了鲜明对比。帕克声称在 1660—1800 年间,若非"不信奉国教者学园"的出现,英国教育发展史必然是一片阴暗和贫瘠的景象。⑤ 此论断虽然过于武断,但学园在英国教育发展史中的地位却不容抹杀。学园在英格兰的兴起不仅打破了传统教育机构对教育的垄断地位,而且提供了一种课程内容更加广泛,适应时代要求的新式教育。

三 伦敦大学与城市学院

19 世纪 50 年代以后,工业革命的飞速发展对人才提出了更高要求。

---

① Kathleen W. MacArthur, "Theological Education among the Dissenters", *The Journal of Religion*, Vol. 21, No. 3, Jul., 1941, p. 277.

② Helen M. Jwell, *Education in Early Modern England*, London: Macmillan Press Ltd., 1998, p. 116.

③ Matthew Mercer, "Dissenting Academies and the Education of the Laity, 1750–1850", *History of Education*, Vol. 30, No. 1, 2001, p. 49.

④ Irene Parker, *Dissenting Academies in England: Their Rise and Progress and Their Place among the Educational Systems of This Country*, Cambridge: Cambridge University Press, 1914, p. 54.

⑤ Irene Parker, *Dissenting Academies in England: Their Rise and Progress and Their Place among the Educational Systems of This Country*, Cambridge: Cambridge University Press, 1914, p. 46.

与其他新兴的资本主义国家相比,英国教育的保守模式对工业发展起了滞后作用。这种局面引起了新兴资产阶级的强烈不满,他们要求打破牛津和剑桥对高等教育的垄断地位。

1. 科学教育与古典教育的论争

最终突破英国高等教育保守主义传统的是18世纪末19世纪初出现的功利主义思潮。功利主义理论体系的创始人边沁(Jeremy Bentham, 1748—1832)力图从根本上清除支撑贵族和绅士特权的理论,建立一个符合社会中下层特别是中等阶层的社会改革理论。他提出了"最大多数人的最大幸福"原则,重视教育在造就"最大幸福"方面的作用,倡导教育不分性别、宗教和政治倾向。詹姆士·密尔(James Mill, 1773—1836)是功利主义的积极倡导者,他反对国教会对教育的控制,提倡用中等阶层的标准来培养人才。他反对知识本身具有价值的思想,强调知识的功利性。功利主义教育观为哲学家与文学家汉密尔顿(W. Hamilton)所吸收,他对大学改革进行了更有针对性的设计。他在承认自由教育重要性的同时,主张开展职业教育,培养实用职业技术人才。

功利主义思想的传播与时代的变化诱发了一场关于科学教育与古典教育的论争。论争因1809年R. L. 爱吉沃斯(R. L. Edgeworth)发表了《论职业教育》("Essays on Professional Education")一文而引发。在文中,他攻击当时的大学教育,声称"教育的价值最终要根据它的实用性来决定"[①]。之后,逐渐形成了以阿诺德和纽曼等人为一方的古典教育派和以斯宾塞、赫胥黎和法拉第等人为另一方的科学教育派,两大阵营围绕古典教育与科学教育的价值问题展开了激烈论争。

古典教育的积极提倡者托马斯·阿诺德将培养"基督教绅士"作为理想的教育目标。在担任拉格比公学校长期间,他大力推行古典人文主义教育,在学校课程中特别强调古典课程的地位。他把古典语言和文学作为拉格比公学的核心课程,强调希腊文和拉丁文是拓展学生知识面的工具。在阿诺德看来,古典课程是智力训练的基石。古典人文主义教育

---

① Michael Sanderson, *Education, Economic Change and Society in England 1780 – 1870*, Cambridge: Cambridge University Press, 1995, p. 42.

的又一捍卫者是纽曼，他于1833年领导了著名的牛津运动，企图重新恢复天主教的权威。他在《大学的理想》一书中，强调古典著作的学习比科学知识的学习更重要。他认为大学教育应该提供普遍的和完整的知识，而不是狭隘的专业知识，"知识按其程度变得越来越特殊时，知识就越不能成其为知识"①。"拥有知识是为了知识本身，而不仅仅是为了知识能做什么。"② 牛津大学奥里尔学院院长科普尔斯顿（E. Copleston）也认为，古典著作最适合于心灵的培养，因而是唯一需要认真学习的知识。他提出如果效用是最好的教育标准，那么，提供关于人性知识的古典著作的效用比提供关于自然现象的自然科学的效用更大。

在19世纪英国的科学教育运动中，对传统古典主义教育抨击最激烈和对科学知识与科学教育提倡最积极的要数斯宾塞（Herbert Spencer，1820—1903）和赫胥黎（Thomas Henry Huxley，1825—1895）。斯宾塞认为，传统古典主义教育追求的是"装饰先于实用"，课程安排很少考虑是否真正对一个人的心智发展和社会进步有用。"假如我们问到给男孩古典教育的真正动机是什么，那就只是为了顺从社会舆论……一个男孩子必须硬背拉丁文和希腊文，也不是因为这些语文有实在价值，而是免得他因不懂这些语文而丢脸，是为了使他受到'绅士教育'，是因为这标志着某种社会地位，并且因此能受人尊敬。"③ 斯宾塞在对古典教育传统进行批评的基础之上，明确地提出了"科学知识最有价值"的论断。他认为科学知识不仅给学生提供了广阔的园地去学习和锻炼，而且能培养一个人的独立性，因此在学校课程中科学知识应占据最重要的地位。

美国教育家孟禄指出："在为使教育的实际范围扩大到自然科学而斗争方面，赫胥黎超过了任何其他的英国人。"④ 赫胥黎无情地批判了华而不实的古典教育，指出英国大部分学校和所有大学提供的教育仅仅是一

---

① ［英］约翰·亨利·纽曼：《大学的理想》，徐辉等译，浙江教育出版社2001年版，第33页。
② ［英］约翰·亨利·纽曼：《大学的理想》，徐辉等译，浙江教育出版社2001年版，第34页。
③ ［英］斯宾塞：《教育论》，胡毅译，人民教育出版社1962年版，第2页。
④ ［英］赫胥黎：《科学与教育》，单中惠等译，人民教育出版社1990年版，第32页。

种狭窄的、片面的和实质上无教养的教育。他倡导科学教育与技术教育,认为技术教育能促进国家工业生产率的增长,以最大限度地满足社会福利的需要。他还强调大学应当承担科研的职能,以更好地服务于社会。

通过这场论争,科学教育思想得到了广泛传播,有利于新大学的产生。除了思想论争外,英国大学的改革还受到来自外部科学教育实践的压力。首先,苏格兰各大学于1760年开始开设科学和实用课程,降低学费,招收非国教徒学生,吸引了一大批来自英格兰和欧洲大陆的学生。[①] 18世纪末19世纪初,法国建立了由政府统一控制的高等教育制度,开展职业教育与科学研究,其成就令英国人倾慕。1810年,普鲁士以柏林大学的创立为开端,不再拘泥于古典人文教育,大力推行科学研究与职业教育,成为欧洲大学的样板,也对英国人构成了不小压力。[②] 国际范围内出现的一系列教育变革为英国高等教育的变革指引了新的方向。

2. 无宗教甄别大学——伦敦大学的建立

最初在首都建大学的想法出现于17世纪,但由于种种原因,这种愿望一直未能实现。直到19世纪20年代,才有人重新提出这一建议。1825年2月9日,英国著名诗人托马斯·坎贝尔(Thomas Campbell)在《泰晤士报》上发表了一封致国会议员亨利·布洛姆(Henry Brougham)的公开信,建议在伦敦创办一所为富裕中产阶级子弟设立一所非寄宿制、有专业分科、收费低廉的崭新大学,与贵族、教会控制的牛津、剑桥等古典大学相抗衡。该建议很快得到了布洛姆、边沁和詹姆士·密尔等人的支持。经过两年的筹备,1827年4月,英王乔治三世的第六个王子苏塞克斯公爵奥古斯特斯·弗雷德里克为伦敦大学奠基。1828年10月,伦敦大学在戈瓦街宣告开学。

伦敦大学实行无宗教信仰限制和无宗教教学的办学原则。不久,这种非宗教主义就招致牛津、剑桥的保守势力与英格兰国教会的激烈反对。1828年6月21日,对新大学持否定态度的惠灵顿公爵亚瑟·魏列斯利等

---

① Edward Royle, *Modern Britain: A Social History, 1750－1985*, London: Edward Arnold, 1987, p. 373.

② 转引自邓云清《新大学运动与英国高等教育的近代化》,载《高等教育研究》2008年第1期,第86页。

人，在圣公会 3 位大主教和 7 位主教的支持下举行集会，决定以国教精神为基础在伦敦另建一所大学，邀请英王乔治四世为其保护人，并将其命名为"英王学院"（King's College）。1829 年取得政府颁发的特许状，1831 年 10 月 8 日在坎特伯雷大主教的主持下举行了开学典礼。这样，在伦敦出现了两所办学原则截然不同的大学。

初创的伦敦大学和英王学院相互攻击，势不两立。由于保守主义者和英格兰国教会的阻挠，伦敦大学最初并没有得到政府的正式批准。1835 年 6 月，经枢密院和内阁多次讨论后，英国政府作出一项折中方案，决定采取措施在伦敦不加限制和区别地"向所有宗教派别的人提供授予学位的模式"。1836 年政府颁布特许状，将原伦敦大学改为伦敦大学学院，与 1829 年成立的国王学院合并，亦称伦敦大学，并规定经伦敦大学同意，任何学院均可加入伦敦大学。在联邦模式下，学位与学历截然分开，伦敦大学掌管学位，各学院掌管教学。因此，此时成立的伦敦大学只是一个考试机构，其中设有文学、医学和法学三个部，颁授文学、医学和法学学位。1858 年，根据新颁发的特许状，增设理学部，开始授予科学学位。1853 年，伦敦大学宣称其附属院校已遍及英国各地，其中有医学类院校 68 所（含苏格兰、爱尔兰地区的附属学院），包括大学学院和英王学院在内的普通院校 32 所，形成高等教育大发展的局面。1869 年，伦敦大学首次为女子设立专门的考试。1878 年为女子开放了所有学部的学位考试，这在英国教育发展史上尚属首次。

伦敦大学的诞生，在英国高等教育史上具有重要的历史意义。第一，它打破了牛津和剑桥对高等教育的垄断地位；第二，结束了在英国首都没有大学的历史；第三，为非国教教徒以及妇女提供了接受高等教育的机会，从而极大地推动了 19 世纪英国高等教育事业的发展。

3. 新大学运动

伦敦大学的创立正式拉开了新大学运动的序幕，一些城市大学应运而生。1832 年英国议会通过法案，在英格兰北部设立达勒姆大学。1851 年曼彻斯特欧文斯学院的建立，标志着新大学运动进入了高潮。之后，埃克塞特学院（1865 年）、里兹约克郡学院（1874 年）、布里斯托尔学院（1876 年）、伯明翰梅森学院（1880 年）、利物浦学院（1881 年）、诺丁汉学院（1881年）、雷丁学院（1892年）、谢菲尔德学院（1897年）和赫尔学院（1902年）相继成立。到19世纪70年代，英格兰各地的重要城市陆续创办了十余所宗教无甄别、开设实用课程的新式高等院校，统称"城市学院"（civic colleges）。这些城市学院到20世纪初基本上获得了独立大学的地位。这些新大学建立的过程，史称"新大学运动"。

城市学院大多在新兴工业城市中兴起，主要集中在英格兰的中北部。学生多为工商业资产阶级的子女，大多数来自私立学园的毕业生。学院招收学生无教派和性别限制。除此之外，城市学院还有以下几个特点。

第一，学院由私人捐赠而成，具有私立性质。城市学院都是依靠地方财团和市民阶层的捐款建立起来的。例如，约翰·欧文斯是曼彻斯特纺织业主，1846年他拿出10万英镑建立了欧文斯学院。伯明翰梅森学院是由当地企业家约西亚·梅森创办的，梅森是当时世界上最大的钢笔笔尖制造商和运用电镀金银的先驱，1880年他捐款20万英镑创办了梅森学院；南安普敦学院是由一个白酒制造商亨利·哈特里创办；谢菲尔德学院于1880年由钢铁大王马克·弗思捐资兴办，在签署学院成立契约的18人中有7人是当地企业家。

第二，注重实科教学。课程设置是办学目标的最直接反映，也是实施办学目标的最基本保障。城市学院最大的特点是注重自然科学、数学和商业等现代实用知识的传授。城市学院自开办起就以科技教育为主，如伯明翰梅森学院最初完全是为了发展科技教育，为当地经济发展培养实用型人才，课程以化学、植物学、生理学、比较解剖学、物理学为主，兼设文学等人文课程。里兹约克郡学院刚开学就设有实验物理学与数学、地质学与采矿和化学三个教授职位。[①] 伯明翰土木科学学院，从教学计划中删去了神学、文学，到1900年升格为伯明翰大学时，创建了商学院和酿造学院。[②]

第三，重视科学研究与科研成果的转化。与传统大学只注重教学不

[①] 王承绪：《英国教育》，吉林教育出版社2000年版，第271页。

[②] 滕大春、姜文闵主编：《外国教育通史》（第四卷），山东教育出版社1992年版，第153页。

同，新成立的城市学院从一开始就注重科学研究。如伯明翰学院以酿酒研究著称；谢菲尔德学院以采矿研究著称；利物浦学院和纽卡斯尔学院以航海研究著称。另外，城市学院还将科学研究与地方经济的发展结合起来，坚持教育为工业服务，重视对工业发展有实际意义的革新研究，注重科研成果的转化。曼彻斯特欧文斯学院在著名化学教授亨利·罗斯科的领导下，学院与当地的企业开展了有效的合作，学院为企业提供咨询，进行各种产品的化学鉴定和分析，这种校企间的合作不仅极大地促进了当地工业的发展，从而使曼彻斯特在19世纪70年代成了英国最大的化学工业城市[①]，而且也利于进一步推动学院的科学研究。

19世纪30年代起，伦敦大学及各地城市大学的纷纷建立，不仅打破了自12世纪以来英国高等教育一直由牛津和剑桥垄断的局面，扩大了高等教育的区域分布，而且使大学在多方面发生了根本性的变化：大学不再仅仅为教会和统治者服务，而且也为社会培养实用型人才；大学的受教育对象不再局限于少数富有阶级，大学教育向广大群众开放；大学的课程不再以古老的神学和经院哲学为主，而以近代自然科学等实用学科为主；大学不单纯是教育中心，而且也是科学研究中心。

第三节　英国政府对教育的全面介入

虽然早在17世纪中叶，威廉·配第、詹姆士·哈林顿等人就提出了国家应在教育领域内有所作为的主张。清教革命胜利后，克伦威尔也曾实践过，但由于封建势力的反扑，出现了王政复辟，教育改革的进程遭到中断。19世纪后，随着资本主义经济的进一步发展，资产阶级日益成熟，力量逐渐壮大，政治地位日益巩固，国家对教育进行全面干预的时机日渐成熟。

---

① 郑蔚：《英国新大学运动与英国高校科研职能的发展》，载《煤炭高等教育》2010年第4期，第69页。

一 国民教育思想在英国的兴起

18世纪以前,在欧洲很多国家里,教会都被认为是当然的教育管理者,这种传统观念在启蒙运动时期受到理性的挑战。1764年11月,法国国王路易十五宣布解散耶稣会,从而结束了耶稣会垄断法国教育的局面。在此背景下,法国出现了许多提倡国民教育思想的社会改革家和教育家,如拉·夏洛泰(L. La Chalotais)于1763年出版了《论国民教育》,政治家罗兰(B. Rolland)于1768年递交了《呈国会的教育报告》,他们提出学校必须由国家承办,对所有的公民实行一定程度的免费教育,努力按照国家的智力和道德标准来塑造国民。① 在他们的影响下,法国兴起了国家主义教育思想。国家主义教育思想主要包括以下内容:第一,强调教育是改造社会和国家的一个主要手段,通过国民教育可以使每一个公民具备他应有的最低限度的知识;第二,主张普及教育;第三,提倡国家开办和管理教育,将过去一直属于教会管辖范围的教育集中到国家手中;第四,建立具有权威性的国家教育行政机构。②

现代政治经济学创始人亚当·斯密(Adam Smith,1723—1790)在1763—1766年间游历了欧洲大陆国家,其中在法国花了一年的时间与百科全书派发生直接联系,而此期间正是热烈讨论国民教育问题的时期。③亚当·斯密受法国国民教育思想的影响在《国富论》(出版于1776年)一书中得到明显的体现。在该书中,他呼吁国家应代替教会在教育中发挥主导作用,国家应建立一定的制度使全体人民能够接受基本教育。"无论在哪种文明社会,普通人民虽不能受到有身份有财产者那样好的教育,但在教育中最重要的几部分如诵读、书写及算术,他们却是能够在早年习得的",为了帮助全体人民获得这些基本教育,"国家可在各教区各地方,设立教育儿童的小学校,取费之廉,务使一个普通劳动者也能负担

---

① 单中惠:《西方教育思想史》,教育科学出版社2007年版,第202页。
② 单中惠:《西方教育思想史》,教育科学出版社2007年版,第204—205页。
③ [英]威廉·博伊德、埃德蒙·金:《西方教育史》,任宝祥、吴元训译,人民教育出版社1985年版,第302页。

得起,这样,人民就容易获得基本教育了"①。亚当·斯密认为:"在无知的国民间,狂热和迷信,往往惹起最可怕的扰乱。一般下级人民所受教育愈多,愈不会受狂热和迷信的迷惑。……对于旨在煽动或闹派别的利己性质的不平之鸣,他们就更能根究其原委,更能看透其底细;因此,反对政府政策的放恣的或不必要的论调,就愈加不能欺惑他们了。"② 他还提出教育特别是普通人的教育有助于提高生产率并促进财富的增长。亚当·斯密从政治和经济两个角度提出了政府应加大对教育的投入和控制力度。

亚当·斯密的观点得到了托马斯·罗伯特·马尔萨斯(Thomas Robert Malthus,1776—1834)的认同,马尔萨斯认为"把英国下层阶级的教育,仅仅交给几个由私人捐款支持的主日学校,这是全民族的羞耻"③。"公众要促进人民受教育,在每一个教区或地区设立一所小学校,儿童交费不多就能在里面受教育,这样哪怕是一个普通工人也能供得起。"④ 马尔萨斯认为实施济贫法给社会带来的利益远远弥补不了其所导致的社会损失。因此,他建议不再向穷人拨付救济款,除应向他们提供耕种土地、建立储蓄制度外,还应推行教育计划,使穷人真正认识到其贫困的真实原因。⑤

到19世纪初期,随着工业革命的推进,英国经济取得了较快发展,要求国家干预教育,对国民进行教育的呼声随之高涨。1807年,议员怀特布雷特(S. Whitebread)提出了一项《教区学校议案》,建议政府在每个教区设立国家管理的学校。该议案在下院获得通过,但遭到上院的否决。该议案虽然最终没有被通过,但是引起了社会的广泛关注。之后,改革派布朗汉姆(H. Brongham)也提出了一种建立公立国民初等教育制

---

① [英] 亚当·斯密:《国富论》,王亚南译,商务印书馆1981年版,第300页。
② [英] 亚当·斯密:《国富论》,王亚南译,商务印书馆1981年版,第301页。
③ [美] E. P. 克伯雷选编:《外国教育史料》,任钟印等译,华中师范大学出版社1991年版,第581—582页。
④ [美] E. P. 克伯雷选编:《外国教育史料》,任钟印等译,华中师范大学出版社1991年版,第580页。
⑤ 姜明文:《近代英国经济学理论下的国民教育思想》,载《历史教学》2008年第2期,第37页。

度的设想即校舍由制造业阶级提供,经常性开支由地方税、民间捐款和少量学费来维持。罗伯克(J. Roebuck)则借鉴普鲁士和法国教育发展经验,抓住1832年议会第一项改革法颁布的有利时机,在议会中提出了一项"普及国民教育"的计划,要求设立享有内阁成员地位的公共教育当局,中央和地方政府提供税收拨款资助教育,强迫6—12岁儿童入学,并创办师范学校以解决合格师资问题等。尽管他的计划因改革步子太大而未被政府采纳,但他的计划在议会内外产生了深远的影响。① 英国宪章派在1851年的纲领中也提出"每一个人都应有进行脑力活动的权利,就如同有身体存在的权力一样,因此,教育应该是国民的、普及的、免费的,在一定程度上是义务的"②。

一些反对在英国建立国民教育体制的人则认为,"如果使普通民众有能力阅读像佩因一类人的著作,其后果对于政府将有可能是致命的"③。由国家干预教育的主张在当时也受到了许多思想家和哲学家的反对,如信奉"自由放任"哲学理论的人就指出,国家干预教育是通向暴君统治的第一步,是对个人自由的严重侵犯。国家的活动应严格限制在国防、治安、筹集公共经费等少数几个领域。政府在教育方面,犹如在其他生活领域一样,应该采取自由放任的政策,鼓励民间办学。穆勒在《论自由》一书中写道:"一种普及的国家教育仅仅是按模子塑造完全相同的人的手段……由国家建立和控制的教育即使要存在,也只能存在于许多相互竞争的实验当中……"④

国家主义教育思想在英国除遭到思想界的批判外,在现实生活层面,还遭到统治阶级、教会、工厂主和许多家长的反对。尽管如此,但由国家插手教育,建立国民教育制度已成为不可阻挡的历史潮流。

---

① 徐辉、郑继伟:《英国教育史》,吉林人民出版社1993年版,第141—142页。
② [苏联]弗·斯·阿兰斯基、费·普·拉普钦斯卡娅:《英国的国民教育制度》,荣卿译,人民教育出版社1965年版,第6—7页。
③ [美]E. P. 克伯雷选编:《外国教育史料》,任钟印等译,华中师范大学出版社1991年版,第582页。
④ 徐辉、郑继伟:《英国教育史》,吉林人民出版社1993年版,第143页。

二 国家对教育的干预及其影响

在19世纪中叶以前,英国多数学校都由教会和私人团体创办,国家没有直接管理教育事务。受国家主义教育思想的影响,19世纪中叶,政府改变了对教育的传统看法,政府通过划拨教育经费,设立专门机构对初等、中等教育实行统一管理,制定法令废除大学里的宗教审查制度等方式加大了对教育的干预和管理。从此,政府全面介入教育领域,取代了教会在教育中所扮演的传统角色。

1. 初等教育

1833年8月17日,在议会下院,一项拨给教育2万英镑的决议经过激烈辩论后,最终以50票赞成26票反对获得通过。该议案内容如下:"此项拨款,不超过20000镑,蒙陛下恩准,拨出以助个人捐款,为大不列颠贫苦阶级儿童之教育修建学校校舍。1834年3月31日上述款额拨出交付,无额外酬金或任何扣除。"① 对议会通过的这一法案,格林(Green)讥讽道:"就在同一年,议会同意授予5万英镑用以改善皇宫的马厩。"②尽管这次拨款的数目较小,但在英国教育史上具有重要的意义。我国学者王天一指出,该法案"是英国教育从只作为宗教教派活动或民间活动向教育国家化发展的转折点,也是英国建立国民教育制度和国家直接把握教育领导权的开端"③。自1833年后,国家对初等教育的拨款逐年增加,具体数额如下表:

不过,政府当时仍不打算管理初等教育,而是将拨款事宜交给当时两个影响最大的宗教团体——国教派教徒成立的"贫民教育促进会"和非国教派教徒设立的"不列颠及海外教育协会"负责。到19世纪40年代中期,由枢密院教育委员会经手分配的政府教育拨款达50万英镑之多,其中4/5提供给国教贫民教育促进会所属的学校,另1/5拨付给不列

---

① [美] E. P. 克伯雷选编:《外国教育史料》,任钟印等译,华中师范大学出版社1991年版,第589页。
② W. Kenneth Richmond, *Education in England*, New York: Penguin Books, 1945, p. 68.
③ 王天一等编著:《外国教育史·上册》,北京师范大学出版社2005年版,第148页。

颠和海外学校协会所属的学校。①

表 5.3　　　　　　　　用于初等学校的公共资金表　　　　（单位：1000 英镑）

年份	数额	年份	数额	年份	数额
1833	20	1850	193	1862	775
1840	30	1852	164	1864	655
1842	32	1854	189	1866	676
1844	39	1856	251	1868	750
1846	58	1858	669	1870	895
1848	83	1860	723		

资料来源：Michael Sanderson, *Education, Economic Change and Society in England 1780－1870*, Cambridge：Cambridge University Press, 1995, p.14.

　　1834 年，议会组织教育委员会对英国自 1818 年以来的教育情况进行调查，并发表了《议会教育委员会报告》。该报告的发表标志英国政府对教育的兴趣在增长，并希望探索国家干预教育的实际可能性。1839 年，英国议会经过激烈的斗争，辉格党以微弱的优势战胜托利党，并通过了建立政府教育委员会的议案，从而使英国第一个政府教育机构——教育委员会得以建立。因委员会归属枢密院而不受政府任何其他部门的管辖，故又被称为枢密院教育委员会（the Committee of the Privy Council for Education），委员会享有较大的自主权和权威，其主要职责是监督政府年度教育拨款的分配和使用，并有权视察所有接受政府资助的学校。该委员会的第一任秘书是詹姆士·凯博士（James Kay Shuttleworth）。

　　最初根据财政部会议文件的规定，只有那些能够支付 50% 校舍基建费和能够保证有日常开支的学校才能获得国家资助。这样，政府的教育拨款对象实际上只限于那些相对富裕地区，而将最贫困且最需要资助的地区拒之门外。从 1846 年开始，政府的教育拨款超出了最初规定的限制，并且被允许用来支付日常开支。在凯博士的努力下，该委员会逐渐成为

---

① 徐辉、郑继伟：《英国教育史》，吉林人民出版社 1993 年版，第 145 页。

一个有效的通过教会组织分配和管理政府初等教育拨款的中央行政机构，并建立了广泛的接受公款补助的学校联系网络。

在1851—1861年间，英国政府成立了一个以纽卡斯尔公爵为主席的皇家委员会对英国国民初等教育状况进行了调查。通过调查，纽卡斯尔调查委员会（the Newcastle Commission）的委员们发现有超过11000个教区没有建立任何类型的学校。[1]委员们认为，国民教育的结果应当使所有的儿童都获得"用理智的方式进行阅读、书写和计算的能力"，而入学儿童经常缺课和学校教学效率低则是达到此目标的主要障碍。[2] 1856年，枢密院教育委员会改组为"教育局"（Education Department），成为政府领导全国初等教育的机构。

纽卡斯尔调查委员会虽不赞成国家办学，但建议国家应为民间办学机构提供更多的教育拨款。为了更有效地使用政府拨款，委员会提出要设置补助学校的办学标准和按人头而不是按学校提供补助的建议。当时国家刚刚经历克里米亚战争的巨大消耗，财政紧张，但委员会的建议仍得到了枢密院副院长兼教育局局长罗伯特·洛威（Robert Lowe）的采纳，并制定了1862年修正法（the Revised Code）。修正法推行严厉的"按绩效拨款"（payment by results）制度，王家督学（inspector）每年对国家资助的初等学校进行检查，检查的项目包括在校生人数和学生的读、写、算（3R）成绩。每个6岁以上的在校儿童可使学校获得4先令的补助，每位读写算测试合格的学生可再使学校获得8先令（其中读、写、算各2先令8便士）的补助，如若哪项检测不合格，则扣除相应数额的拨款。[3]通过改革，修正法将对初等教育的拨款严格限制在在校生人数和学生的学习成绩两个方面。

修正法虽然给初等学校带来了一些负面影响，如学校为了通过督学的检查，全年不断地对学生进行机械训练，并经常举行考试；一些课程

---

[1] W. Kenneth Richmond, *Education in England*, New York: Penguin Books, 1945, p. 72.

[2] 滕大春、姜文闵主编：《外国教育通史》（第四卷），山东教育出版社1992年版，第136页。

[3] J. Lawson & H. Silver, *A Social History of Education in England*, London: Methuen & Co. Ltd, 1973, p. 290.

的教学因得不到政府的拨款而被迫取消,使课程范围缩小;一些办学条件不理想的学校因无法通过督学的检查而得不到政府的拨款,影响了办学条件的改善,并导致恶性循环。因此,修正法一出台就遭到来自各方面的强烈反对。不过,修正法的颁布也给初等学校带来了一定积极影响,如促使在校生人数增加,旷课人数减少,提高了3R的教学质量。由于修正法规定宗教教学不能获得政府补助,因而减轻了学校宗教教学的压力[①],使宗教教育首次遭到忽视。

19世纪下半期,随着英国工业革命的完成,普及义务教育的呼声喧嚣尘上。经过一系列调查,国家发现虽投入了巨款却没有获得相应的成效。为改变这种状况,1870年时任英国枢密院教育委员会副主席兼教育部部长福斯特(W. Foster)提出了初等教育法(The Elementary Education Act),并在1870年8月被正式颁布为法律。法案规定:国家对教育有补助权和监督权;地方设立学校委员会管理地方教育;对5—12岁的儿童实施强迫初等教育;在没有学校的地方,允许私人在一年内设校,过期者由地方委员会设立公立学校。在宗教方面,法案规定学校中的世俗科目与宗教科目分离,在公立初等学校不准从事带有教派色彩的宗教教学,家长有权不让其子女在学校接受宗教礼拜和宗教教学,学校须将宗教活动安排在每天上课前或放学后进行。1870年《初等教育法》为英国国民教育制度奠定了基础。

《初等教育法》的通过,表明国家在与教会争取初等教育主导权的斗争中取得了决定性胜利,国家加强了对国民教育事业的领导,进一步削弱了教会在学校教育中的势力。从此,宗教团体不再是初等教育发展的主导力量,宗教课程也受到严格限制。1880年,英国政府规定初等教育为义务教育。1891年,政府通过了实行免费初等教育的规定。至此,英国国民初等教育制度基本形成。

2. 中等教育

针对社会上对公学的强烈批评,1861年政府成立了皇家专门调查委员会,负责对九大公学的现状进行调查,委员会以克拉伦登伯爵乔治·

[①] 徐辉、郑继伟:《英国教育史》,吉林人民出版社1993年版,第149—150页。

威廉·弗雷德里克（G. W. Frederick）为主席，故又称克拉伦登委员会（Clarendon Commission）。委员会花了三年时间，主要对公学的财政收入、学制、课程以及教学方法等进行了细致调查，1864年发表了《克拉伦登报告》。报告批评了公学在课程设置上出现的严重贵族化倾向，主张在继续以古典语言和文学为主要科目的同时，增设数学、现代语言、自然科学、地理、历史、音乐和绘画等科目。该报告促使公学在以下几个方面进行了改革：第一，促进了公学董事会的改革，使董事会的代表更加具有广泛代表性；第二，拓展了课程的范围。古典学科虽仍居于中心地位，但英语、现代语、数学和自然科学也日益受到重视，从而在某种程度上削弱了拉丁语和希腊语在公学中的长期垄断地位；第三，修改了办学章程，取消了对捐赠使用的种种限制，尤其是废除了所在地学生免费入学的特权，实行免费名额的公开竞争。①

改革后的公学学生成分发生了变化。19世纪中叶，商人开始将其儿子送入当时最著名的公学——温彻斯特公学。比希普（Bishop）和威尔金森（Wilkinson）经研究发现在温彻斯特公学，商人和工程师的儿子在学校中所占的比例从19世纪30、40年代的2.9%上升到19世纪60、70年代的7.4%。②

商人阶层的儿子进入公学给学校带来了另一个变化即公学毕业生更多地选择进入工业和商业领域。如在温彻斯特公学，这一比例从19世纪40年代的7.2%上升到19世纪70年代的17.6%。在马尔波罗夫（Marlborough）公学，进入商业行业的毕业生从1846年的6%上升到1866年的17%。在商人泰勒学校，比例从1851年的6%上升到1871年的13%。巴姆福德（Bamford）同样发现，在伊顿公学和哈罗公学，进入商业、科学和工程行业的男孩比例从19世纪40年代的5.9%上升到19世纪70年代的10.6%。这一变化的结果导致了公学毕业生主导了一些商业领域，如1800—1820年，只有10%的银行家来自公学毕业生，而到1861—1880年

---

① 原青林：《揭示英才教育的秘诀——英国公学研究》，黑龙江人民出版社2006年版，第50页。

② Michael Sanderson, *Education, Economic Change and Society in England 1780 – 1870*, Cambridge: Cambridge University Press, 1995, p. 36.

间，比例上升至62%。①

1864年，英国政府成立了一个皇家专门调查委员会——学校调查委员会，委员会由汤顿男爵亨利（Henry Baron Taunton）任主席，故又称汤顿学校调查委员会（the Taunton School Inquiry Commission）。该委员会的职责是对在纽卡斯尔委员会和克拉伦登委员会调查范围之外的学校（除初等学校和公学之外的所有学校）的教育状况进行调查，并提出改进措施。1864—1868年间，汤顿委员会对英格兰和威尔士1/3地区的900余所中等学校进行了经费来源、学生状况以及家长对子女的教育期望等方面的调查，并于1868年发表了《汤顿报告》。《汤顿报告》建议设立一个包括中央机构和地方当局在内的教育行政管理体制，并在此基础上建立国民中等教育体系，建议学生家长有权在学校进行某教派宗教教育时将自己的子女撤离学校。但在当时，国家干预中等教育的想法不但遭到许多民办和私立学园的强烈抵制，而且也遭到托利党的反对。格莱斯顿政府主要关心的是初等教育的普及和发展，尚无暇考虑国民中等教育体制的建立，因此关于建立国家中等教育体系的建议没有被采纳。

1899年成立了由议会直属的中央教育行政管理机构——教育署（Board of Education）。从此，教育署取代了原来的教育局，在英国教育史上第一次统一了对初等教育和中等教育的管理。1902年，英国议会通过了保守党政府首相巴尔福（A. J. Balfour）提出的教育法案即《1902年教育法》（又称《巴尔福教育法》）。该法案规定由郡议会（County Council）和郡级自治市议会（County Borough Council）管理初等教育和中等教育，组建"地方教育委员会"负责地方教育的经费与行政领导，废止了《1870年初等教育法》所设置的教育委员会，从而确定了由国家统一领导与地方分权同时并存的教育领导体制，克服了过去在教育管理上的混乱现象。此法案的颁布，标志英国公立中等教育制度的建立。

3. 高等教育

到1850年委员会任命之前，古典大学虽然也出现了一些变化，如

---

① Michael Sanderson, *Education, Economic Change and Society in England 1780–1870*, Cambridge: Cambridge University Press, 1995, pp. 36–37.

1850年牛津大学设立了自然科学荣誉学位,剑桥大学也于1849年增设了自然科学的荣誉学位考试,少数学院教员的职位开始向所有申请者开放。[1] 但大学的变革仍非常有限,在课程方面,仍以古典学科和神学为主,现代学科如科学仍然只是作为课外学习内容。阶级歧视和宗教排他性仍很明显,大学各学院的大门只向上层阶级和国教徒开放,各学院实行寄宿制,费用昂贵,奖学金数额有限。大学的这种状况遭到了一些自由派人士的批评。

1850年,首相约翰·罗素(John Russell)向维多利亚女王建议设立皇家委员会,负责对牛津和剑桥进行调查。该建议得到了女王的支持。[2] 1850年,两个皇家委员会宣告成立,受命对牛津大学和剑桥大学及各学院的考试制度、财务状况、学科设置、管理制度、校风校纪等方面进行调查。经过两年的调查,1852年两个委员会分别发表了调查报告,在报告中建议大学进行行政管理机构的改革,要求增加民主性,整顿校风,改革考试制度,扩大学科范围,设立新的科学讲座等。在这些建议的基础之上,政府在1854年和1856年分别制定了《牛津大学法》和《剑桥大学法》,并在议会获得了通过。1854年《牛津大学法》规定议会有权对大学事务进行干预,在必要时可以使用武力。[3] 从此,伦敦大主教劳德为牛津大学制定的章程和女王伊丽莎白为剑桥大学制定的章程被取消,牛津大学和剑桥大学自中世纪以来的一些特权也随之被取消。

在宗教方面,新的大学法规取得了一大进步。在新大学法颁布之前,大学对宗教有严格的审查制度,如1768年牛津大学还开除了6名不信奉国教的学生。1811年,诗人雪莱以及他的朋友霍格因印发《无神论的必要性》小册子而被开除。[4] 新大学法案规定非国教徒学生(神学学生除

---

[1] 殷企平:《英国高等科技教育》,杭州大学出版社1995年版,第30页。
[2] 殷企平:《英国高等科技教育》,杭州大学出版社1995年版,第31页。
[3] W. Kenneth Richmond, *Education in England*, New York: Penguin Books, 1945, p. 82.
[4] 裘克安:《牛津大学》,湖南教育出版社1986年版,第44页。

外）可以获得学士学位，但仍无法获得硕士学位。[1] 此外，在选任大学教员时仍有宗教限制，如1860年，詹姆斯·史泰林（James Sterling）虽然是剑桥大学三一学院14年来数学荣誉学位考试一甲第一名（the Senior Wrangler）的首位获得者，但由于他是长老会教徒（Presbyterian），故仍无法当选院士。[2] 经过60年代的斗争，1871年通过的《大学宗教审查法》才完全打破了对不信奉国教者的限制。《大学宗教审查法》不仅允许非国教徒入学并有权获取学位，而且大学教师的选任也取消了宗教信仰的要求，大学教师被允许结婚，从而结束了几百年来大学教师为独身神职人员的历史。[3] 从此，教会对大学的垄断地位崩解，世俗政府在大学控制权的争夺战中获得了彻底胜利。[4]

改革后的古典大学面貌焕然一新，主要表现在：第一，管理机构更加民主化。评议会掌握了大学的行政领导权，在牛津大学，高级教职员全体会议（Congregation）的成员包括校长、各学院院长、高级干事、基督教大教堂牧师会成员、学监、理事会成员、教授、助理教授、公共考官、大学的律师等。在剑桥大学，评议会成员包括各院系的博士、硕士和神学院的学士。改革后的评议会的成员范围得到了扩大，教授参与大学管理的机会得到了加强。[5] 第二，宗教限制被解除。不信奉国教的人不仅可以入学、获取学位（神学学位除外），而且获准入选院士，有资格参与大学和各学院的管理。享受高等教育的机会向所有的国民开放。第三，增添了一些适应新时代要求的教学内容，打破了宗教神学的主导地位，科学研究的氛围增强。牛津和剑桥分别在1868年、1873年建立了著名的克莱伦敦实验室（Clarendon Laboratory）和卡文迪希实验室（Cavendish

---

[1] J. Lawson & H. Silver, *A Social History of Education in England*, London: Methuen & Co. Ltd, 1973, p. 298.

[2] Elisabeth Leedham-Green, *A Concise History of the University of Cambridge*, Cambridge: Cambridge University Press, 1996, p. 160.

[3] 胡建华：《19世纪以来英国大学制度改革的基本特征及分析》，载《现代大学教育》2004年第2期，第59页。

[4] 杨克瑞、王凤娥：《政治权力与大学的发展》，中国言实出版社2007年版，第57页。

[5] 刘兆宇：《19世纪英格兰高等教育变革研究》，中国科学技术大学出版社2008年版，第91页。

Laboratory)。英国学者伊万斯认为这两个实验室的建立标志着"传统大学进入了新纪元"。[①] 19 世纪末,剑桥大学还建立了科学奖学金制度,鼓励学者到卡文迪希实验室从事研究工作。这两个实验室后来都成了培养物理学家的摇篮。第四,理顺了大学与学院之间的关系。1877 年,政府又一次颁布了牛津大学法案和剑桥大学法案,迫使各学院拨出资金给大学统一掌握,以支持大学科学教育和研究的发展。[②]

通过以上的改革,两所古老大学最终摆脱了宗教束缚,实现了教育与宗教的分离。科学取代古典学科在课程中占据了主导地位,标志着英国高等教育进入了世俗化的发展阶段。

[①] 转引自殷企平《英国高等科技教育》,杭州大学出版社 1995 年版,第 32 页。
[②] Edward Royle, *Modern Britain: A Social History, 1750 – 1997*, London: Arnold, 1997, p. 378.

结　　语

　　纵观600—1900年间的英国教育发展史，不难发现英国教育的产生与发展、危机的出现、变革与转型都与宗教休戚相关，可见，宗教对英国教育的影响根深蒂固。为此，英国教育在摆脱宗教的影响，迈向现代化的过程中，走了一段非同寻常的路。

　　虽然早在罗马帝国统治时期，英国就有文化教育，但由于其规模小、时间短，因而对英国的影响不大。英国教育的真正兴起始于基督教在英国的传播，传教士出于传教和培养接班人的需要，招揽门徒，创办学校。教会学校的教学内容虽然以圣学知识为主，但并不排斥世俗知识，文法教育的目的虽是为了使学生能够更好地理解和掌握经文，但文法知识的掌握也为其开启古典文化知识打开了方便之门。他们虽以研究《圣经》为目的，但也博览群书，因而具备了广博的知识，涌现了一批如西奥多、比斯科普、比德、阿尔昆等学识渊博的学者。由于基督教在英国的传播历经挫折，文明成果先后遭到盎格鲁-撒克逊人和北欧丹麦人的损毁，英国教育发展的轨迹也随之几经沉浮。在恢复英国文化教育的过程中，无论是阿尔弗雷德还是埃德加国王，都重视借助宗教组织在文化教育方面所具有的功效。诺曼征服后，教会的势力加强，为了压制各种异端思想的滋长和蔓延，教会强化了对教育的控制。教会通过垄断颁发教师许可证，任用神职人员为校长和教师、确定教学内容等手段来控制学校的教育教学，其影响渗透到各个等级的教育机构。各级教育机构以培养教士为宗旨；教学内容以宗教神学为核心；教学方法陈旧、呆板。教会主导下的英国教育缺乏生机与活力。

法国学者迪尔凯姆指出,"多少个世纪以来,宗教的和政治的权力一直混杂在一起,所以这一分离过程非常缓慢,也不甚彻底。宗教功能和其他功能长期混合,要把它清理出来非常困难"[①]。同样,英国教育在发展的过程中,除受宗教影响外,也不可避免地受到政治影响。宗教、政治与教育三者之间的互动在宗教改革时期体现得尤为明显。都铎王朝时期出现的宗教改革在英国教育发展史中具有重要的里程碑意义,天主教与英国国教之间的斗争及其结局的变化、王权的更替、国王的宗教信仰都对英国教育产生了巨大影响。英国通过宗教改革,摆脱了罗马教廷的控制,实现了教会的民族化。为了加强对大学的控制,自亨利八世始,都铎王朝的历任统治者都派出了王室巡视员到牛津大学和剑桥大学进行视察,他们通过颁布法令、法规的方式加强对大学的控制,使得两所大学的教师和课程都处于王室委员会的直接监督之下。当然,大学师生为了追求学术自治与自由,并没有一味地屈从于政府的压力,而在诸多方面进行了反叛。长期以来,人们一直都认为教育是一个价值中立的机构,但美国教育社会学家阿普尔(M. Apple)否定了这一传统看法。他认为,在阶级社会中,统治阶级的意识形态和经济利益通过学校的课程、机构设置、教学模式等方式得以维护,学校实际上是意识形态霸权再生产的一种机构。不过,受教育者通过接受教育获得知识和技能的同时,也在思想上对自己进行精神重建,其结果使受教育者并不总是符合统治者的愿望,他们甚至会在思想意识形态上与统治阶级形成对立进而与之展开斗争。其实,正是这种斗争才推动了教育和社会的发展。出于经济因素的考虑,亨利八世和爱德华六世先后解散了修道院和歌祷堂,修道院和歌祷堂的解散不仅极大地改变了英国的教育面貌,而且使教会的力量遭到削弱。宗教改革后出现的新教及清教,由于主张普及教育,在客观上推动了教育捐赠在英国近代初期的兴起。

清教及清教革命对英国教育的转型起了重要作用。首先,清教徒针对英国教育的传统弊端,提出了一系列教育改革的新主张如推行普遍教

---

① [法]埃米尔·迪尔凯姆:《迪尔凯姆论宗教》,周秋良等译,华夏出版社1999年版,第4页。

育；注重教育的实用性；主张推行免费义务教育；主张对传统的课程进行改革；反对过去那种死记硬背的教学方法和过于严格的学校纪律等。这些教育改革主张要求突破教会对教育的垄断，为英国教育的发展指明了新的方向。其次，清教革命的爆发，造成了激烈的社会动荡，使原先有序的教学秩序被扰乱，学校和大学的经济状况恶化，革命给教育带来了一定的负面影响，但内战的结果使以克伦威尔为首的清教徒取得了国家政权，从而为推行清教徒教育改革家如米尔顿、哈特里布、温斯坦利等提出的教育改革计划提供了可能。在大空位期间，议会通过了许多法令来加大对教育领域的投资，其中最重要一项法律是1649年6月8日颁布的法令。政府计划凑足2万英镑用来发展教育和传教事业。议会还下令创办了一些新学校，并对文法学校提供一定的资助。据此，文森特认为国家首次对教育进行资助并不是在1833年而是在1649年。① 虽然很快出现了王政复辟，改革的进程遭到了中断，复辟后的斯图亚特王朝重新回到了原来的轨道，使革命时期所取得的成果消失殆尽，但清教徒提出对实用科学的重视、由国家对教育进行资助、推行普遍的、免费的教育等思想和实践为英国教育的发展留下了丰硕的遗产。大空位时期政府对教育的改革可以看成19世纪英国教育大变革的先导，正如早期研究英国教育史专家沃森所说："克伦威尔时代的教育变革，虽然无法与英国宗教改革时期出现的知识复兴相比，教育改革家们的许多愿望也并没有得到实现，但它却是现代教育民主的开端。"②

王政复辟后，在基督教知识促进会的积极推动下，出现了许多慈善学校、主日学校和导生制学校，英国的初等教育获得了一定的发展。随着社会的发展，工业革命的出现和不断推进，宗教对社会的影响日益减弱，科学的地位逐渐上升，但英国的传统教育机构，无论是中等教育还是高等教育，仍无视时代的发展和变化，在国教会的严密监视下，依然固守古典教育传统，排斥科学教育，将自身的功能局限于为国家培养绅士和国教会牧

---

① W. A. L. Vincent, *The State and School Education, 1640－1660*, London：S. P. C. K.,1950.

② Foster Watson, "The State and Education during the Commonwealth", *The English Historical Review*, Vol. 15, No. 57, 1900, p. 72.

师，对工业革命所带来的时代变化漠不关心，无法对新时代的新需要作出积极的回应，陷入了为期近一个半世纪的衰退之中，宗教对教育的负面影响发展到极致。在英国传统教育机构陷入衰退之际，一些被排挤出学校和大学的"非国教教徒"创办学园，招收学生。他们革新教学内容和教学方法，得以冲破传统的知识教育体系。与传统教育机构处于保守和停滞的状态相比，清教徒创办的学园则显示了蓬勃生机，正如英国教育史家亚当森所说，"英国教育史如果没有非国教派创立气象一新的学园的历史，将成为单调乏味的记录"[①]。不过，"不信奉国教者学园"注重实科知识的教学并非完全出于工业实用目的，而主要与清教的神学观有关。尽管如此，但学园重视自然科学的教学对英国教育走向现代化起了重要作用。

19世纪中叶以后，英国政府在国内外双重压力下，改变了以前对教育机构只实行宗教审查的做法，积极通过颁布法令的方式，加大了对教育领域的投资，并通过设立专门的教育机构加强对初等、中等教育的统一管理，开始全面地介入教育，从而使政府取代了教会在教育中所扮演的传统角色。

英国教育在发展的过程中，一方面由于长期受宗教的影响，所以特别重视古典知识的学习，使传统文化得以保护和传承，形成了一种独具特色的英国民族文化，为英国培养了大量的社会精英。另一方面由于长期以来，教育都是作为教会的一个附属机构而存在，政府对教育采取一种不干预的态度，致使英国的教育长期处于宗教的影响之下，乃至进入工业社会后，英国教育面对时代的变迁，仍然无法作出积极的回应。尽管19世纪中叶后，政府在国内外双重压力下，开始全面地介入教育领域，但英国为此已付出了高昂的代价——英国失去了工业大国的地位，并为法国、德国等后起资本主义国家所赶超。

英国教育发展史说明了：一方面一国的教育既要继承民族文化的优秀传统，以保持教育的民族特色；另一方面又应面对时代的变化做积极地调整。在当前教育日趋走向国际化的大潮流下，政府应扮演积极的角色，加大对教育领域的投资，既要充分发挥教育对加快经济发展的推动作用，又应充分发挥教育在加强民族文化认同，增强民族凝聚力方面的功能。

---

① 滕大春：《美国教育史》，人民教育出版社1994年版，第8页。

参考文献

一 英文文献

(一) 著作

A. F. Leach, *Educational Charters and Documents 598 to 1909*, Cambridge: Cambridge University Press, 1911.

A. F. Leach, *English Schools at the Reformation*, *1546 – 8*, Westminster: Archibald Constable & Co. , 1896.

A. F. Leach, *The Schools of Medieval England*, London: Methuen & Co. Ltd. , 1915.

A. F. Pollard, *the History of England: from the Accession of Edward VI to the Death of Elizabeth*, London: Longmans, Green and Co. , 1923.

A. L. Rouse, *The England of Elizabeth*, Basingstoke, Hampshire: Palgrave Macmillan, 1950.

A. M. Stowe, *English Grammar Schools in the Reign of Queen Elizabeth*, New York: Columbia University Press, 1908.

A. W. Parry, *Education in England in the Middle Ages*, London: W. B. Clive, 1920.

Agmes M. Stewart, *The Life and Letters of Sir Thomas More*, London: Burns & Oates, 1876.

Alan Kreider, *English Chantries: The Road to Dissolution*, Harvard University Press, 1979.

Alan B. Cobban, *the Medieval English Universities: Oxford and Cambridge to

c. *1500*, Aldershot: Scholar Press, 1988.

Alan B. Cobban, *English University Life in the Middle Ages*, Columus: Ohio State University Press, 1999.

Allan G. Chester, *Hugh Latimer*, *Apostle to the English*, Philadelphia: University of Pennsylvania Press, 1954.

Andrew Fleming West, *Alcuin and the Rise of the Christian Schools*, New York: Charles Scribner's Sons, 1909.

Champlin Burrage, *The Early English Dissenters*, Vol. 1, Cambridge: Cambridge University Press, 1912.

Charles A. Wells, *The Church of England and the Education of the People*, London, 1891.

Charles Homer Haskins, *The Rise of Universities*, Ithaca and London: Cornell University press, 1990.

Clara P. McMahon, *Education in Fifteenth Century England*, New York, 1968.

Clifford Geertz, *The Interpretation of Cultures*, New York: Basic Books, Inc., Pbulishers, 1973.

Craig R. Thompson, *Universities in Tudor England*, Washington: the Folger Shakespear Library, 1979.

D. A. Winstanley, *the University of Cambridge in the Eighteenth Century*, Cambridge: Cambridge University Press, 1922.

D. G. Newcombe, *Henry VIII and the English Reformation*, Routledge: London, 1995.

D. R. Leader, *A History of the University of Cambridge*, Vol. 1, Cambridge: Cambridge University Press, 1988.

David Cressy, *Literacy and the Social Order: Reading and Writing in Tudor and Stuart England*, London and New York: Cambridge University Press, 1980.

David Cressy, *Education in Tudor and Stuart England*, New York: St Martin's Press, 1976.

Edwin E. Slosson, *The American Spirit in Education*, New Haven: Yale University Press, 1921.

Elisabeth Leedham-Green, *A Concise History of the University of Cambridge*, Cambridge: Cambridge University Press, 1996.

Ellwood P. Cubberley, *Public Education in the United States*, Boston, New York: Houghton Mifflin Company, 1919.

Emile Durkheim, *The Elementary Forms of the Religious Life*, New York: The Free Press, 1965.

Foster Watson, *The English Grammar Schools to 1600*, Cambridge: Cambridge University Press, 1908.

Foster Watson, *The Old Grammar Schools*, Cambridge: Cambridge University, 1916.

Francis Aidan Hibbert, *The Dissolution of the Monasteries*, London: Sir Isaac Pitman, 1910.

G. C. Brodrick, *A History of the Unversity of Oxford*, London: Longmans, Green, and Co., 1894.

G. R. Elton, *Reform and Reformation: England, 1509 – 1558*, Cambridge, Massachusetts, Harvard University Press, 1977.

G. R. Elton, *England under the Tudors*, London: Routledge, 1991.

George Ferzoco & Carolyn Muessig ed., *Medieval Monastic Education*, London and New York: Leicester University Press, 2000.

H. C. Porter, *Reformation and Reaction in Tudor Cambridge*, Cambridge: Cambridge University Press, 1958.

Hill Christopher, *Puritanism and Revolution*, Penguin Books, 1912.

Helen M. Jewell, *Education in Early Modern England*, London: Macmillan Press Ltd., 1998.

H. Maynard Smith, *Henry VIII and the Reformation*, New York: Russell & Russell. INC., 1962.

H. W. Lawrence, *The Relations of the Church to Higher Education*, New York, 1879.

Homer Henkel Sherman, *Education and Religion*, Nashville and Tenn: Cokesbury Press, 1929.

Hugh Kearney, *Scholars and Gentlemen: University and Society in Pre-Industrial Britian, 1500 – 1700*, New York: Cornell University Press, 1970.

Ian Green, *Humanism and Protestantism in Early Modern English Education*, Cornwall: MPG Books Ltd. , 2009.

Irene Parker, *Dissenting Academies in England: Their Rise and Progress and Their Place among the Educational Systems of This Country*, Cambridge: Cambridge University Press, 1914.

J. E. G. De Montmorency, *State Intervention in English Education*, Cambridge: Cambridge University Press, 1902.

J. E. G. De Montmorency, *The Progress of Education in England*, London: Knight & Co. , 1904.

James Bowen, *A History of Western Education*, Vol. 2, London: Methuen & Co. Ltd. , 1975.

James Bowen, *A History of Western Education*, Vol. 3, London: Methuen & Co. Ltd. , 1981.

James Bass Mullinger, *A History of the University of Cambridge*, London: Longmans, Green, and Co. , 1888.

James Bass Mullinger, *The University of Cambridge from the Earliest Times to the Royal Injunctions of 1535*, Cambridge: Cambridge University Press: 1873.

Joan Simon, *Education and Society in Tudor England*, Cambridge: Cambridge University Press, 1966.

John Lawson, *Medieval Education and the Reformation*, London: Routledge and Kegan Paul, 1967.

John Lawson & Harold Silver, *A Social History of Education in England*, London: Methuen & Co. Ltd, 1973.

John Morgan, *Godly Learning: Puritan Attitudes towards Reason, Learning and Education, 1560 – 1610*, Cambridge: Cambridge University Press, 1986.

John Nelson Miner, *The Grammar Schools of Medieval England*, Montreal & Kingston, London: McGill-Queen's University Press, 1990.

Joseph A. Dunney, *The Parish School*, New York: the Macmillan Company, 1921.

K. Wrightson, *English Society 1580 – 1690*, London: Taylor & Francis Group, 1982.

Ken Powell & Chris Cook, *English Historical Facts 1485 – 1603*, London: The Macmillan Press Ltd, 1977.

Kenneth Charlton, *Education in Renaissance England*, London: Routledge, 2007.

Kenneth Charlton, Women, Religion and Education in Early Modern England, London and New York, 2001.

Lewis Campbell, *On the Nationalisation of the Old English Universities*, London: Chapman and Hall, 1901.

Louis D. W. Raght, *Life and Letters in Tudor and Stuart England*, New York: Cornell University Press, 1962.

Mark H. Curtis, *Oxford and Cambridge in Transition, 1558 – 1642*, Oxford: Clarendon Press, 1959.

Michael Sanderson, *Education, Economic Change and Society in England 1780 – 1870*, Cambridge: Cambridge University Press, 1995.

Michael Van Cleave Alexander, *The Growth of English Education, 1348 – 1648: A Social and Cultural History*, University Park and London: The Pennsylvania State University Press, 1990.

Michalina Vaughan & Margaret Scotford Archer, *Social Conflict and Educational Change in England and France 1789 – 1848*, Cambridge: Cambridge University Press, 1971.

Nicholas Hans, *New Trends in Education in the Eighteenth Century*, London: Routledge and Kegan Paul Ltd. , 1951.

Nicholas Orme, *Education and Society in Medieval and Renaissance England*, London: Hambledon Press, 1989.

Nicholas Orme, *Medieval Schools: From Roman Britain to Renaissance England*, New Haven & London: Yale University Press, 2006.

Nicholas Orme, English Schools in the Middle Ages, London: Methuen & Co. Ltd. , 1973.

Norman Wood, *The Reformation and English Education*, London: George Routledge & Sons, Ltd., 1931.

Olaf Pedersen, *The First Universities*, Cambridge: Cambridge University Press, 1997.

Oscar Browning, *Milton's Tractate on Education*, Cambridge: Cambridge University Press, 1905.

Paul Abelson, *The Seven Liberal Arts*, New York: Columbia University Press, 1906.

Prank Pierrepont Graves, *A History of Education in Modern Times*, New York, The Macmillan Company, 1917.

R. D. Anderson, *Universities and Elites in Britain since 1800*, Cambridge: Cambridge University Press, 1992.

R. J. Acheson, *Radical Puritans in England 1550 – 1660*, London and New York: Longman Group UK Limited, 1990.

Rosemary Horrox and W. Mark Ormrod, *A Social History of England 1200 – 1500*, Cambridge: Cambridge University Press, 2006.

Rosemary O'Day, *Education and Society 1500 – 1800*, London: Longman Group Ltd., 1982.

S. R. Vashist & Ravi P. Sharma, *History of Medieval Education*, New Delhi: Radha Publications, 1997.

Smith J. W. Ashley, *The Birth of Modern Education: The Contribution of the Dissenting Academies, 1660 – 1800*, London: Independent Press, Ltd., 1955.

Stow Parsons, *American Minds: A History of Ideas*, New York: Robert E. Krieger Publishing Company, 1975.

Suzanne Reynolds, *Medieval Reading*, Cambridge: Cambridge University Press, 1996.

W. A. L. Vincent, *The State and School Education, 1640 – 1660*, London: S. P. C. K., 1950.

W. Cunningham, *English Influence on the United States*, Cambridge: Cambridge University Press, 1916.

W. K. Jordan, *Philanthropy in England, 1480 – 1660*, London: Allen & Unwin. , 1959.

W. Kenneth Richmond, *Education in England*, New York: Penguin Books, 1945.

Wilfred Cantwell Smith, *the Meaning and End of Religion*, Minneapolis: Fortress Press, 1911.

William Harrison Woodward, *Studies in Education During the Age of the Renaissance 1400 – 1600*, Cambridge: Cambridge University, 1906.

（二）论文

A. J. Fletcher, "The Expansion of Education in Berkshire and Oxfordshire, 1500 – 1670", *British Journal of Educational Studies*, Vol. 15, No. 1, 1967.

Christopher Haigh, "Success and Failure in the English Reformation", *Past & Present*, No. 173, 2001.

David Cressy, "Literacy in Seventeenth-Century England: More Evidence", *Journal of Interdisciplinary History*, Vol. 8, No. 1, 1977.

David Cressy, "The Social Composition of Caius College, Cambridge, 1580 – 1640", *Past and Present*, No. 47, 1970.

Foster Watson, "The State and Education during the Commonwealth", *The English Historical Review*, Vol. 15, No. 57, 1900.

Joan Simon, "A. F. Leach on the Reformation: I", *British Journal of Educational Studies*, Vol. 3, No. 2, 1955.

Joan Simon, "A. F. Leach on the Reformation: II", *British Journal of Educational Studies*, Vol. 4, No. 1, 1955.

Joan Simon, "An 'Energetic and Controversial' Historian of Education Yesterday and Today: A. F. Leach (1851 – 1915)", *History of Education*, Vol. 36, No. 3, 2007.

Joan Simon, "The Social Origins of Cambridge Students, 1603 – 1640", *Past and Present*, No. 26, 1963.

Joan Simon, "The Reformation and English Education", *Past & Present*,

No. 11, 1957.

Kathleen W. MacArthur, "Theological Education among the Dissenters", *The Journal of Religion*, Vol. 21, No. 3, 1941.

Lawrence Stone, "The Educational Revolution in England, 1560 – 1640", *Past & Present*, No. 28, 1964.

Lawrence Stone, "Literacy and Education in England 1640 – 1900", *Past and Present*, Vol. 42, 1969.

Lynn Thorndike, "Elementary and Secondary Education in the Middle Ages", *Speculum*, Vol. 15, No. 4, 1940.

Mark H. Curtis, "The Alienated Intellectuals of Early Stuart England", *Past & Present*, No. 23, 1962.

Marek Smoluk, "The Dissolution of the Monasteries and its Impact on Educational in Tudor Times", *Interdisciplinary Political and Cultural Journal*, Vol. 4, No. 1, 2012.

Nicholas Orme, "What did Medieval Schools do for Us?" *History Today*, Vol. 56, No. 6, 2006.

Richard L. Greaves, "Gerrard Winstanley and Educational Reform in Puritan England", *British Journal of Educational Studies*, Vol. 17, No. 2, 1969.

J. E. Stephens, "Investment and Intervention in Education during the Interregnum", *British Journal of Educational Studies*, Vol. 15, No. 3, 1967.

James Murphy, "Religion, the State, and Education in England", *History of Education Quarterly*, Vol. 8, No. 1, 1968.

Joel T. Rosenthal, "The Universities and the Medieval English Nobility", *History of Education Quarterly*, Vol. 9, No. 4, 1969.

John Roach, "The Cambridge Colleges, Seven Hundred Years of Growth", *Paedagogica Europaea*, Vol. 3, 1967.

K. D. M. Snell, "The Sunday-School Movement in England and Wales: Child Labour, Denominational Control and Working-Class Culture", *Past & Present*, No. 164, 1999.

Kathleen W. MacArthur, "Theological Education among the Dissenters", *The

Journal of Religion, Vol. 21, No. 3, 1941.

Matthew Mercer, "Dissenting academies and the Education of the Laity, 1750 -1850", *History of Education*, Vol. 30, No. 1, 2001.

M. D. Stephens, G. W. Roderick, "Education and the Dissenting Academies", *History Today*, Vol. 27, No. 1, 1977.

Paul F. Grendler, "The Universities of the Renaissance and Reformation", *Renaissance Quarterly*, Vol. 57, No. 1, 2004.

Phillip Lindley, "'Pickpurse' Purgatory, the Dissolution of the Chantries and the Suppression of Intercession for the Dead", *British Archaeological Association*, Vol. 164, 2011.

Reinhold Kiermayr, "On the Education of the Pre-Reformation Clergy", *Church History*, Vol. 53, No. 1, 1984.

Richard C. Marius, "Henry Ⅷ, Thomas More and the Bishop of Rome", *Albion: A Quarterly Journal Concerned with British Studies*, Vol. 10, 1978.

Rosemary O'Day, "Social Change in the History of Education: Perspectives on the Emergence of Learned Professions in England, c. 1500 – 1800", *History of Education*, Vol. 36, No. 4, 2007.

Samuel H. Bishop, "The Church and Charity", *American Journal of Sociology*, Vol. 18, No. 3, 1912.

Steven L. Schlossman, "Philanthropy and the Gospel of Child Development", *History of Education Quarterly*, Vol. 21, No. 3, 1981.

Susan Brigden, "Youth and the English Reformation", *Past & Present*, No. 95, 1982.

W. B. Stephens, "Literacy in England, Scotland, and Wales, 1500 – 1900", *History of Education Quarterly*, Vol. 30, No. 4, 1990.

二 中文文献

（一）著作

［英］阿萨·勃里格斯：《英国社会史》，陈叔平等译，中国人民大学出版社1987年版。

［法］埃米尔·迪尔凯姆：《迪尔凯姆论宗教》，周秋良译，华夏出版社1999年版。

［法］爱弥尔·涂尔干：《教育思想的演进》，李康译，上海人民出版社2006年版。

［英］奥尔德里奇：《简明英国教育史》，诸惠芳等译，人民教育出版社1987年版。

［英］比德：《英吉利教会史》，周维振等译，商务印书馆1991年版。

蔡骥：《英国宗教改革研究》，湖南师范大学出版社1997年版。

陈学飞：《美国高等教育发展史》，四川大学出版社1989年版。

［英］邓特：《英国教育》，杭州大学教育系外国教育研究室译，浙江教育出版社1987年版。

［美］克伯雷选编：《外国教育史料》，任钟印等译，华中师范大学出版社1991年版。

［英］E.P.汤普森：《英国工人阶级的形成》，钱乘旦等译，译林出版社2000年版。

［苏联］弗洛里安·兹纳涅茨基：《知识人的社会角色》，郏斌祥译，译林出版社2000年版。

［苏联］弗·斯·阿兰斯基、费·普·拉普钦斯卡娅：《英国的国民教育制度》，荣卿译，人民教育出版社1965年版。

［美］格莱夫斯：《中世教育史》，吴康译，华东师范大学出版社2005年版。

［美］耿淡如等译注：《世界中世纪史原始资料选辑》，天津人民出版社1959年版。

［俄］古列维奇：《中世纪文化范畴》，庞玉洁、李学智译，浙江人民出版社1992年版。

韩瑞常主编：《西方文化与教育》，黑龙江教育出版社1993年版。

［德］汉斯－维尔纳·格茨：《欧洲中世纪生活》，王亚平译，东方出版社2002年版。

［英］赫胥黎：《科学与教育》，单中惠等译，人民教育出版社1990年版。

何平：《文化和文明史的比较研究》，山东大学出版社2009年版。

贺国庆、王保星：《外国高等教育史》，人民教育出版社 2003 年版。

黄福涛：《欧洲高等教育近代化——法、英、德近代高等教育制度的形成》，厦门大学出版社 1998 年版。

［法］基佐：《欧洲文明史》，程洪逵、沅芷译，商务印书馆 2005 年版。

蒋孟引：《英国史》，中国社会科学出版社 1988 年版。

金志霖：《英国行会史》，上海社会科学院 1996 年版。

［英］克里斯托弗·道森：《宗教与西方文化的兴起》，长川某译，四川人民出版社 1992 年版。

［英］肯尼思·O. 摩根索：《牛津英国通史》，王觉非等译，商务印书馆 1993 年版。

［捷克］夸美纽斯：《大教学论》，傅任敢译，人民教育出版社 1985 年版。

［美］劳伦斯·A. 克雷明：《美国教育史（1607—1783）》，周玉军、苑龙、陈少英译，北京师范大学出版社 2003 年版。

李秋零：《神光沐浴下的文化再生：文明在中世纪下的艰难脚步》，华夏出版社 2000 年版。

梁丽娟：《剑桥大学》，湖南教育出版社 1990 年版。

刘亮：《剑桥大学史》，上海交通大学出版社 2012 年版。

刘贵华：《人文主义与近代早期英国大学教育》，中国社会科学出版社 2016 年版。

刘新成主编：《西欧中世纪社会史研究》，人民出版社 2006 年版。

刘新科：《国外教育发展史纲》，中国社会科学出版社 2002 年版。

刘兆宇：《19 世纪英格兰高等教育变革研究》，中国科学技术大学出版社 2008 年版。

罗素：《西方哲学史》，商务印书馆 2004 年版。

［英］洛克：《教育片论》，熊春文译，上海人民出版社 2005 年版。

吕嘉：《世界中世纪政治史》，中国国际广播出版社 1996 年版。

［英］麦克斯·缪勒：《宗教学导论》，陈观胜、李培茱译，上海人民出版社 1989 年版。

欧阳军喜、王宪明：《世界中世纪文化教育史》，中国国际广播出版社 1996 年版。

钱承旦、陈晓律：《英国文化模式溯源》，上海社会科学出版社 1988 年版。

钱乘旦、许洁明：《英国通史》，上海社会科学院出版社 2003 年版。

裘克安：《牛津大学》，湖南教育出版社 1988 年版。

［英］R. H. 托尼：《宗教与资本主义的兴起》，赵月瑟译，上海译文出版 1998 年版。

［美］R. K. 默顿：《十七世纪英国的科学、技术与社会》，范岱年等译，商务印书馆 2000 年版。

［英］G. R. 埃文斯：《剑桥大学新史》，丁振琴等译，商务印书馆 2017 年版。

［英］斯宾塞：《教育论》，胡毅译，人民教育出版社 1962 年版。

［美］S. E. 佛罗斯特：《西方教育的历史和哲学基础》，吴元训等译，华夏出版社 1987 年版。

单中惠主编：《外国大学教育问题史》，山东教育出版社 2006 年版。

单中惠：《西方教育思想史》，教育科学出版社 2007 年版。

［苏联］施脱克马尔：《十六世纪英国简史》，上海外国语学院编译室译，上海人民出版社 1958 年版。

滕大春、姜文闵主编：《外国教育通史》（第二卷），山东教育出版社 1989 年版。

滕大春、任钟印主编：《外国教育通史》（第三卷），山东教育出版社 1990 年版。

滕大春主编：《外国近代教育史》，人民教育出版社 1989 年版。

滕大春：《美国教育史》，人民教育出版社 1994 年版。

王承绪：《英国教育》，吉林教育出版社 2000 年版。

王亚平：《权力之争：中世纪西欧的君权与教权》，东方出版社 1995 年版。

王亚平：《修道院的变迁》，东方出版社 1998 年版。

［美］威尔·杜兰：《世界文明史·第四卷 信仰的时代》，幼狮文化公司译，东方出版社 1998 年版。

［英］威廉·博伊德、埃德蒙·金：《西方教育史》，任宝祥、吴元训译，

人民教育出版社1985年版。

[美] 威利斯顿·沃尔克：《基督教会史》，孙善玲等译，中国社会科学出版社1992年版。

吴元训编：《中世纪教育文选》，人民教育出版社1989年版。

徐汝玲主编：《外国教育史料》，教育科学出版社1995年版。

徐辉、郑继伟：《英国教育史》，吉林人民出版社1993年版。

许洁明：《十七世纪的英国社会》，中国社会科学出版社2004年版。

[英] 亚当·斯密：《国富论》，王亚南译，商务印书馆1981年版。

[法] 雅克·韦尔热：《中世纪大学》，王晓辉译，上海人民出版社2007年版。

[法] 雅克·勒戈夫：《中世纪的知识分子》，张弘译，商务印书馆1996年版。

阎照祥：《英国史》，人民出版社2003年版。

杨昌栋：《基督教在中古欧洲的贡献》，社会科学文献出版社2000年版。

杨克瑞、王凤娥：《政治权力与大学的发展——国际比较的视角》，中国言实出版社2007年版。

[德] 伊曼努尔·康德：《论教育学》，赵鹏、何兆武译，上海人民出版社2005年版。

易红郡：《英国教育的文化阐释》，华东师范大学出版社2009年版。

殷企平：《英国高等科技教育》，杭州大学出版社1995年版。

原青林：《揭示英才教育的秘诀——英国公学研究》，黑龙江人民出版社2006年版。

[英] 约翰·亨利·纽曼：《大学的理想》，徐辉等译，浙江教育出版社2001年版。

[美] 詹姆斯·汤普逊：《中世纪经济社会史》（上、下册），耿淡如译，商务印书馆1984年版。

张斌贤、褚洪启：《西方教育思想史》，四川教育出版社1994年版。

张绥：《中世纪"上帝"的文化：中世纪基督教会史》，浙江人民出版社1987年版。

张泰金：《英国的高等教育历史、现状》，上海外语教育出版社1995

年版。

赵敦华：《基督教哲学1500年》，人民出版社1994年版。

赵秀荣：《近代早期英国社会史研究》，中国社会科学出版社2017年版。

周常明：《牛津大学史》，上海交通大学出版社2012年版。

褚宏启：《走出中世纪——文艺复兴时代的教育情怀》，北京师范大学出版社2000年版。

（二）论文

陈日华：《英国大学的形成与早期治理》，载《现代大学教育》2008年第3期。

陈宇：《中世纪英国民众文化状况研究》，载《历史教学》2006年第11期。

邓云清：《新大学运动与英国高等教育的近代化》，载《高等教育研究》2008年第1期。

何平：《中世纪后期欧洲科学发展及其再评价》，载《史学理论研究》2010年第4期。

胡建华：《19世纪以来英国大学制度改革的基本特征及分析》，载《现代大学教育》2004年第2期。

姜明文：《近代英国经济学理论下的国民教育思想》，载《历史教学》2008年第2期。

刘城：《中世纪欧洲的教皇权与英国王权》，载《历史研究》1998年第1期。

刘贵华：《浅析近代早期英国的社会垂直流动》，载《江汉大学学报》2008年第4期。

毛丽娅：《试论基督教与西欧中世纪早中期的学校教育》，载《西南民族学院学报》1999年第12期。

孟广林：《中世纪前期的英国封建王权与基督教会》，载《历史研究》2000年第2期。

潘后杰、李瑞：《欧洲中世纪大学兴起的原因、特点及其意义》，载《四川师范大学学报》1993年第3期。

孙碧：《从平民化到贵族化：近代早期英国大学学生社会出身的转变》，

载《井冈山大学学报》2020年第2期。

吴碧珠:《欧洲封建国家的巩固者》,载《社科纵横》2007年第7期。

谢彤:《论16—17世纪英国的教育变革》,载《贵州师范学院学报》2019年第1期。

许志强:《英国主日学校运动的背景、发展与影响》,载《历史教学》2011年第14期。

张斌贤、孙益:《西欧中世纪大学的特权》,载《北京师范大学学报》2004年第4期。

赵琳:《基督教与欧洲中世纪文化教育》,载《中国宗教》2005年第5期。

郑蔚:《英国新大学运动与英国高校科研职能的发展》,载《煤炭高等教育》2010年第4期。